福建省服務海西重大研究項目、國家社科基金重大項目子課題

馬重奇◎主編

《潮語十五音》整理及研究

馬重奇　陳偉達◎編著
蔣儒林◎原著

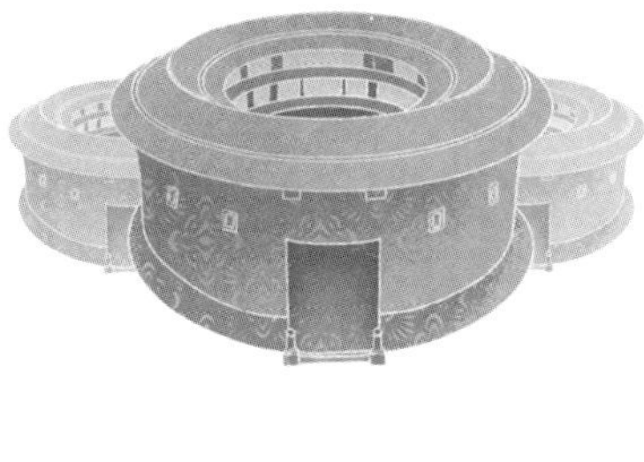

中国社会科学出版社

圖書在版編目（CIP）數據

《潮語十五音》整理及研究／馬重奇，陳偉達編著．—北京：中國社會科學出版社，2022.4

（清代民初閩方言韻書整理及研究叢書）

ISBN 978-7-5203-9761-2

Ⅰ.①潮…　Ⅱ.①馬…②陳…　Ⅲ.①閩南話—韻書—研究
Ⅳ.①H177.2

中國版本圖書館CIP數據核字(2022)第027912號

出 版 人　趙劍英
責任編輯　張　林
特約編輯　張　虎
責任校對　周曉東
責任印製　戴　寬

出　　版　中國社會科學出版社
社　　址　北京鼓樓西大街甲158號
郵　　編　100720
網　　址　http://www.csspw.cn
發 行 部　010-84083685
門 市 部　010-84029450
經　　銷　新華書店及其他書店

印刷裝訂　北京明恒達印務有限公司
版　　次　2022年4月第1版
印　　次　2022年4月第1次印刷

開　　本　710×1000　1/16
印　　張　30.75
插　　頁　2
字　　數　509千字
定　　價　178.00元

總　　序

馬重奇

一　中國古代韻書源流與發展概述

古人把傳統語言學叫做“小學”。漢代稱文字學為“小學”，因兒童入小學先學文字，故名。隋唐以後，範圍擴大，成為“文字學”“音韻學”和“訓詁學”的總稱。至清末，章炳麟認為小學之名不確切，主張改稱“語言文字之學”。現在統稱為“漢語研究”。傳統的語言學以研究古代文獻和書面語為主。

漢語音韻學研究也有一個產生、發展、改革的過程。早在先秦兩漢時期就有關於字詞讀音的記載。主要有以下諸類：（1）譬況注音法：有急言、緩言、長言、短言、內言、外言等。它們都是大致描繪的發音方法，卻很難根據它準確地發出當時的音來，更無法根據它歸納出當時的音系。（2）直音法：隨著漢代經學的產生和發展，注釋家們在為先秦典籍下注解時開始使用“直音”法。這是以一個比較常用的字給另一個同音字注音的方法。直音法的優點是簡單明瞭，一看就懂，也克服了譬況注音法讀音不確的弊病，但自身也有很大局限性。（3）讀若，讀如：東漢許慎在《說文解字》中廣泛應用的“讀若”，就是從直音法發展而來的。“讀若”也叫“讀如”，主要用於注音。用讀若時，一般用一個常見的字進行解釋，有時常常引用一段熟悉的詩文，以該字在這段詩文中的讀音來注音。（4）反切法：真正的字音分析產生於東漢末年，以反切注音法的出現為標誌。反切就是利用雙聲、疊韻的方法，用兩個漢字來拼另一個字的讀音。這是古人在直音、讀若基礎上進一步創造出來的注音方法。反切是用兩個字拼合成另一個字的音，其反切上字與所切之字聲母相同，反切下字與所切之字韻母和聲調相同。即上字取聲，下字取韻和調。自從反切出現之後，古人注釋經籍字音，便以它為主要手段。編撰韻書，也大量使用反切。

四聲的發現與歸納，對韻書的產生與發展也起著極為重要的作用。據《南齊書・陸厥傳》記載："永明末盛為文章，吳興沈約、陳郡謝朓、琅琊王融，以氣類相推轂。汝南周顒，善識聲韻。約等文皆用宮商，以平、上、去、入為四聲，以此制韻，不可增減，世呼為永明體。"《梁書・庾肩吾傳》："齊永明中，文士王融、謝朓、沈約文章始用四聲，以為新變，至是轉拘聲韻，彌尚麗靡，複逾於往時。"四聲的發現與歸納以及反切注音法的廣泛應用，成為古代韻書得以產生的基礎條件。

古代韻書的出現，標誌著音韻學真正從注釋學中脫胎出來成為一門獨立的學科。據考證，我國最早的韻書是三國時魏國李登所撰的《聲類》。在隋朝陸法言《切韻》以前，就有許多韻書出現。據《切韻・序》中說："呂靜《韻集》、夏侯詠《韻略》、陽休之《韻略》、周思言《音韻》、李季節《音譜》、杜台卿《韻略》等，各有乖互。"《隋書・經籍志》中也提到：《四聲韻林》二十八卷，張諒撰；《四聲韻略》十三卷，夏侯詠撰，等等。遺憾的是，這些韻書至今都蕩然無存，無法窺其真況。總之，韻書的製作到了南北朝的後期，已是空前鼎盛，進入"音韻鋒出"的時代。這些韻書的產生，為《切韻》的出現奠定了很好的基礎和條件。隋代出現的對後世影響最大的陸法言《切韻》則是早期漢語音韻學的集大成之作。爾後，唐宋時人紛紛在它的基礎上加以增補刊削，有的補充若干材料，分立一些韻部，有的增加字數，加詳注解，編為新的韻書。其中最著名的有唐王仁昫所撰的《刊謬補缺切韻》，孫愐所撰的《唐韻》，李舟所撰的《切韻》以及宋代官修的《廣韻》《集韻》等一系列韻書。這些韻書對韻的分析日趨精密，尤其是《廣韻》成為魏晉南北朝隋唐時期韻書的集大成著作。以上所介紹的韻書都是反映中古時期的韻書，它們在中國音韻學史上的貢獻是巨大的，影響也是非常深遠的。

唐末和尚守溫是我國古代最初使用字母來代表聲母的人。他按照雙聲字聲母讀音相同的原則，從所有漢字字音中歸納出三十個不同的聲母，並用漢字給它們一一標目，這就是《敦煌綴瑣》下輯錄守溫"三十字母"。這"三十字母"經過宋人的整理增益，成為後代通行的"三十六字母"。

唐宋三十六字母的產生導致了等韻學的產生和發展。等韻學是漢語音韻學的一個分科。它以漢語的聲韻調系統及其互相配合關係為研究對像，而以編制等韻圖作為表現其語音系統的手段，從而探求漢語的發音原理和發音方法。宋元時期的重要等韻圖大致可以分為兩大類：第一類是反映《切韻》音系的韻圖，如南宋福建福州人張麟之刊行的宋佚名的《韻鏡》，福建莆田人鄭樵撰的《七音略》，都是根據《切韻》中的小韻列為 43 圖，每個小韻的代表字在韻圖中各佔有一個位置；第二類是按當時的實際語音對《切韻》語音系統進行了調整，如託名宋司馬光的《切韻指掌圖》，佚名的《四聲等子》，元劉鑒的《經史正音切韻指南》，均不再按韻書中的小韻列圖，只列 20 個韻圖或 24 個韻圖。

明清時期的等韻學與宋元等韻學一脈相承，其理論基礎、基本原則和研究手段都是從宋元等韻學發展而來，二者聯繫密切。然而，明清時期的韻圖，已逐漸改變了宋元時期韻圖的型制。其表現為兩個方面：一則由於受到理學思想以及外來語音學原理對等韻的影響；二則由於語音的不斷發展變化影響到韻圖編制的內容和格式。根據李新魁《漢語音韻學》考證，明清時期的韻圖可以分為五種類型：一是以反映明清時代的讀書音系統為主的韻圖，它們略帶保守性，保存前代的語音特點較多。如：明袁子讓《字學元元》、葉秉敬《韻表》、無名氏《韻法直圖》、李嘉紹《韻法橫圖》、章黼《韻學集成》和清李光地、王蘭生《音韻闡微韻譜》，樊騰鳳《五方母音》等。二是以表現當時口語的標準音——中原地區共同語標準音為主，它們比較接近現代共同語的語音。如：明桑紹良《青郊雜著》、呂坤《交泰韻》、喬中和《元韻譜》、方以智《切韻聲原》和無名氏《字母切韻要法》等。三是在表現共同語音的基礎上，加上“音有定數定位”的觀念，在實際的音類之外，添上一些讀音的虛位，表現了統包各類讀音的“語音骨架”。如：明末清初馬自援《等音》、清林本裕《聲位》、趙紹箕《拙庵韻語》、潘耒《類音》、勞乃宣《等韻一得》等。四是表現各地方音的韻圖，有的反映北方話的讀法。如：明徐孝《重司馬溫公等韻圖經》、明代來華傳教的法國人金尼閣（Nieolas Trigault）《西儒耳目資》、張祥晉《七音譜》等；有的顯示南方方言的語音，如：陸稼書《等韻便讀》、清吳烺《五聲反切正韻》、程定謨《射聲小譜》、晉安《戚林八音》、黃謙《彙音妙悟》、廖綸璣《拍掌知音》、無名氏《擊掌知音》、謝秀嵐《雅俗通十五音》、張世珍《潮聲十五音》等。五是表現宋元時期韻書的音系的，它們是屬於“述古”的韻圖。如：無名氏《等韻切音指南》、江永《四聲切韻表》、龐大堃《等韻輯略》、梁僧寶《切韻求蒙》等①。

古音學研究也是漢語音韻學研究中的一個重要內容。它主要是研究周秦兩漢語音系統的學問。嚴格地說是研究以《詩經》為代表的上古語音系統的學問。我國早在漢代就有人談到古音。但古音學的真正建立是從宋代開始的。吳棫撰《韻補》，創“古韻通轉”之說；程迥著《古韻通式》，主張“三聲通用，雙聲互轉”；鄭庠撰《古音辨》，分古韻為六部。明代陳第（福建連江人）撰《毛詩古音考·序》提出“時有古今，地有南北，字有更革，音有轉移”的理論，為清代古音學的建立奠定了理論基礎。到了清代，古音學達到全盛時期。主要的古音學家和著作有：顧炎武《音學五書》、江永《古韻標準》、戴震《聲韻考》和《聲類表》、段玉裁《六書音韻表》、孔廣森《詩聲類》、王念孫《合韻譜》、嚴可均《說文聲類》、江有誥《音學十書》、朱駿聲《說文通訓定聲》等。

音韻學還有一個分支，那就是“北音學”。北音學主要研究以元曲和《中原音韻》為代表的近代北方話語音系統。有關北音的韻書還有元人朱宗文的《蒙古字韻》、卓從之的《中州樂府音韻匯通》，明人朱權的《瓊林雅韻》、無名氏的《菉斐軒詞林要韻》、王文璧的《中州音韻》、范善臻的《中州全韻》，清人王鵕的《中州全韻輯要》、沈乘麐的《曲韻驪珠》、周昂的《增訂中州全韻》等。

二　福建近代音韻學研究概述

從永嘉之亂前至明清，中原人士陸續入閩定居，帶來了許多中原的文化。宋南渡之後，大批北方著名人士蜂擁而來，也有不少閩人北上訪學，也將中原文化帶回閩地。如理學開創者周敦頤、張載、程顥、程頤、邵雍等都在北方中原一帶，不少閩人投其門下，深受其影響。如崇安人遊酢、

① 李新魁：《漢語等韻學》，中華書局2004年版。

將樂人楊時曾受業于二程。他們返回閩地後大力傳播理學，後被南宋朱熹改造發揚為“閩學”。

自宋迄清時期，福建在政治、思想、文化、經濟等均得到迅速發展。就古代“小學”（包括音韻、文字、訓詁）而言，就湧現出許許多多的專家和著作。宋朝時期，福建音韻學研究成果很多。如北宋邵武黄伯思的《古文韻》，永泰黄邦俊的《纂韻譜》，武夷山吳棫的《韻補》《毛詩補音》《楚辭釋音》，莆田鄭樵的《七音略》；南宋建陽蔡淵的《古易叶音》，泉州陳知柔的《詩聲譜》，莆田劉孟容的《修校韻略》，福州張鱗之刊行的《韻鏡》等。元明時期音韻學研究成果也不少，如元朝邵武黄公紹的《古今韻會》，邵武熊忠的《古今韻會舉要》《禮部韻略七音三十六母通考》；明朝連江陳第的《毛詩古音考》《屈宋古音義》《讀詩拙言》，晉江黄景昉的《疊韻譜》，林霍的《雙聲譜》，福清林茂槐的《音韻訂訛》等。清代音韻學研究成果十分豐碩。如安溪李光地的《欽定音韻闡微》《音韻闡微韻譜》《榕村韻書》《韻箋》《等韻便覽》《等韻辨疑》《字音圖說》，閩侯潘逢禧的《正音通俗表》，曹雲從的《字韻同音辨解》，光澤高澍然的《詩音十五卷》，閩侯陳壽祺的《越語古音證》，閩侯方邁的《古今通韻輯要》，晉江富中炎的《韻法指南》《等韻》，惠安孫經世的《韻學溯源》《詩韻訂》，王之珂的《占畢韻學》等。

以上韻書涉及上古音、中古音、近代音、等韻學，為我國漢語音韻學史作出了巨大貢獻，影響也是很大的。

三　閩台方言韻書說略

明清時期的方言學家們根據福建不同方言區的語音系統，編撰出許許多多的便於廣大民眾學習的方言韻書。有閩東方言韻書、閩北方言韻書、閩南方言韻書、潮汕方言韻書、臺灣閩南方言韻書以及外國傳教士編撰的方言字典、詞典等。

閩東方言韻書有：明末福州戚繼光編的《戚參軍八音字義便覽》（明末）、福州林碧山的《珠玉同聲》（清初）、晉安彙集的《戚林八音》（1749）、古田鐘德明的《加訂美全八音》（1906），福安陸求藻《安腔八音》（十八世紀末）、鄭宜光《簡易識字七音字彙》（清末民初）等。

閩北方言韻書有：政和明正德年間陳相手抄本《六音字典》（1515）和清朝光緒年間陳家箎手抄本《六音字典》（1894）；建甌林瑞材的《建州八音字義便覽》（1795）等。

閩南方言韻書有：連陽廖綸璣的《拍掌知音》（康熙年間）、泉州黃謙的《彙音妙悟》（1800，泉州音）、漳州謝秀嵐的《彙集雅俗通十五音》（1818）、無名氏的《增補彙音》（1820）、長泰無名氏的《渡江書十五音》（不詳）、葉開恩的《八音定訣》（1894）、無名氏《擊掌知音》（不詳，兼漳泉二腔）。

潮汕方言韻書有：張世珍的《潮聲十五音》（1907）、江夏懋亭氏的《擊木知音》（全名《彙集雅俗十五音全本》，1915）、蔣儒林《潮語十五音》（1921）、潮安蕭雲屏編的《潮語十五音》（1923）、潘載和《潮汕檢音字表》（1933）、澄海姚弗如改編的《潮聲十七音》（1934）、劉繹如改編的《潮聲十八音》（1936）、鳴平編著肅穆改編《潮汕十五音》（1938）、李新魁的《新編潮汕方言十八音》（1975）等。

大陸閩方言韻書對臺灣產生重大影響。臺灣語言學家們模仿大陸閩方言韻書的內容和形式，結合臺灣閩南方言概況編撰新的十五音。反映臺灣閩南方言的韻書主要有：臺灣現存最早的方言韻書為臺灣總督府民政局學務部編撰的《臺灣十五音字母詳解》（1895，臺灣）和《訂正臺灣十五音字母詳解》（1901，臺灣）等。

以上論著均為反映閩方言的韻書和辭書。其數目之多可以說居全國首位。其種類多的原因，與閩方言特別複雜有著直接的關係。

四　閩方言主要韻書的整理及其研究

福建師範大學漢語言文字學專業是2000年國務院學位委員會審批的二級學科博士學位授權點，也是2008年福建省第三批省級重點學科。2009年，該學科學科帶頭人馬重奇教授主持了福建省服務海西重大研究項目“海峽西岸瀕危語言學文獻及資料的挖掘、整理與研究”。經過多年的收集、整理和研究，擬分為兩個專題組織出版：一是由馬重奇教授主編的“清代民初閩方言韻書整理及研究”叢書；二是由林志強教授主編的

“閩籍學者的文字學著作研究” 叢書。2010 年馬重奇教授又主持了國家社科基金重大招标項目“海峽兩岸閩南方言動態比較研究”，也把閩方言韻書整理与研究作為子課題之一。

“清代民初閩方言韻書整理及研究” 叢書的目錄如下：1.《〈增補彙音妙悟〉〈拍掌知音〉整理及研究》；2.《〈彙集雅俗通十五音〉整理及研究》；3.《〈增補彙音〉整理及研究》；4.《〈渡江書十五音〉整理及研究》；5.《〈八音定訣〉整理及研究》；6.《〈潮聲十五音〉整理及研究》；7.《〈潮語十五音〉整理及研究》；8.《〈潮聲十七音〉整理及研究》；9.《〈擊木知音〉整理及研究》；10.《〈安腔八音〉整理及研究》；11.《〈加訂美全八音〉整理及研究》；12.《〈建州八音字義便覽〉整理及研究》。

關於每部韻書的整理，我們的原則是：

1. 每本新編閩方言韻書，均根據相關的古版本以及學術界相關的研究成果進行校勘和校正。

2. 每本方言韻書均以原韻書為底本進行整理，凡韻書編排較亂者，根據韻字的音韻學地位重新編排。

3. 韻書有字有音而無釋義者，根據有關工具書補充字義。

4. 凡是錯字、錯句或錯段者，整理者直接改之。

5. 通過整理，以最好的閩方言韻書呈現於廣大讀者的面前，以滿足讀者和研究者學習的需要。

至於每部韻書的研究，我們的原則是：

1. 介紹每部韻書的作者、成書時間、時代背景、各種版本。

2. 介紹每部韻書在海內外學術界的研究動態。

3. 研究每部韻書的聲韻調系統，既做共時的比較也做歷時的比較，考證出音系、音值。

4. 考證出每部韻書的音系性質以及在中國方音史上的地位和影響。

“清代民初閩方言韻書整理及研究” 叢書的順利出版，首先要感謝福建省人民政府對“福建省服務海西重大研究項目‘海峽西岸瀕危語言學文獻及資料的挖掘、整理與研究’” 經費上的支持！我們還要特別感謝中國社會科學出版社張林編審的鼎立支持！感謝她為本套叢書的編輯、校對、出版所付出的辛勤勞動！

在本書撰寫過程中，著者們吸收了學術界許多研究成果，書後參考書目中已一一列出，這裡不再一一說明，在此一併表示感謝！然而，由於著者水準所限，書中的錯誤在所難免，望學術界的朋友們多加批評指正。

2021 年 5 月於福州倉山書香門第

目　　錄

《潮語十五音》與汕頭方言音系

馬重奇

字學津梁叢書之一《潮語十五音》，蔣儒林編，汕頭文明商務書館1911年發行。汕頭科學圖書館1922年又發行出版了《潮語十五音》，編輯者潮安蕭雲屏，校訂者澄海黄茂升，發行者澄海黄月如。這兩種《潮語十五音》完全一樣，全書均分為四卷。書前有《凡例》。《凡例》云：

一本書為普及識字而作，語極淺白，凡失學之人及粗知文字者均能瞭解。

一本書與字典不同。字典是以字求音，本書可以音求字。

一本書依《潮聲十五音》刪繁補簡，另參他書校勘，以備《潮聲十五音》之所未備。

一本書字數較《潮聲十五音》增十之二三，其檢查便捷則倍之。

一學者先將四十字母唇吻迴誦，務求純熟；次將十五歌訣熟讀配用，自能聲韻和叶。

一如“君”母和“柳”訣拼成“腀”，“君”母和“邊”訣拼成“分”等是。

一拼音之後再習八音，音韻既明，則不論何字，一把卷間自能悉其音而明其義。

一本書每訣分八音為八層，上四層為上四聲，下四層為下四聲，使讀者一目了然。

一潮屬土音，揉雜發音，難免參差，間或不同之處，識者諒之。

一是書草率出版，倘或遺漏錯誤，望大雅君子賜示、指正，幸甚。

《凡例》先闡述了本書編撰的目的、功用，次點明本書以《潮聲十五音》為藍本修訂而成，次介紹本書使用的方法，後簡介本書每幅韻圖的編排體例。

此外，還列舉了《潮語十五音》的《四十字母目錄》《十五歌訣》《字母歌訣拼音法》《八音分聲法》《附潮語口頭聲》等，簡介了四十字母、十五音、聲韻拼音法、聲調及潮語口頭聲。

《附潮語口頭聲》：

問何處曰治擕，歌部上去聲歌治擕（按：擕應擬音為［to³］）；
時鐘聲瑱瑱叫，堅部上平聲堅地瑱（按：瑱應擬音為［tiaŋ¹］）；
問何人曰治玷，堅部下平聲堅治玷（按：玷應擬音為［tiaŋ⁵］）；
呼豬聲嚽嚽叫，柯部下上聲柯英嚽（按：嚽應擬音為［ua⁶］）；
铜钱聲嗹嗹叫，坚部上平聲坚柳嗹（按：嗹应拟音为［liaŋ¹］）；
呼豬聲欬欬叫，皆部上去聲皆喜欬（按：欬应拟音为［hai³］）；
逐雞聲唥唥叫，龟部下平聲龟柳唥（按：唥应拟音为［lu⁵］）；
嚽哥聲欬欬叫，哥部上入聲哥喜欬（按：欬应拟音为［hoʔ⁴］）；
嚽母聲丨丨叫，居部上入聲居喜丨（按：丨应拟音为［hɯʔ⁴］）；
恶婦聲嘖嘖叫，家部下上聲家求嘖（按：嘖应拟音为［ke⁶］）；
老蛤聲唈唈叫，甘部上入聲甘英唈（按：唈应拟音为［ap⁴］）；
霹雳聲呖呖叫，家部下入聲家柳呖（按：呖应拟音为［leʔ⁸］）；
鳥飛聲鵚鵚叫，龜部下去聲龜他鵚（按：鵚應擬音為［t‘u⁷］）；
擲風聲擎擎叫，堅部上入聲堅頗擎（按：擎應擬音為［p‘iaʔ⁴］）；
蛩鳴聲啰啰叫，枝部上去聲枝求啰（按：啰應擬音為［ki³］）；
透風聲丨丨叫，膠部上去聲膠時丨（按：丨應擬音為［sa³］）；
呼雞聲咄咄叫，龜部下平聲龜地咄（按：咄應擬音為［tu⁵］）；
呼貓聲吼吼叫，天部下上聲天柳吼（按：吼應擬音為［lĩ⁶］）；
呼鴨聲諲諲叫，膠部上去聲膠英諲（按：諲應擬音為［a³］）；
止牛聲嗬嗬叫，哥部上去聲哥喜嗬（按：嗬應擬音為［ho³］）；
滴水聲賸賸叫，金部下上聲金地賸（按：賸應擬音為［tim⁶］）；
應答聲丨丨叫，雞部上上聲雞英丨（按：丨應擬音為［oi²］）；
啟門聲丨丨叫，乖部上平聲乖英丨（按：丨應擬音為［uai¹］）；
雞母聲喲喲叫，公部下入聲公求喲（按：喲應擬音為［kok⁸］）；

賣物聲呵呵叫，哥部上平聲哥英呵（按：呵應擬音為［o¹］）；
雞仔聲哫哫叫，嬌部下入聲嬌增哫（按：哫應擬音為［tsiauʔ⁸］）；
挨礱聲轆轆叫，龜部下去聲龜喜轆（按：轆應擬音為［hu⁷］）；
貓母聲嘵嘵叫，交部下去聲交語嘵（按：嘵應擬音為［gau⁷］）；
落雨聲丨丨叫，膠部下去聲膠求丨（按：丨應擬音為［ka⁷］）；
打石聲硈硈叫，堅部下入聲堅去硈（按：硈應擬音為［k'iaʔ⁸］）；
逐牛聲嗌嗌叫，皆部上上聲皆喜嗌（按：嗌應擬音為［hai²］）；
滾飯聲叻叻叫，龜部上入聲龜求叻（按：叻應擬音為［kuʔ⁴］）；
疼痛聲嗐嗐叫，皆部下去聲皆喜嗐（按：嗐應擬音為［hai⁷］）；
狗吠聲否否叫，孤部上上聲孤喜否（按：否應擬音為［hou²］）；
打銃聲嗊嗊叫，公部下去聲公求嗊（按：嗊應擬音為［koŋ⁷］）；
斬柴聲刮刮叫，公部下入聲公去刮（按：刮應擬音為［k'ok⁸］）；
罵人聲甫甫叫，龜部上上聲龜頗甫（按：甫應擬音為［p'u²］）；
排布聲丨丨叫，家部下去聲家柳丨（按：丨應擬音為［le⁷］）；
耍笑聲哋哋叫，枝部下去聲枝喜哋（按：哋應擬音為［hi⁷］）；
捉人聲掠掠叫，佳部下入聲佳柳掠（按：掠應擬音為［liaʔ⁸］）。

《附潮語口頭聲》與《潮聲十五音》書首的《附潮屬土音口頭語氣》一樣，是教人如何拼讀的。

《潮語十五音》的編排體例與《潮聲十五音》不一樣。《潮聲十五音》的編排體例是採用漳州方言韻書《彙集雅俗通十五音》的編排體例，而《潮語十五音》的編排體例則採用泉州方言韻書《彙音妙悟》的編排體例，以韻圖的形式來編排。每個韻部之上橫列 15 個聲母字（柳邊求去地頗他貞入時英文語出喜），每個聲母之下縱列 8 個聲調（上平聲、上上聲、上去聲、上入聲、下平聲、下上聲、下去聲、下入聲），列 8 個格子，每個格子內橫列同音字，每個韻字之下均有注釋。《潮語十五音》的編排體例則比《彙音妙悟》來得科學、排得清楚。

一 《潮語十五音》聲母系統

《潮語十五音》書首附有《十五歌訣》《字母歌訣拼音法》，表示該書的聲母系統。

《十五歌訣》：柳邊求去地　頗他貞入時　英文語出喜。

《字母歌訣拼音法》採用了福建傳統的閩南方言韻書《彙集雅俗通十五音》拼音法：

君部	柳腀	邊分	求君	去坤	地敦	頗奔	他吞	貞尊	入熋	時孫	英溫	文蚊	語羣	出春	喜芬
堅部	柳嗹	邊邊	求堅	去虔	地珍	頗篇	他天	貞章	入壤	時仙	英央	文聯	語研	出仟	喜香

以上是該韻書的15個聲母字。現將《潮語十五音》聲母系統與《廣東閩方言語音研究》潮汕6個方言點聲母系統比較如下：

	聲母系統																	
潮語十五音	邊	坡	文		地	他	柳		增	出	時	入	求	去	語		喜	英
汕頭話	p	p‘	b	m	t	t‘	n	l	ts	ts‘	s	z	k	k‘	g	ŋ	h	ø
潮州話	p	p‘	b	m	t	t‘	n	l	ts	ts‘	s	z	k	k‘	g	ŋ	h	ø
澄海話	p	p‘	b	m	t	t‘	n	l	ts	ts‘	s	z	k	k‘	g	ŋ	h	ø
潮陽話	p	p‘	b	m	t	t‘	n	l	ts	ts‘	s	z	k	k‘	g	ŋ	h	ø
揭陽話	P	p‘	b	m	t	t‘	n	l	ts	ts‘	s	z	k	k‘	g	ŋ	h	ø
海豐話	P	p‘	b	m	t	t‘	n	l	ts	ts‘	s	z	k	k‘	g	ŋ	h	ø

從上可見，現代潮汕方言的聲母系統還是比較一致的。現將《潮語十五音》聲母系統擬音如下：

1. 柳［l/n］	2. 邊［p］	3. 求［k］	4. 去［k‘］	5. 地［t］
6. 頗［p‘］	7. 他［t‘］	8. 貞［ts］	9. 入［z］	10. 時［s］
11. 英［ø］	12. 文［b/m］	13. 語［g/ŋ］	14. 出［ts‘］	15. 喜［h］

林倫倫、陳小楓在書中指出，“［b－、g－、l－］三個濁音聲母不拼鼻化韻母；［m－、n－、ŋ－］三個鼻音聲母與母音韻母相拼後，母音韻母帶上鼻化成分，即［me］＝［mẽ］、［ne］＝［nẽ］、［ŋe］＝［ŋẽ］。所以可以認為［m－、n－、ŋ－］不拼口母音韻母，與［b－、g－、l－］

不拼鼻化韻母互補。” 這是柳［l/n］、文［b/m］、語［g/ŋ］在不同語音條件下所構擬的音值。

二 《潮語十五音》韻母系統

《四十字母目錄》：君堅金歸佳 江公乖經光 孤驕雞恭歌 皆君薑甘柯
兼交家瓜膠 龜扛枝鳩官 居柑庚京蕉 天肩幹關薑

《潮語十五音》40 個韻部，共分四卷：

卷一君堅金歸佳江公乖；

卷二經光孤驕雞恭歌皆；

卷三君薑甘柯兼交家瓜膠龜；

卷四扛枝鳩官居柑庚京蕉天肩幹關薑。

書末注雲：“幹部與江同，關部與光同，薑部與堅同，俱不錄。” 可見本韻書的 40 個韻部，實際上是 37 個韻部。

《潮聲十五音字母四十四字》：君家高金雞公姑兼基堅京官皆恭君鈞居歌光光歸庚鳩瓜江膠堅嬌基乖肩扛弓龜柑公佳甘瓜薑叨囉哖燒。此表雖列有 44 個字母，但其中“公”“基”“堅”“光”四個字母重出，“叨”與“皆”同，“囉”與“歌”同，“哖”與“基”同，實際上只有 37 個字母：君家高金雞公姑兼基堅京官皆恭君鈞居歌光歸庚鳩瓜江膠嬌乖肩扛弓龜柑佳甘瓜薑燒。如果與《潮語十五音》37 部相比較，《潮語十五音》多出天部［ĩ/ĩʔ］，少了《潮聲十五音》扛部［ŋ］。

現分卷將 37 個韻部與潮汕地區汕頭、潮州、澄海、潮陽、揭陽、海豐六個縣市方言作歷史的比較。此六個縣市方言材料採用《廣東閩方言語音研究》。根據韻書八個聲調，分別在音節右上方標注：1（上平）、2（上上）、3（上去）、4（上入）、5（下平）、6（下上）、7（下去）、8（下入）。據考證，《潮語十五音》是修訂《潮聲十五音》編撰而成的，所反映的音系應該也是汕頭方言音系。現根據現代潮汕方言，運用“歷史比較法”“對比法” 和 “排除法”，對《潮語十五音》音系性質從以下五方面進行考證：

1.《潮語十五音》有金部［im/ip］、甘部［am/ap］、兼部［iam/iap］三部語音上的對立，惟獨現代澄海話金部與君部［iŋ/ik］合併，讀作［iŋ/ik］；甘部與江部合併，讀作［aŋ/ak］；兼部與堅部合併，讀作［iaŋ/iak］。因此，《潮語十五音》絕不可能反映澄海方言音系。

2.《潮語十五音》君部讀作［uŋ/uk］，沒有［uŋ/uk］和［un/ut］的對立，而海豐話則有［un/ut］；《潮語十五音》君部讀作［iŋ/ik］，沒有［iŋ/ik］和［in/it］的對立，而海豐話則有［in/it］；《潮語十五音》扛部讀作［ɤŋ/ɤk］，而海豐話沒有此讀，該部則讀作［ŋ/ŋʔ］、［uĩ］、［in/it］三讀；《潮語十五音》居部［ɯ］與龜部［u/uʔ］、枝部［i/iʔ］是對立的，而海豐話則無［ɯ］一讀，該部字則讀作［u］或［i］。因此，《潮語十五音》也不可能是反映海豐方言音系。

3.《潮語十五音》兼部讀作［iam/iap］，無［iam/iap］和［uam/uap］語音上的對立，而潮陽、潮陽、揭陽、海豐方言則存有［iam/iap］和［uam/uap］兩讀；《潮語十五音》肩部讀作［õi］，無［õi］和［ãi］語音上的對立，而潮陽、揭陽、海豐方言則無［õi］，而有［ãi］；《潮語十五音》恭部讀作［ioŋ/iok］，而無［ioŋ/iok］和［ueŋ/uek］語音上的對立，而潮陽、揭陽則有［ueŋ/uek］。可見，《潮語十五音》也不可能是反映潮陽、揭陽方言音系。

4.《潮語十五音》有堅部［iaŋ/iak］和經部［eŋ/ek］語音上的對立，而無［iaŋ/iak］和［ieŋ/iek］的對立，潮州則有［iaŋ/iak］、［eŋ/ek］和［ieŋ/iek］的對立；《潮語十五音》光部讀作［uaŋ/uak］，而無［ueŋ/uek］，潮州則有［uaŋ/uak］和［ueŋ/uek］的對立。可見，《潮語十五音》也不可能反映潮州方言音系。

5.《潮語十五音》與《潮聲十五音》相比，雖然多了天部［ĩ/ĩʔ］，少了扛部［ŋ］，但並不影響它所反映的音系性質。因現代汕頭方言均有［ĩ/ĩʔ］韻母和［ŋ］韻母，兩種韻書均有或均無這兩個韻部，並不改變它們的音系性質。

通過以上分析，我們可以推測《潮語十五音》所反映的應該是汕頭方言音系，就如《潮語十五音》“凡例”所說的那樣，“本書依《潮聲十五音》刪繁補簡，另參他書校勘，以備《潮聲十五音》之所未備。”

(一)《潮語十五音》卷一：君堅金歸佳江公乖

1. 君部

此部相當於《潮聲十五音》君部，在粵東潮汕方言中多數讀作［uŋ/uk］，唯獨海豐方言讀作［un/ut］。現根據汕頭方言將君部擬音為［uŋ/uk］。

例字	汕頭	潮州	澄海	潮陽	揭陽	海豐
分	$puŋ^1$	$puŋ^1$	$puŋ^1$	$puŋ^1$	$puŋ^1$	pun^1
忍	$luŋ^2$	$luŋ^2$	$luŋ^2$	$luŋ^2$	$luŋ^2$	lun^2
寸	$ts‘uŋ^3$	$ts‘uŋ^3$	$ts‘uŋ^3$	$ts‘uŋ^3$	$ts‘uŋ^3$	$ts‘un^3$
出	$ts‘uk^4$	$ts‘uk^4$	$ts‘uk^4$	$ts‘uk^4$	$ts‘uk^4$	$ts‘ut^4$
輪	$luŋ^5$	$luŋ^5$	$luŋ^5$	$luŋ^5$	$luŋ^5$	lun^5
論	$luŋ^6$	$luŋ^6$	$luŋ^6$	$luŋ^6$	$luŋ^6$	lun^6
飯	$puŋ^7$	$puŋ^7$	$puŋ^7$	$puŋ^7$	$puŋ^7$	pun^7
律	lut^8	lut^8	lut^8	lut^8	lut^8	lut^8

2. 堅部（此部與薑部同）

此部相當於《潮聲十五音》堅部，潮州方言在音值上多數讀作［ieŋ/iek］，但也有少數讀作［iaŋ/iak］，其他地區讀音均為［iaŋ/iak］。現根據汕頭方言將堅部擬音為［iaŋ/iak］。

例字	汕頭	潮州	澄海	潮陽	揭陽	海豐
邊	$piaŋ^1$	$pieŋ^1$	$piaŋ^1$	$piaŋ^1$	$piaŋ^1$	$piaŋ^1$
展	$tiaŋ^2$	$tieŋ^2$	$tiaŋ^2$	$tiaŋ^2$	$tiaŋ^2$	$tiaŋ^2$
摙	$liaŋ^3$	$lieŋ^3$	$liaŋ^3$	$liaŋ^3$	$liaŋ^3$	$liaŋ^3$
哲	$tiak^4$	$tiak^4$/$tiek^4$	$tiak^4$	$tiak^4$	$tiak^4$	$tiak^4$
綿	$biaŋ^5$	$bieŋ^5$	$biaŋ^5$	$biaŋ^5$	$biaŋ^5$	$biaŋ^5$
亮	$liaŋ^6$	$lieŋ^6$	$liaŋ^6$	$liaŋ^6$	$liaŋ^6$	$liaŋ^6$
鍵	$kiaŋ^7$	$kieŋ^7$	$kiaŋ^7$	$kiaŋ^7$	$kiaŋ^7$	$kiaŋ^7$
別	$piak^8$	$piak^8$/$piek^8$	$piak^8$	$piak^8$	$piak^8$	$piak^8$

3. 金部

此部相當於《潮聲十五音》金部，除澄海方言讀作［iŋ/ik］以外，其他地區讀音均為［im/ip］。現根據汕頭方言將金部擬音為［im/ip］。

例字	汕頭	潮州	澄海	潮陽	揭陽	海豐
金	kim^1	kim^1	$tiŋ^1$	kim^1	kim^1	kim^1
锦	kim^2	kim^2	$kiŋ^2$	kim^2	kim^2	kim^2
禁	kim^3	kim^3	$kiŋ^3$	kim^3	kim^3	kim^3
急	kip^4	kip^4	kik^4	kip^4	kip^4	kip^4
林	lim^5	lim^5	$liŋ^5$	lim^5	lim^5	lim^5
朕	tim^6	tim^6	$hiŋ^6$	tim^6	tim^6	tim^6
任	zim^7	zim^7	$ziŋ^7$	zim^7	zim^7	zim^7
立	lip^8	lip^8	lik^8	lip^8	lip^8	lip^8

4. 歸部

此部相當於《潮聲十五音》歸部，舒聲韻字在粵東潮汕方言中均讀作［ui］，促聲韻字較冷僻。現根據汕頭方言將歸部擬音為［ui/uiʔ］。

例字	汕頭	潮州	澄海	潮陽	揭陽	海豐
追	tui^1	tui^1	tui^1	tui^1	tui^1	tui^1
鬼	kui^2	kui^2	kui^2	kui^2	kui^2	kui^2
痱	pui^3	pui^3	pui^3	pui^3	pui^3	pui^3
嘱 ts‘uiʔ⁴	—	—	—	—	—	—
肥	pui^5	pui^5	pui^5	pui^5	pui^5	pui^5
惠	hui^6	hui^6	hui^6	hui^6	hui^6	hui^6
魏	$ŋui^7$	$ŋui^7$	$ŋui^7$	$ŋui^7$	$ŋui^7$	$ŋui^7$
岌 guiʔ⁸	—	—	—	—	—	—

5. 佳部

此部相當於《潮聲十五音》佳部，在粵東潮汕方言中均讀作［ia/iaʔ］。現根據汕頭方言將佳部擬音為［ia/iaʔ］。

例字	汕頭	潮州	澄海	潮陽	揭陽	海豐
爹	tia^{1}	tia^{1}	tia^{1}	tia^{1}	tia^{1}	tia^{1}
者	tsia^{2}	tsia^{2}	tsia^{2}	tsia^{2}	tsia^{2}	tsia^{2}
寄	kia^{3}	kia^{3}	kia^{3}	kia^{3}	kia^{3}	kia^{3}
跡	tsiaʔ^{4}	tsiaʔ^{4}	tsiaʔ^{4}	tsiaʔ^{4}	tsiaʔ^{4}	tsiaʔ^{4}
爺	ia^{5}	ia^{5}	ia^{5}	ia^{5}	ia^{5}	ia^{5}
社	sia^{6}	sia^{6}	sia^{6}	sia^{6}	sia^{6}	sia^{6}
謝	sia^{7}	sia^{7}	sia^{7}	sia^{7}	sia^{7}	sia^{7}
屐	kiaʔ^{8}	kiaʔ^{8}	kiaʔ^{8}	kiaʔ^{8}	kiaʔ^{8}	kiaʔ^{8}

6. 江部（此部与干部同）

此部相當於《潮聲十五音》江部，在粵東潮汕方言中均讀作［aŋ/ak］。現根據汕頭方言將江部擬音為［aŋ/ak］。

例字	汕頭	潮州	澄海	潮陽	揭陽	海豐
邦	paŋ^{1}	paŋ^{1}	paŋ^{1}	paŋ^{1}	paŋ^{1}	paŋ^{1}
眼	gaŋ^{2}	gaŋ^{2}	gaŋ^{2}	gaŋ^{2}	gaŋ^{2}	gaŋ^{2}
降	kaŋ^{3}	kaŋ^{3}	kaŋ^{3}	kaŋ^{3}	kaŋ^{3}	kaŋ^{3}
殼	k‘ak^{4}	k‘ak^{4}	k‘ak^{4}	k‘ak^{4}	k‘ak^{4}	k‘ak^{4}
攔	laŋ^{5}	laŋ^{5}	laŋ^{5}	laŋ^{5}	laŋ^{5}	laŋ^{5}
重	taŋ^{6}	taŋ^{6}	taŋ^{6}	taŋ^{6}	taŋ^{6}	taŋ^{6}
共	kaŋ^{7}	kaŋ^{7}	kaŋ^{7}	kaŋ^{7}	kaŋ^{7}	kaŋ^{7}
力	lak^{8}	lak^{8}	lak^{8}	lak^{8}	lak^{8}	lak^{8}

7. 公部

此部相當於《潮聲十五音》公部，在粵東潮汕方言中均為［oŋ/ok］。現根據汕頭方言將公部擬音為［oŋ/ok］。

例字	汕頭	潮州	澄海	潮陽	揭陽	海豐
公	koŋ^{1}	koŋ^{1}	koŋ^{1}	koŋ^{1}	koŋ^{1}	koŋ^{1}
管	koŋ^{2}	koŋ^{2}	koŋ^{2}	koŋ^{2}	koŋ^{2}	koŋ^{2}

续表

例字	汕頭	潮州	澄海	潮陽	揭陽	海豐
棟	toŋ^{3}	toŋ^{3}	toŋ^{3}	toŋ^{3}	toŋ^{3}	toŋ^{3}
國	kok^{4}	kok^{4}	kok^{4}	kok^{4}	kok^{4}	kok^{4}
農	loŋ^{5}	loŋ^{5}	loŋ^{5}	loŋ^{5}	loŋ^{5}	loŋ^{5}
重	toŋ^{6}	toŋ^{6}	toŋ^{6}	toŋ^{6}	toŋ^{6}	toŋ^{6}
磅	poŋ^{7}	poŋ^{7}	poŋ^{7}	poŋ^{7}	poŋ^{7}	poŋ^{7}
獨	tok^{8}	tok^{8}	tok^{8}	tok^{8}	tok^{8}	tok^{8}

8. 乖部

此部相當於《潮聲十五音》乖部，在粵東潮汕方言中均讀作［uai］。現根據汕頭方言將乖部擬音為［uai/uaiʔ］。

例字	汕頭	潮州	澄海	潮陽	揭陽	海豐
乖	kuai^{1}	kuai^{1}	kuai^{1}	kuai^{1}	kuai^{1}	kuai^{1}
拐	kuai^{2}	uai^{1}	uai^{1}	uai^{1}	uai^{1}	uai^{1}
怪	kuai^{3}	kuai^{2}	kuai^{2}	kuai^{2}	kuai^{2}	kuai^{2}
孬 uaiʔ^{4}	—	—	—	—	—	—
淮	huai^{5}	huai^{5}	huai^{5}	huai^{5}	huai^{5}	huai^{5}
壞	huai^{6}	huai^{6}	huai^{6}	huai^{6}	huai^{6}	huai^{6}
檨	suai^{7}	suai^{7}	suai^{7}	suai^{7}	suai^{7}	suai^{7}

（二）《潮語十五音》卷二：經光孤驕雞恭歌皆

9. 經部

此部相當於《潮聲十五音》弓部，在粵東潮汕方言中多數讀作［eŋ/ek］，潮陽、海豐有兩讀：［eŋ/ek］和［ioŋ/iok］。現根據汕頭方言將經部擬音為［eŋ/ek］。

例字	汕頭	潮州	澄海	潮陽	揭陽	海豐
冰	peŋ^{1}	peŋ^{1}	peŋ^{1}	peŋ^{1}/pioŋ^{1}	peŋ^{1}	peŋ^{1}/pioŋ^{1}
頂	teŋ^{2}	teŋ^{2}	teŋ^{2}	teŋ^{2}/tioŋ^{2}	teŋ^{2}	teŋ^{2}/tioŋ^{2}
聖	seŋ^{3}	seŋ^{3}	seŋ^{3}	seŋ^{3}/sioŋ^{3}	seŋ^{3}	seŋ^{3}/sioŋ^{3}
釋	sek^{4}	sek^{4}	sek^{4}	sek^{4}/siok^{4}	sek^{4}	sek^{4}/siok^{4}
亭	teŋ^{5}	teŋ^{5}	teŋ^{5}	teŋ^{5}/tioŋ^{5}	teŋ^{5}	teŋ^{5}/tioŋ^{5}
靜	tseŋ^{6}	tseŋ^{6}	tseŋ^{6}	tseŋ^{6}/tsioŋ^{6}	tseŋ^{6}	tseŋ^{6}/tsioŋ^{6}
用	eŋ^{7}	eŋ^{7}	eŋ^{7}	eŋ^{7}/sioŋ^{7}	eŋ^{7}	eŋ^{7}/sioŋ^{7}
綠	lek^{8}	lek^{8}	lek^{8}	lek^{8}/liok^{8}	lek^{8}	lek^{8}/liok^{8}

10. 光部（此部与关部同）

此部相當於《潮聲十五音》光部，在粵東汕頭、澄海讀作［uaŋ/uak］，潮州、潮陽、揭陽、海豐方言有三讀：［uaŋ/uak］、［ueŋ/uek］和［uam/uap］。現根據汕頭方言將光部擬音為［uaŋ/uak］。

例字	汕頭	潮州	澄海	潮陽	揭陽	海豐
專	tsuaŋ^{1}	tsuaŋ^{1}/tsueŋ^{1}	tsuaŋ^{1}	tsuaŋ^{1}/tsueŋ^{1}	tsuaŋ^{1}/tsueŋ^{1}	tsuaŋ^{1}/tsueŋ^{1}
廣	kuaŋ^{2}	kuaŋ^{2}	kuaŋ^{2}	kuaŋ^{2}	kuaŋ^{2}	kuaŋ^{2}
灌	kuaŋ^{3}	kuaŋ^{3}/kueŋ^{3}	kuaŋ^{3}	kuaŋ^{3}/kueŋ^{3}	kuaŋ^{3}/kueŋ^{3}	kuaŋ^{3}/kueŋ^{3}
劣	luak^{4}	luak^{4}/luek^{4}	luak^{4}	luak^{4}/luek^{4}	luak^{4}/luek^{4}	luak^{4}/luek^{4}
法	huak^{4}	huap^{4}	huak^{4}	huap^{4}	huap^{4}	huap^{4}
凡	huaŋ^{5}	huam^{5}	huaŋ^{5}	huam^{5}	huam^{5}	huam^{5}
漫	buaŋ^{6}	buaŋ^{6}/bueŋ^{6}	buaŋ^{6}	buaŋ^{6}/bueŋ^{6}	buaŋ^{6}/bueŋ^{6}	buaŋ^{6}/bueŋ^{6}
万	buaŋ^{7}	buaŋ^{7}/buaŋ^{7}	huaŋ^{7}	buaŋ^{7}/buaŋ^{7}	buaŋ^{7}/buaŋ^{7}	buaŋ^{7}/buaŋ^{7}
越	uak^{8}	uak^{8}/uek^{8}	uak^{8}	uak^{8}/uek^{8}	uak^{8}/uek^{8}	uak^{8}/uek^{8}

11. 孤部

此部相當於《潮聲十五音》姑部，在粵東潮汕方言中均讀作［ou/ouʔ］。現根據汕頭方言將孤部擬音為［ou/ouʔ］。

例字	汕頭	潮州	澄海	潮陽	揭陽	海豐
鋪	p‘ou¹	p‘ou¹	p‘ou¹	p‘ou¹	p‘ou¹	p‘ou¹
补	pou²	tou¹	tou¹	tou¹	tou¹	tou¹
布	pou³	pou³	pou³	pou³	pou³	pou³
剢 souʔ⁴	—	—	—	—	—	—
堊 ouʔ⁴	—	—	—	—	—	—
圖	tou⁵	tou⁵	tou⁵	tou⁵	tou⁵	tou⁵
部	pou⁶	pou⁶	pou⁶	pou⁶	pou⁶	pou⁶
芋	ou⁷	ou⁷	ou⁷	ou⁷	ou⁷	ou⁷
蔛 souʔ⁸	—	—	—	—	—	—

12. 驕部

此部相當於《潮聲十五音》嬌部，在粵東潮汕方言中多數讀作［iau/iauʔ］，只有潮州、澄海讀作［iou/iouʔ］。現根據汕頭方言將驕部擬音為［iau/iauʔ］。

例字	汕頭	潮州	澄海	潮陽	揭陽	海豐
骄	kiau¹	kiou¹	kiou¹	kiau¹	kiau¹	kiau¹
了	liau²	liou²	liou²	liau²	liau²	liau²
漂	p‘iau³	p‘iou³	p‘iou³	p‘iau³	p‘iau³	p‘iau³
唽	tsiauʔ⁴	tsiouʔ⁴	tsiouʔ⁴	tsiauʔ⁴	tsiauʔ⁴	tsiauʔ⁴
桥	kiau⁵	kiou⁵	kiou⁵	kiau⁵	kiau⁵	kiau⁵
兆	tiau⁶	tiou⁶	tiou⁶	tiau⁶	tiau⁶	tiau⁶
尿	ziau⁷	ziou⁷	ziou⁷	ziau⁷	ziau⁷	ziau⁷
噭 kiauʔ⁸	—	—	—	—	—	—

13. 雞部

此部相當於《潮聲十五音》雞部，在粵東潮汕方言中多數讀作［oi/oiʔ］，只有海豐讀作［i/ei/eʔ］。現根據汕頭方言將雞部擬音為［oi/oiʔ］。

例字	汕頭	潮州	澄海	潮陽	揭陽	海豐
雞	koi^{1}	koi^{1}	koi^{1}	koi^{1}	koi^{1}	kei^{1}
禮	loi^{2}	loi^{2}	loi^{2}	loi^{2}	loi^{2}	li^{2}
計	koi^{3}	koi^{3}	koi^{3}	koi^{3}	koi^{3}	ki^{3}
八	poiʔ^{4}	poiʔ^{4}	poiʔ^{4}	poiʔ^{4}	poiʔ^{4}	peʔ^{4}
齊	tsoi^{5}	tsoi^{5}	tsoi^{5}	tsoi^{5}	tsoi^{5}	tsei^{5}
會	hoi^{6}	hoi^{6}	hoi^{6}	hoi^{6}	hoi^{6}	hei^{6}
藝	goi^{7}	goi^{7}	goi^{7}	goi^{7}	goi^{7}	gei^{7}
笠	loiʔ^{8}	loiʔ^{8}	loiʔ^{8}	loiʔ^{8}	loiʔ^{8}	leʔ^{8}

14. 恭部

此部相當於《潮聲十五音》恭部，在粵東潮汕方言中多數讀作［ioŋ/iok］，只有潮陽、揭陽還有另一讀［ueŋ/uek］。現根據汕頭方言將恭部擬音為［ioŋ/iok］。

例字	汕頭	潮州	澄海	潮陽	揭陽	海豐
雍	ioŋ^{1}	ioŋ^{1}	ioŋ^{1}	ioŋ^{1}/ueŋ^{1}	ioŋ^{1}/ueŋ^{1}	ioŋ^{1}
龔	kioŋ^{2}	kioŋ^{2}	kioŋ^{2}	kioŋ^{2}/kueŋ^{2}	kioŋ^{2}/kueŋ^{2}	kioŋ^{2}
咏	ioŋ^{3}	ioŋ^{3}	ioŋ^{3}	ioŋ^{3}/ueŋ^{3}	ioŋ^{3}/ueŋ^{3}	ioŋ^{3}
鞠	kiok^{4}	kiok^{4}	kiok^{4}	kiok^{4}/uek^{4}	kiok^{4}/uek^{4}	kiok^{4}
窮	k‘ioŋ^{5}	k‘ioŋ^{5}	k‘ioŋ^{5}	k‘ioŋ^{5}/k‘ueŋ^{5}	k‘ioŋ^{5}/k‘ueŋ^{5}	k‘ioŋ^{5}
佣	ioŋ^{6}	ioŋ^{6}	ioŋ^{6}	ioŋ^{6}/ueŋ^{6}	ioŋ^{6}/ueŋ^{6}	ioŋ^{6}
岬	gioŋ^{7}	gioŋ^{7}	gioŋ^{7}	gioŋ^{7}/gueŋ^{7}	gioŋ^{7}/gueŋ^{7}	gioŋ^{7}
育	iok^{8}	iok^{8}	iok^{8}	iok^{8}/uek^{8}	iok^{8}/uek^{8}	iok^{8}

15. 歌部

此部相當於《潮聲十五音》歌部，在粵東潮汕方言中均讀作［o/oʔ］。現根據汕頭方言將歌部擬音為［o/oʔ］。

例字	汕頭	潮州	澄海	潮陽	揭陽	海豐
哥	ko^1	ko^1	ko^1	ko^1	ko^1	ko^1
左	tso^2	tso^2	tso^2	tso^2	tso^2	tso^2
报	po^3	po^3	po^3	po^3	po^3	po^3
索	soʔ⁴	soʔ⁴	soʔ⁴	soʔ⁴	soʔ⁴	soʔ⁴
羅	lo^5	lo^5	lo^5	lo^5	lo^5	lo^5
坐	tso^6	tso^6	tso^6	tso^6	tso^6	tso^6
磨	bo^7	bo^7	bo^7	bo^7	bo^7	bo^7
薄	poʔ⁸	poʔ⁸	poʔ⁸	poʔ⁸	poʔ⁸	poʔ⁸

16. 皆部

此部相當於《潮聲十五音》皆部，在粤東潮汕方言中均讀作［ai］。現根據汕頭方言將皆部擬音為［ai/aiʔ］。

例字	汕頭	潮州	澄海	潮陽	揭陽	海豐
災	$tsai^1$	$tsai^1$	$tsai^1$	$tsai^1$	$tsai^1$	$tsai^1$
奶	lai^2	lai^2	lai^2	lai^2	lai^2	lai^2
拜	pai^3	pai^3	pai^3	pai^3	pai^3	pai^3
炏 k'aiʔ⁴	—	—	—	—	—	—
來	lai^5	lai^5	lai^5	lai^5	lai^5	lai^5
大	tai^6	tai^6	tai^6	tai^6	tai^6	tai^6
礙	gai^7	gai^7	gai^7	gai^7	gai^7	gai^7
唔 aiʔ⁸	—	—	—	—	—	—

（三）《潮語十五音》卷三：君薑甘柯兼交家瓜膠龜

17. 君部

此部相當於《潮聲十五音》君部，在粤東潮汕方言中多數讀作［iŋ/ik］，揭陽方言讀作［eŋ/ek］，海豐方言有兩讀：［iŋ/ik］和［in/it］。現根據汕頭方言將君部擬音為［iŋ/ik］。

例字	汕頭	潮州	澄海	潮陽	揭陽	海豐
賓	piŋ^{1}	piŋ^{1}	piŋ^{1}	piŋ^{1}	peŋ^{1}	piŋ^{1}
緊	kiŋ^{2}	kiŋ^{2}	kiŋ^{2}	kiŋ^{2}	keŋ^{2}	kin^{2}
镇	tiŋ^{3}	tiŋ^{3}	tiŋ^{3}	tiŋ^{3}	teŋ^{3}	tiŋ^{3}
得	tik^{4}	tik^{4}	tik^{4}	tik^{4}	tek^{4}	tik^{4}
藤	tiŋ^{5}	tiŋ^{5}	tiŋ^{5}	tiŋ^{5}	teŋ^{5}	tiŋ^{54}
腱	kiŋ^{6}	kiŋ^{6}	kiŋ^{6}	kiŋ^{6}	keŋ^{6}	kiaŋ^{6}
盡	tsiŋ^{7}	tsiŋ^{7}	tsiŋ^{7}	tsiŋ^{7}	tseŋ^{7}	tsiŋ^{7}
日	zik^{8}	zik^{8}	zik^{8}	zik^{8}	zek^{8}	zit^{8}

18. 薑部

此部相當於《潮聲十五音》薑部，在粤東潮汕方言中多數讀作［iõ］，只有潮州、澄海方言讀作［iẽ］。現根據汕頭方言將薑部擬音為［iõ/iõʔ］。

例字	汕頭	潮州	澄海	潮陽	揭陽	海豐
薑	kiõ^{1}	kiẽ^{1}	kiẽ^{1}	kiõ^{1}	kiõ^{1}	kiõ^{1}
兩	niõ^{2}	niẽ^{2}	niẽ^{2}	niõ^{2}	niõ^{2}	niõ^{2}
漲	tiõ^{3}	tiẽ^{3}	tiẽ^{3}	tiõ^{3}	tiõ^{3}	tiõ^{3}
挈 k‘iõʔ^{4}	—	—	—	—	—	—
場	tiõ^{5}	tiẽ^{5}	tiẽ^{5}	tiõ^{5}	tiõ^{5}	tiõ^{5}
想	siõ^{6}	siẽ^{6}	siẽ^{6}	siõ^{6}	siõ^{6}	siõ^{6}
讓	niõ^{7}	niẽ^{7}	niẽ^{7}	niõ^{7}	niõ^{7}	niõ^{7}
㘸 k‘iõʔ^{8}	—	—	—	—	—	—

19. 甘部

此部相當於《潮聲十五音》三十四甘部，此部在粤東潮汕方言中多數讀作［am/ap］，只有澄海讀作［aŋ/ak］。現根據汕頭方言將甘部擬音為［am/ap］。

例字	汕頭	潮州	澄海	潮陽	揭陽	海豐
甘	kam^{1}	kam^{1}	kaŋ^{1}	kam^{1}	kam^{1}	kam^{1}
感	kam^{2}	kam^{2}	kaŋ^{2}	kam^{2}	kam^{2}	kam^{2}
监	kam^{3}	kam^{3}	kaŋ^{3}	kam^{3}	kam^{3}	kam^{3}
答	tap^{4}	tap^{4}	tak^{4}	tap^{4}	tap^{4}	tap^{4}
南	nam^{5}	nam^{5}	naŋ^{5}	nam^{5}	nam^{5}	nam^{5}
站	tsam^{6}	tsam^{6}	tsaŋ^{6}	tsam^{6}	tsam^{6}	tsam^{6}
啗	ham^{7}	ham^{7}	haŋ^{7}	ham^{7}	ham^{7}	ham^{7}
十	tsap^{8}	tsap^{8}	tsak^{8}	tsap^{8}	tsap^{8}	tsap^{8}

20. 柯部

此部相當於《潮聲十五音》瓜部，在粵東潮汕方言中多數讀作［ua/uaʔ］。現根據汕頭方言將柯部擬音為［ua/uaʔ］。

例字	汕頭	潮州	澄海	潮陽	揭陽	海豐
柯	kua^{1}	kua^{1}	kua^{1}	kua^{1}	kua^{1}	kua^{1}
紙	tsua^{2}	tsua^{2}	tsua^{2}	tsua^{2}	tsua^{2}	tsua^{2}
播	pua^{3}	pua^{3}	pua^{3}	pua^{3}	pua^{3}	pua^{3}
抹	buaʔ^{4}	buaʔ^{4}	buaʔ^{4}	buaʔ^{4}	buaʔ^{4}	buaʔ^{4}
籮	lua^{5}	lua^{5}	lua^{5}	lua^{5}	lua^{5}	lua^{5}
舵	tua^{6}	tua^{6}	tua^{6}	tua^{6}	tua^{6}	tua^{6}
大	tua^{7}	tua^{7}	tua^{7}	tua^{7}	tua^{7}	tua^{7}
熱	zuaʔ^{8}	zuaʔ^{8}	zuaʔ^{8}	zuaʔ^{8}	zuaʔ^{8}	zuaʔ^{8}

21. 兼部

此部相當於《潮聲十五音》兼部，在粵東潮汕方言中比較複雜：汕頭方言讀作［iam/iap］，潮州、潮陽、揭陽、海豐方言有［iam/iap］一讀外，《廣韻》咸攝凡部字讀作［uam/uap］，只有澄海讀作［iaŋ/iak］。現根據汕頭方言將兼部擬音為［iam/iap］。

例字	汕頭	潮州	澄海	潮陽	揭陽	海豐
兼	$kiam^1$	$kiam^1$	$kia\eta^1$	$kiam^1$	$kiam^1$	$kiam^1$
點	$tiam^2$	$tiam^2$	$tia\eta^2$	$tiam^2$	$tiam^2$	$tiam^2$
劍	$kiam^3$	$kiam^3$	$kia\eta^3$	$kiam^3$	$kiam^3$	$kiam^3$
聶	$liap^4$	$liap^4$	$liak^4$	$liap^4$	$liap^4$	$liap^4$
鹽	iam^5	iam^5	$ia\eta^5$	iam^5	iam^5	iam^5
念	$liam^6$	$liam^6$	$lia\eta^6$	$liam^6$	$liam^6$	$liam^6$
艶	iam^7	iam^7	$ia\eta^7$	iam^7	iam^7	iam^7
捷	$tsiap^8$	$tsiap^8$	$tsiak^8$	$tsiap^8$	$tsiap^8$	$tsiap^8$

22. 交部

此部相當於《潮聲十五音》高部，在粵東潮汕方言中均讀作［au/auʔ］，韻書中的入聲韻基本不用。現根據汕頭方言將交部擬音為［au/auʔ］。

例字	汕頭	潮州	澄海	潮陽	揭陽	海豐
交	kau^1	kau^1	kau^1	kau^1	kau^1	kau^1
老	lau^2	lau^2	lau^2	lau^2	lau^2	lau^2
报	$tsau^3$	$tsau^3$	$tsau^3$	$tsau^3$	$tsau^3$	$tsau^3$
確 $kauʔ^4$	—	—	—	—	—	—
留	lau^5	lau^5	lau^5	lau^5	lau^5	lau^5
厚	kau^6	kau^6	kau^6	kau^6	kau^6	kau^6
闹	lau^7	lau^7	lau^7	lau^7	lau^7	lau^7
嘄 $tsauʔ^8$	—	—	—	—	—	—

23. 家部

此部相當於《潮聲十五音》家部，在粵東潮汕方言中均讀作［e/eʔ］。現根據汕頭方言將家部擬音為［e/eʔ］。

例字	汕頭	潮州	澄海	潮陽	揭陽	海豐
家	ke¹	ke¹	ke¹	ke¹	ke¹	ke¹
把	pe²	pe²	pe²	pe²	pe²	pe²
債	tse³	tse³	tse³	tse³	tse³	tse³
格	keʔ⁴	keʔ⁴	keʔ⁴	keʔ⁴	keʔ⁴	keʔ⁴
茶	te⁵	te⁵	te⁵	te⁵	te⁵	te⁵
父	pe⁶	pe⁶	pe⁶	pe⁶	pe⁶	pe⁶
寨	tse⁷	tse⁷	tse⁷	tse⁷	tse⁷	tse⁷
白	peʔ⁸	peʔ⁸	peʔ⁸	peʔ⁸	peʔ⁸	peʔ⁸

24. 瓜部

此部相當於《潮聲十五音》瓜部，在粵東潮汕方言中均讀作［ue/ueʔ］。現根據汕頭方言將瓜部擬音為［ue/ueʔ］。

例字	汕頭	潮州	澄海	潮陽	揭陽	海豐
瓜	kue¹	kue¹	kue¹	kue¹	kue¹	kue¹
果	kue²	kue²	kue²	kue²	kue²	kue²
最	tsue³	tsue³	tsue³	tsue³	tsue³	tsue³
郭	kueʔ⁴	kueʔ⁴	kueʔ⁴	kueʔ⁴	kueʔ⁴	kueʔ⁴
賠	pue⁵	pue⁵	pue⁵	pue⁵	pue⁵	pue⁵
兌	tue⁶	tue⁶	tue⁶	tue⁶	tue⁶	tue⁶
話	ue⁷	ue⁷	ue⁷	ue⁷	ue⁷	ue⁷
月	gueʔ⁸	gueʔ⁸	gueʔ⁸	gueʔ⁸	gueʔ⁸	gueʔ⁸

25. 膠部

此部相當於《潮聲十五音》膠部，在粵東潮汕方言中均讀作［a/aʔ］。現根據汕頭方言將膠部擬音為［a/aʔ］。

例字	汕頭	潮州	澄海	潮陽	揭陽	海豐
巴	pa¹	pa¹	pa¹	pa¹	pa¹	pa¹
打	ta²	ta²	ta²	ta²	ta²	ta²

续表

例字	汕頭	潮州	澄海	潮陽	揭陽	海豐
孝	tsa3	tsa3	tsa3	tsa3	tsa3	tsa3
甲	kaʔ4	kaʔ4	kaʔ4	kaʔ4	kaʔ4	kaʔ4
痲	ba5	ba5	ba5	ba5	ba5	ba5
罷	pa6	pa6	pa6	pa6	pa6	pa6
?	pa7	pa7	pa7	pa7	pa7	pa7
踏	taʔ8	taʔ8	taʔ8	taʔ8	taʔ8	taʔ8

26. 龜部

此部相當於《潮聲十五音》龜部，在粤東潮汕方言中均讀作［u/uʔ］。現根據汕頭方言將龜部擬音為［u/uʔ］。

例字	汕頭	潮州	澄海	潮陽	揭陽	海豐
龜	ku1	ku1	ku1	ku1	ku1	ku1
魯	lu2	lu2	lu2	lu2	lu2	lu2
富	pu3	pu3	pu3	pu3	pu3	pu3
拄	tuʔ4	tuʔ4	tuʔ4	tuʔ4	tuʔ4	tuʔ4
櫥	tu5	tu5	tu5	tu5	tu5	tu5
舅	ku6	ku6	ku6	ku6	ku6	ku6
旧	ku7	ku7	ku7	ku7	ku7	ku7
涸	kuʔ8	kuʔ8	kuʔ8	kuʔ8	kuʔ8	kuʔ8

（四）《潮語十五音》卷四：扛枝鳩官居柑庚京蕉天肩幹關薑

27. 扛部

此部相當於《潮聲十五音》鈎部，在汕頭、潮州、澄海方言中讀作［ɤŋ］，揭陽方言讀作［eŋ］，潮陽方言有［iŋ］和［ŋ］兩讀，海豐方言有［iŋ］、［ŋ］、［in/it］四讀。現根據汕頭方言將扛部擬音為［ɤŋ/ɤk］。

例字	汕頭	潮州	澄海	潮陽	揭陽	海豐
鈞	kɤŋ^{1}	kɤŋ^{1}	kɤŋ^{1}	kiŋ^{1}/kŋ^{1}	keŋ^{1}	kin^{1}
謹	kɤŋ^{2}	kɤŋ^{2}	kɤŋ^{2}	kiŋ^{2}/kŋ^{2}	keŋ^{2}	kin^{2}
當	tɤŋ^{3}	tɤŋ^{3}	tɤŋ^{3}	tiŋ^{3}/tŋ^{3}	teŋ^{3}	tŋ^{3}
乞	k'ɤʔ^{4}	k'ɤʔ^{4}	k'ɤʔ^{4}	k'ik^{4}	k'eʔ^{4}	k'it^{4}
勤	k'ɤŋ^{5}	k'ɤŋ^{5}	k'ɤŋ^{5}	k'iŋ^{5}/k'ŋ^{5}	k'eŋ^{5}	k'in^{5}
近	kɤŋ^{6}	kɤŋ^{6}	kɤŋ^{6}	kiŋ^{6}/kŋ^{6}	keŋ^{6}	kin^{6}
狀	tsɤŋ^{7}	tsɤŋ^{7}	tsɤŋ^{7}	tsiŋ^{7}/tsŋ^{7}	tseŋ^{7}	tsiŋ^{7}

28. 枝部

此部相當於《潮聲十五音》基部，在粵東潮汕方言中均讀作［i/iʔ］。現根據汕頭方言將枝部擬音為［i/iʔ］。

例字	汕頭	潮州	澄海	潮陽	揭陽	海豐
碑	pi^{1}	pi^{1}	pi^{1}	pi^{1}	pi^{1}	pi^{1}
理	li^{2}	li^{2}	li^{2}	li^{2}	li^{2}	li^{2}
臂	pi^{3}	pi^{3}	pi^{3}	pi^{3}	pi^{3}	pi^{3}
砌	kiʔ^{4}	kiʔ^{4}	kiʔ^{4}	kiʔ^{4}	kiʔ^{4}	kiʔ^{4}
池	ti^{5}	ti^{5}	ti^{5}	ti^{5}	ti^{5}	ti^{5}
備	pi^{6}	pi^{6}	pi^{6}	pi^{6}	pi^{6}	pi^{6}
治	ti^{7}	ti^{7}	ti^{7}	ti^{7}	ti^{7}	ti^{7}
裂	liʔ^{8}	liʔ^{8}	liʔ^{8}	liʔ^{8}	liʔ^{8}	liʔ^{8}

29. 鳩部

此部相當於《潮聲十五音》鳩部，在粵東潮汕方言中均讀作［iu/iuʔ］。現根據汕頭方言將鳩部擬音為［iu/iuʔ］。

例字	汕頭	潮州	澄海	潮陽	揭陽	海豐
彪	piu^{1}	piu^{1}	piu^{1}	piu^{1}	piu^{1}	piu^{1}
柳	liu^{2}	liu^{2}	liu^{2}	liu^{2}	liu^{2}	liu^{2}
救	kiu^{3}	kiu^{3}	kiu^{3}	kiu^{3}	kiu^{3}	kiu^{3}

续表

例字	汕頭	潮州	澄海	潮陽	揭陽	海豐
屾 piuʔ^{4}	—	—	—	—	—	—
球	kiu^{5}	kiu^{5}	kiu^{5}	kiu^{5}	kiu^{5}	kiu^{5}
就	tsiu^{6}	tsiu^{6}	tsiu^{6}	tsiu^{6}	tsiu^{6}	tsiu^{6}
壽	siu^{7}	siu^{7}	siu^{7}	siu^{7}	siu^{7}	siu^{7}

30. 官部

此部相當於《潮聲十五音》官部，在粵東潮汕方言中均讀作［uã］。現根據汕頭方言將官部擬音為［uã］。

例字	汕頭	潮州	澄海	潮陽	揭陽	海豐
搬	puã^{1}	puã^{1}	puã^{1}	puã^{1}	puã^{1}	puã^{1}
赶	kuã^{2}	kuã^{2}	kuã^{2}	kuã^{2}	kuã^{2}	kuã^{2}
旦	tuã^{3}	tuã^{3}	tuã^{3}	tuã^{3}	tuã^{3}	tuã^{3}
寒	kuã^{5}	kuã^{5}	kuã^{5}	kuã^{5}	kuã^{5}	kuã^{5}
伴	puã^{6}	puã^{6}	puã^{6}	puã^{6}	puã^{6}	puã^{6}
烂	nuã^{7}	nuã^{7}	nuã^{7}	nuã^{7}	nuã^{7}	nuã^{7}

31. 居部

此部相當於《潮聲十五音》十七居部，在汕頭、潮州、澄海、揭陽方言中均讀作［ɯ］，潮陽方言讀作［u］，海豐方言有兩讀［i］和［u］。現根據汕頭方言將居部擬音為［ɯ/ɯʔ］。

例字	汕頭	潮州	澄海	潮陽	揭陽	海豐
居	kɯ^{1}	kɯ^{1}	kɯ^{1}	ku^{1}	kɯ^{1}	ki^{1}
舉	kɯ^{2}	kɯ^{2}	kɯ^{2}	ku^{2}	kɯ^{2}	ki^{2}
肆	sɯ^{3}	sɯ^{3}	sɯ^{3}	su^{3}	sɯ^{3}	su^{3}
於 ɯʔ^{4}	—	—	—	—	—	—
渠	k‘ɯ^{5}	k‘ɯ^{5}	k‘ɯ^{5}	k‘u^{5}	k‘ɯ^{5}	k‘i^{55}
巨	kɯ^{6}	kɯ^{6}	kɯ^{6}	ku^{6}	kɯ^{6}	ki^{6}

续表

例字	汕頭	潮州	澄海	潮陽	揭陽	海豐
箸	$tɯ^{7}$	$tɯ^{7}$	$tɯ^{7}$	tu^{7}	$tɯ^{7}$	ti^{7}
㙧 $kɯʔ^{8}$	—	—	—	—	—	—

32. 柑部

此部相當於《潮聲十五音》柑部，在粵東潮汕方言中均讀作［ã/ãʔ］。現根據汕頭方言將柑部擬音為［ã/ãʔ］。

例字	汕頭	潮州	澄海	潮陽	揭陽	海豐
擔	$tã^{1}$	$tã^{1}$	$tã^{1}$	$tã^{1}$	$tã^{1}$	$tã^{1}$
敢	$kã^{2}$	$kã^{2}$	$kã^{2}$	$kã^{2}$	$kã^{2}$	$kã^{2}$
怕	$p‘ã^{3}$	$p‘ã^{3}$	$p‘ã^{3}$	$p‘ã^{3}$	$p‘ã^{3}$	$p‘ã^{3}$
飾 $nãʔ^{4}$	—	—	—	—	—	—
藍	$nã^{5}$	$nã^{5}$	$nã^{5}$	$nã^{5}$	$nã^{5}$	$nã^{5}$
淡	$tã^{6}$	$tã^{6}$	$tã^{6}$	$tã^{6}$	$tã^{6}$	$tã^{6}$
喀 $ãʔ^{8}$	—	—	—	—	—	—

33. 庚部

此部相當於《潮聲十五音》庚部，在粵東潮汕方言中均讀作［ẽ/ẽʔ］。現根據汕頭方言將庚部擬音為［ẽ/ẽʔ］。

例字	汕頭	潮州	澄海	潮陽	揭陽	海豐
庚	$kẽ^{1}$	$kẽ^{1}$	$kẽ^{1}$	$kẽ^{1}$	$kẽ^{1}$	$kẽ^{1}$
省	$sẽ^{2}$	$sẽ^{2}$	$sẽ^{2}$	$sẽ^{2}$	$sẽ^{2}$	$sẽ^{2}$
柄	$pẽ^{3}$	$pẽ^{3}$	$pẽ^{3}$	$pẽ^{3}$	$pẽ^{3}$	$pẽ^{3}$
喀	$k‘ẽʔ^{4}$	$k‘ẽʔ^{4}$	$k‘ẽʔ^{4}$	$k‘ẽʔ^{4}$	$k‘ẽʔ^{4}$	$k‘ẽʔ^{4}$
楹	$ẽ^{5}$	$ẽ^{5}$	$ẽ^{5}$	$ẽ^{5}$	$ẽ^{5}$	$ẽ^{5}$
硬	$ŋẽ^{6}$	$ŋẽ^{6}$	$ŋẽ^{6}$	$ŋẽ^{6}$	$ŋẽ^{6}$	$ŋẽ^{6}$
鄭	$tẽ^{7}$	$tẽ^{7}$	$tẽ^{7}$	$tẽ^{7}$	$tẽ^{7}$	$tẽ^{7}$
脈	$mẽʔ^{8}$	$mẽʔ^{8}$	$mẽʔ^{8}$	$mẽʔ^{8}$	$mẽʔ^{8}$	$mẽʔ^{8}$

34. 京部

此部相當於《潮聲十五音》京部，在粵東潮汕方言中均讀作［iã］。現根據汕頭方言將京部擬音為［iã］。

例字	汕頭	潮州	澄海	潮陽	揭陽	海豐
驚	$kiã^1$	$kiã^1$	$kiã^1$	$kiã^1$	$kiã^1$	$kiã^1$
領	$niã^2$	$niã^2$	$niã^2$	$niã^2$	$niã^2$	$niã^2$
正	$tsiã^3$	$tsiã^3$	$tsiã^3$	$tsiã^3$	$tsiã^3$	$tsiã^3$
成	$tsiã^5$	$tsiã^5$	$tsiã^5$	$tsiã^5$	$tsiã^5$	$tsiã^5$
件	$kiã^6$	$kiã^6$	$kiã^6$	$kiã^6$	$kiã^6$	$kiã^6$
定	$tiã^7$	$tiã^7$	$tiã^7$	$tiã^7$	$tiã^7$	$tiã^7$

35. 蕉部

此部相當於《潮聲十五音》四十燒部，在汕頭、潮陽、揭陽、海豐方言中均讀作［io/ioʔ］，潮州、澄海方言則讀作［ie/ieʔ］。現根據汕頭方言將蕉部擬音為［io/ioʔ］。

例字	汕頭	潮州	澄海	潮陽	揭陽	海豐
標	pio^1	pie^1	pie^1	pio^1	pio^1	pio^1
表	pio^2	pie^2	pie^2	pio^2	pio^2	pio^2
叫	kio^3	kie^3	kie^3	kio^3	kio^3	kio^3
惜	$sioʔ^4$	$sieʔ^4$	$sieʔ^4$	$sioʔ^4$	$sioʔ^4$	$sioʔ^4$
潮	tio^5	tie^5	tie^5	tio^5	tio^5	tio^5
趙	tio^6	tie^6	tie^6	tio^6	tio^6	tio^6
轎	kio^7	kie^7	kie^7	kio^7	kio^7	kio^7
石	$tsioʔ^8$	$tsieʔ^8$	$tsieʔ^8$	$tsioʔ^8$	$tsioʔ^8$	$tsioʔ^8$

36. 天部

《潮聲十五音》無此韻部。此部在粵東潮汕方言中均讀作［ĩ/ĩʔ］。現根據汕頭方言將天部擬音為［ĩ/ĩʔ］。

例字	汕頭	潮州	澄海	潮陽	揭陽	海豐
边	pĩ^{1}	pĩ^{1}	pĩ^{1}	pĩ^{1}	pĩ^{1}	pĩ^{1}
稚	tsĩ^{2}	tsĩ^{2}	tsĩ^{2}	tsĩ^{2}	tsĩ^{2}	tsĩ^{2}
箭	tsĩ^{3}	tsĩ^{3}	tsĩ^{3}	tsĩ^{3}	tsĩ^{3}	tsĩ^{3}
乜	mĩʔ^{4}	mĩʔ^{4}	mĩʔ^{4}	mĩʔ^{4}	mĩʔ^{4}	mĩʔ^{4}
年	nĩ^{5}	nĩ^{5}	nĩ^{5}	nĩ^{5}	nĩ^{5}	nĩ^{5}
乳	nĩ^{6}	nĩ^{6}	nĩ^{6}	nĩ^{6}	nĩ^{6}	nĩ^{6}
麵	mĩ^{7}	mĩ^{7}	mĩ^{7}	mĩ^{7}	mĩ^{7}	mĩ^{7}
嘖	tsĩʔ^{8}	tsĩʔ^{8}	tsĩʔ^{8}	tsĩʔ^{8}	tsĩʔ^{8}	tsĩʔ^{8}

37. 肩部

此部相當於《潮聲十五音》肩部，在汕頭、潮州、澄海方言裡均讀作［õi］，而潮陽、揭陽、海豐方言則讀作［ãi］。現根據汕頭方言將肩部擬音為［õi］。

例字	汕頭	潮州	澄海	潮陽	揭陽	海豐
斑	põi^{1}	põi^{1}	põi^{1}	pãi^{1}	pãi^{1}	pãi^{1}
染	nõi^{2}	nõi^{2}	nõi^{2}	nãi^{2}	nãi^{2}	nãi^{2}
見	kõi^{3}	kõi^{3}	kõi^{3}	kãi^{3}	kãi^{3}	kãi^{3}
蓮	nõi^{5}	nõi^{5}	nõi^{5}	nãi^{5}	nãi^{5}	nãi^{5}
佃	tõi^{6}	tõi^{6}	tõi^{6}	tãi^{6}	tãi^{6}	tãi^{6}
殿	tõi^{7}	tõi^{7}	tõi^{7}	tãi^{7}	tãi^{7}	tãi^{7}

綜上所述，《潮語十五音》共37部，71個韻母。具體情況如下：

1. 君［uŋ/uk］	2. 堅［iaŋ/iak］	3. 金［im/ip］	4. 歸［ui/uiʔ］	5. 佳［ia/iaʔ］
6. 江［aŋ/ak］	7. 公［oŋ/ok］	8. 乖［uai/uaiʔ］	9. 經［eŋ/ek］	10. 光［uaŋ/uak］
11. 孤［ou/ouʔ］	12. 驕［iau/iauʔ］	13. 雞［oi/oiʔ］	14. 恭［ioŋ/iok］	15. 歌［o/oʔ］
16. 皆［ai/aiʔ］	17. 君［iŋ/ik］	18. 薑［iõ］	19. 甘［am/ap］	20. 柯［ua/uaʔ］
21. 兼［iam/iap］	22. 交［au/auʔ］	23. 家［e/eʔ］	24. 瓜［ue/ueʔ］	25. 膠［a/aʔ］
26. 龜［u/uʔ］	27. 扛［ɤŋ/ɤk］	28. 枝［i/iʔ］	29. 鳩［iu/iuʔ］	30. 官［uã/uãʔ］
31. 居［ɯ/ɯʔ］	32. 柑［ã/ãʔ］	33. 庚［ẽ/ẽʔ］	34. 京［iã］	35. 蕉［io/ioʔ］
36. 天［ĩ/ĩʔ］	37. 肩［õi］	38. 干与江同	39. 关于光同	40. 姜与坚同

而《潮聲十五音》37 部 63 個韻母，請看下表：

1. 君部 [uŋ/uk]	2. 家部 [e/eʔ]	3. 高部 [au/auʔ]	4. 金部 [im/ip]	5. 雞部 [oi/oiʔ]
6. 公部 [oŋ/ok]	7. 姑部 [ou]	8. 兼部 [iam/iap]	9. 基部 [i/iʔ]	10. 堅部 [iaŋ/iak]
11. 京部 [iã]	12. 官部 [uã]	13. 皆部 [ai]	14. 恭部 [ioŋ/iok]	15. 君部 [iŋ/ik]
16. 鈞部 [ɤŋ/ɤk]	17. 居部 [ɯ]	18. 歌部 [o/oʔ]	19. 光部 [uaŋ/uak]	20. 歸部 [ui]
21. 庚部 [ë/ẽʔ]	22. 鳩部 [iu/iuʔ]	23. 瓜部 [ua/uaʔ]	24. 江部 [aŋ/ak]	25. 膠部 [a/aʔ]
26. 嬌部 [iau]	27. 乖部 [uai]	28. 肩部 [õi]	29. 扛部 [ŋ]	30. 弓部 [eŋ/ek]
31 龜部 [u/uʔ]	32 柑部 [a)]	33 佳部 [ia/ia/]	34 甘部 [am/ap]	35 瓜部 [ue/ue/]
36. 薑部 [iõ]	37 叨與皆同	38 囉與歌同	39 哖與基同	40. 燒部 [io/ioʔ]

現將《潮聲十五音》和《潮語十五音》韻部系統比較如下：

《潮聲十五音》	1. 君部 [uŋ/uk]	2. 家部 [e/eʔ]	3. 高部 [au/auʔ]	4. 金部 [im/ip]	5. 雞部 [oi/oiʔ]
《潮語十五音》	1. 君部 [uŋ/uk]	23. 家部 [e/eʔ]	22. 交部 [au/auʔ]	3. 金部 [im/ip]	13. 雞部 [oi/oiʔ]
《潮聲十五音》	6. 公部 [oŋ/ok]	7. 姑部 [ou]	8. 兼部 [iam/iap]	9. 基部 [i/iʔ]	10. 堅部 [iaŋ/iak]
《潮語十五音》	7. 公部 [oŋ/ok]	11. 孤部 [ou/ouʔ]	21. 兼部 [iam/iap]	28. 枝部 [i/iʔ]	2. 堅部 [iaŋ/iak]
《潮聲十五音》	11. 京部 [iã]	12. 官部 [uã]	13. 皆部 [ai]	14. 恭部 [ioŋ/iok]	15. 君部 [iŋ/ik]
《潮語十五音》	34. 京部 [iã]	30. 官部 [uã]	16. 皆部 [ai/aiʔ]	14. 恭部 [ioŋ/iok]	17. 君部 [iŋ/ik]
《潮聲十五音》	16. 鈞部 [ɤŋ/ɤk]	17. 居部 [ɯ]	18. 歌部 [o/oʔ]	19. 光部 [uaŋ/uak]	20. 歸部 [ui]
《潮語十五音》	27. 扛部 [ɤŋ/ɤk]	31. 居部 [ɯ/ɯʔ]	15. 歌部 [o/oʔ]	10. 光部 [uaŋ/uak]	4. 歸部 [ui/uiʔ]
《潮聲十五音》	21. 庚部 [ẽ/ẽʔ]	22. 鳩部 [iu/iuʔ]	23. 瓜部 [ua/uaʔ]	24. 江部 [aŋ/ak]	25. 膠部 [a/aʔ]
《潮語十五音》	33. 庚部 [ẽ/ẽʔ]	29. 鳩部 [iu/iuʔ]	20. 柯部 [ua/uaʔ]	6. 江部 [aŋ/ak]	25. 膠部 [a/aʔ]
《潮聲十五音》	26. 嬌部 [iau]	27. 乖部 [uai]	28. 肩部 [õi]	29. 扛部 [ŋ]	30. 弓部 [eŋ/ek]
《潮語十五音》	12. 驕部 [iau/iauʔ]	8. 乖部 [uai/uaiʔ]	37. 肩部 [õi]	——	9. 經部 [eŋ/ek]
《潮聲十五音》	31. 龜部 [u/uʔ]	32. 柑部 [ã]	33. 佳部 [ia/iaʔ]	34. 甘部 [am/ap]	35. 瓜部 [ue/ueʔ]
《潮語十五音》	26. 龜部 [u/uʔ]	32. 柑部 [ã/ãʔ]	5. 佳部 [ia/iaʔ]	19. 甘部 [am/ap]	24. 瓜部 [ue/ueʔ]
《潮聲十五音》	36. 薑部 [iõ]	40. 燒部 [io/ioʔ]	——		
《潮語十五音》	18. 薑部 [iõ/iõʔ]	35. 蕉部 [io/ioʔ]	36. 天部 ĩ/ĩʔ]		

以上兩種韻書韻部系統比較來看，《潮聲十五音》有扛部 [ŋ]，而《潮語十五音》無此部；《潮語十五音》有天部 [ĩ/ĩʔ]，而《潮聲十五音》無此部；《潮語十五音》有 [ouʔ]、[aiʔ]、[ɯʔ]、[uiʔ]、[iauʔ]、[uaiʔ]、[ãʔ]、[iõʔ]，而《潮聲十五音》無這些韻母，這些韻母基本上

都是韻字較少的、收喉塞韻尾的韻字，就如“凡例”所说“本書依《潮聲十五音》刪繁補簡，另參他書校勘，以備《潮聲十五音》之所未備”。但兩種韻書主要韻母（指韻字較多的韻部）多，音系差別並不大，基本上是一致的，所反映的均為清朝末年汕頭方言音系。

上文在考證《潮語十五音》韻部音值時，笔者基本上根據《廣東閩方言語音研究》所記載的現代潮汕方言音系，汕頭話有 47 個韻部，84 個韻母：

[a] 亞/ [aʔ] 鴨	[ɯ] 餘/ [ɯʔ] 乞	[o] 窩/ [oʔ] 學	[e] 啞/ [eʔ] 厄	[i] 衣/ [iʔ] 鐵
[u] 汙/ [uʔ] 腯	[ai] 埃/ [aiʔ] □	[au] 歐/ [auʔ] 口	[iu] 優/ [iuʔ] 口	[ia] 爺/ [iaʔ] 益
[iau] 妖/ [iauʔ] 口	[io] 腰/ [ioʔ] 藥	[ui] 醫/	[ua] 娃/ [uaʔ] 活	[uai] 歪/
[ue] 鍋/ [ueʔ] 劃	[oi] 鞋/ [oiʔ] 八	[ou] 烏/	[am] 庵/ [ap] 盒	[iam] 淹/ [iap] 粒
[im] 音/ [ip] 立	[aŋ] 紅/ [ak] 北	[iaŋ] 央/ [iak] 躍	[uaŋ] 彎/ [uak] 越	[oŋ] 公/ [ok] 屋
[ioŋ] 雍/ [iok] 育	[eŋ] 英/ [ek] 億	[iŋ] 因/ [ik] 乙	[uŋ] 溫/ [uk] 熨	[ɤŋ] 恩/ [ɤk] 乞
[ã] 揞	[ẽ] 楹/ [Vʔ] 脈	[ĩ] 圓/ [ĩʔ] □	[ãi] 愛/ [ãiʔ] 口	[iũ] 幼/ [iũʔ] □
[iã] 影	[iãu] □/ [iãuʔ] □	[uã] 鞍/ [uãʔ] 活	[uĩ] 畏/	[uãi] 樣/ [uãiʔ] □
[ãu] 好/ [ãuʔ] □	[õi] 閑/	[iõ] 羊/	[õu] 虎/	[uẽ] 關/
[m] 姆/ [mʔ] □	[ŋ] 秧/ [ŋʔ] □			

《潮語十五音》共 37 部，71 個韻母；現代汕头方言共 47 個韻部，84 個韻母。现比较如下：

《潮語十五音》	1. 君 [uŋ/uk]	2. 堅 [iaŋ/iak]	3. 金 [im/ip]	4. 歸 [ui/uiʔ]	5. 佳 [ia/iaʔ]
現代汕頭方言	[uŋ] 溫/ [uk] 熨	[iaŋ] 央/ [iak] 躍	[im] 音/ [ip] 立	[ui] 醫/	[ia] 爺/ [iaʔ] 益
《潮語十五音》	6. 江 [aŋ/ak]	7. 公 [oŋ/ok]	8. 乖 [uai/uaiʔ]	9. 經 [eŋ/ek]	10. 光 [uaŋ/uak]
現代汕頭方言	[aŋ] 紅/ [ak] 北	[oŋ] 公/ [ok] 屋	[uai] 歪/	[eŋ] 英/ [ek] 億	[uaŋ] 彎/ [uak] 越
《潮語十五音》	11. 孤 [ou/ouʔ]	12. 驕 [iau/iauʔ]	13. 雞 [oi/oiʔ]	14. 恭 [ioŋ/iok]	15. 歌 [o/oʔ]
現代汕頭方言	[ou] 烏/	[iau] 妖/ [iauʔ] 口	[oi] 鞋/ [oiʔ] 八	[ioŋ] 雍/ [iok] 育	[o] 窩/ [oʔ] 學
《潮語十五音》	16. 皆 [ai/aiʔ]	17. 君 [iŋ/ik]	18. 薑 [iõ]	19. 甘 [am/ap]	20. 柯 [ua/uaʔ]
現代汕頭方言	[ai] 埃/ [aiʔ] □	[iŋ] 因/ [ik] 乙	[iõ] 羊/	[am] 庵/ [ap] 盒	[ua] 娃/ [uaʔ] 活
《潮語十五音》	21. 兼 [iam/iap]	22. 交 [au/auʔ]	23. 家 [e/eʔ]	24. 瓜 [ue/ueʔ]	25. 膠 [a/aʔ]
現代汕頭方言	[iam] 淹/ [iap] 粒	[au] 歐/ [auʔ] 口	[e] 啞/ [eʔ] 厄	[ue] 鍋/ [ueʔ] 劃	[a] 亞/ [aʔ] 鴨
《潮語十五音》	26. 龜 [u/uʔ]	27. 扛 [ɤŋ/ɤk]	28. 枝 [i/iʔ]	29. 鳩 [iu/iuʔ]	30. 官 [uã/uãʔ]

续表

現代汕頭方言	[u] 汙/ [uʔ] 腯	[ɤŋ] 恩/ [ɤk] 乞	[i] 衣/ [iʔ] 鐵	[iu] 優/ [iuʔ] □	[uã] 鞍/ [uãʔ] 活
《潮語十五音》	31. 居 [ɯ/ɯʔ]	32. 柑 [ã/ãʔ]	33. 庚 [ẽ/ẽʔ]	34. 京 [iã]	35. 蕉 [io/ioʔ]
現代汕頭方言	[ɯ] 餘/ [ɯʔ] 乞	[ã] 揞	[ẽ] 楹/ [ẽʔ] 脈	[iã] 影	[io] 腰/ [ioʔ] 藥
《潮語十五音》	36. 天 [ĩ/ĩʔ]	37. 肩 [õi]	—	—	—
現代汕頭方言	[ĩ] 圓/ [ĩʔ] □	[õi] 閑/	[ãi] 愛/ [ãiʔ] □	[iũ] 幼/ [iũʔ] □	[iãu] □/ [iãuʔ] □
《潮語十五音》	—	—	—	—	—
現代汕頭方言	[uĩ] 畏/	[uãi] 檨/ [uãiʔ] □	[õu] 虎/	[uẽ] 關/	[ŋ] 秧/ [ŋʔ] □
《潮語十五音》	—	—			
現代汕頭方言	[ãu] 好/ [ãuʔ] □	[m] 姆/ [mʔ] □			

上表可見，《潮語十五音》有［uiʔ］、［uaiʔ］、［ouʔ］、［ãʔ］等4個韻母，而現代汕頭方言則無；現代汕頭方言有［ãi/ãiʔ］、［iũ/iũʔ］、［iãu/iãuʔ］、［uĩ］、［uãi/uãiʔ］、［õu］、［uẽ］、［ŋ/ŋʔ］、［ãu/ãuʔ］、［m/mʔ］等17個韻母，《潮語十五音》則無。這些韻母基本上均為鼻化韻收喉塞韻尾-ʔ或聲化韻收喉塞韻尾-ʔ，每个韵母缩收韵字很少。這說明隨着時間的推移，語音的發展變化，人們辨音、審音水準的不斷提高，韻母數就越來越多。從《潮聲十五音》（1907）37個韻部63個韻母，到《潮語十五音》（1911）37個韻部71個韻母，以及現代汕頭方言47個韻部84個韻母，就足以說明這個問題。

三 《潮語十五音》聲調系統

《八音分聲法》：

上平	上上	上去	上入	下平	下上	下去	下入
君	滾	棍	骨	裙	郡	㖃	滑
堅	繾	見	潔	鍴	建	鍵	傑
金	錦	禁	急	棽	妗	憷	及
欽	昑	撳	汲	琴	摻	歑	掐

《潮語十五音》在聲調方面比《潮聲十五音》更科學之處，就是糾正

了《潮聲十五音》“上去聲”和“下去聲”韻字歸屬問題。

《潮語十五音》八個聲調與現代汕頭方言相對照，其調值如下：

调类	调值	例　字	调类	调值	例　字
上平声	33	分君坤敦奔吞尊	下平声	55	伦群唇坟豚船旬
上上声	53	本滚捆盾囤准	下上声	35	郡润顺愠混
上去声	213	嫩粪棍困喷俊	下去声	11	笨屯阵闰运闷
上入声	2	不骨屈突脱卒	下入声	5	律滑突术没佛

【參考文獻】

蕭雲屏撰：《潮語十五音》，中華民國十二年（1922）汕頭市科學圖書館發行。

張世珍輯：《潮聲十五音》，汕頭文明商務書局石印本。

無名氏：《擊木知音》，《彙集雅俗通十五音——擊木知音》，台中瑞成書局 1955 年版。

謝秀嵐：《彙集雅俗通十五音》，1818 年文林堂出版，高雄慶芳書局影印本。

馬重奇：《閩台閩南方言韻書比較研究》，中國社會科學出版社 2008 年版。

陳偉達、馬重奇：《〈潮語十五音〉音系研究》，《東南學術》2009 年第 3 期。

馬重奇：《〈潮聲十五音〉與〈潮語十五音〉音系比較研究》，《古漢語研究》2008 年第 1 期。

林倫倫、陳小楓：《廣東閩方言語音研究》，汕頭大學出版社 1996 年版。

新編《潮語十五音》

馬重奇　陳偉達　新　著
蔣儒林　原　著

凡例

一本書為普及識字而作語極淺白凡失學之人及粗知文字者均能了解

一本書與字典不同字典是以字求音夲書可以音求字

一本書依潮聲十五音刪繁補簡另參他書校勘以備潮聲十五音之所未備

一本書字數較潮聲十五音增十之二三其檢查便捷則倍之

一學者先將四十字母唇吻廻誦務求純熟次將十五歌訣熟讀配用自能聲韻和叶

一如君母扣柳訣拼成腧君母和邊訣拚成分等是

一拼音之後再習八音音韻既明則不論何字一把卷間自能悉其音而明其義

一本書每訣分八音為八層上四層為上四聲下四層為下四聲使讀者一目了然

一潮屬土音揉雜發音難免參差間或不同之處識者諒之

一是書草率出版倘或遺漏錯悞望大雅君子賜示指正幸甚

四十字母目錄

君堅金歸佳　江公乖經光

孤驕鷄恭歌　皆君薑甘柯

兼交家瓜膠　龜扛枝鳩官

居柑庚京蕉　天肩干關姜

五歌訣

柳邊求去地 頗他貞入時

英文語出喜

字母歌訣拼音法

君部

柳(腀)邊(分)求(君)去(坤)地(敦)頗(奔)他(吞)貞(尊)入(𢤜)

時(孫)英(温)文(蚊)語(𤴨)出(春)喜(芬)

堅部

柳(嗹)邊(邊)求(堅)去(虔)地(珍)頗(篇)他(天)貞(章)入(環)

時(仙)英(央)文(聯)語(研)出(仟)喜(香)

欽	金	堅	君	上平	八音分聲法
昑	錦	襁	滾	上上	
搇	禁	見	棍	上去	
汲	急	潔	骨	上入	
琴	棽	[illegible]	裙	下平	
摻	妗	建	郡	下上	
忕	[illegible]	鍵	啯	下去	
搯	及	桀	滑	下入	

附潮語口頭聲

問何處曰治揁歌部上去●聲歌治揁
問何人曰治玷堅部下平●聲堅治玷
銅錢聲嗹嗹吗堅部上平●聲堅柳嗹
逐鷄聲喺喺叫亀部下平●聲亀柳喺
猪母聲丨丨吗居部上入●聲居喜丨
老蛤聲咆咆吗甘部上入●聲甘英咆
鳥飛聲翞翞吗亀部下去●聲亀他翞
蛩鳴聲唓唓吗枝部上去●聲枝求唓
呼鷄聲呲呲吗亀部下平●聲亀地呲
呼鴨聲諲諲吗膠部上去●聲膠英諲
滴水聲朕朕吗金部下上●聲金地朕
啟門聲丨丨吗乖部上平●聲乖英丨
賣物聲呵呵吗哥部上平●聲哥英呵
挨礱聲轆轆吗亀部下去●聲亀喜轆
落雨聲丨丨吗膠部下去●聲膠求丨
逐牛聲嚕嚕吗皆部上上●聲皆喜嚕
疼痛聲嗐嗐吗皆部下去●聲皆喜嗐
打銃聲噴噴吗公部下去●聲公求噴
罵人聲甫甫吗亀部上上●聲亀頗甫
耍笑聲呭呭吗枝部下去●聲枝喜呭

時鐘聲瑱瑱吗堅部上平●聲堅地瑱
呼猪聲⿰口猪⿰口猪吗柯部下上●聲柯英⿰口猪
逐猪聲欸欸吗皆部上去●聲皆喜欸
猪哥聲呀呀吗哥部上入●聲哥喜呀
惡婦聲⿰口賈⿰口賈吗家部下上●聲家求⿰口賈
霹靂聲噼噼吗家部下入●聲家柳噼
擲風聲擊擊吗堅部上入●聲堅頗擊
透風聲丨丨吗膠部上去●聲膠時丨
呼貓聲吼吼吗天部下上●聲天柳吼
止牛聲嗬嗬吗哥部上去●聲哥喜嗬
應答聲丨丨吗鷄部上上●聲鷄英丨
雞母聲嗵嗵吗公部下入●声公求嗵
雞仔聲昭昭吗嬌部下入●聲嬌增昭
貓母聲嘵嘵吗交部下去●聲交語嘵
打石聲碻碻吗堅部下入●聲堅去碻
滾飯聲叻叻吗堅部下入●聲堅去叻
狗吠聲否否吗孤部上上●聲孤喜否
斬柴聲剳剳吗公部下入●聲公去剳
排布聲丨丨吗家部下去●聲家柳丨
捉人聲掠掠吗佳部下入●聲佳柳掠

潮語十五音卷一

君堅金歸

佳江公乖

1 君部文訣二音

柳 上平● 腀 肥｜貌豐短曰｜又皮｜

上上● 稐 木車也 輪 仝上又音倫耕也 碖 輂也 輥 車輪相連也 忍 堅其心而不亂也用其義也 [illegible] 仝上又札睡｜行無廉隅也

上去● 嫩 柔軟也椎也柔也細也肥｜也 孌 仝上 嫨 仝上嫩弱也又小也 腝 仝上皮柔也 淪 水中洩物也水中洩船也 [illegible] 生初出｜也又仝嫩

● [illegible] 仝上

上入● 脱 原脱字俗以果熟曰｜蒂用其義 角 不佳也又泉湧出也 甪 ｜手果熟則｜又獸名 [illegible] 人名

下平● 倫 人｜五｜理｜常｜ 輪 車｜善轉也｜迴也 綸 絲｜經青絲緩也 淪 ｜落｜沒又小波也 掄 ｜撰也｜捧貫也 崙 山名崑｜眾山由｜發脉

● 侖 天形也又恩也著也 [illegible] 日初出如車如｜又日光也 [illegible] 仝上 圇 困囚也圇｜也

下上● 論 四書之語有上｜下立｜理｜

下去○

下入●聿｜修｜懷也　律｜例｜法｜呂　噊厄也　僪魁大之貌也　嵂山高也　𢪏以手持物也　劀割去惡瘡也

●呐口難於言也　㕯語不明也　衲老｜僧家自稱也　率｜倒又算數也　矞以錐刺也又｜雲　遹循也述也　鷸鳥名能知雨將至也

邊上平●分分内折之曰｜俗以物與人曰｜　楓木名　方姓也　𪐗黑也｜　黷仝上

上上●本根｜又質也　畚仝上古字也　畚仝上　畚盛土器也

上去●糞穢臭也｜土｜除　糞仝上又｜斗　壣仝上

上入●不否也非也莫也　丕仝上　抔引取也又手足惧動曰｜又俗曰｜物　扒仝上又拔也　朳木器也又無齒把也

下平●歕｜灯吹氣曰｜俗則｜風也　呼仝上　𠻘仝上又呼也

下上●体心不定也又性不慧也

下去●飯米｜干曰｜稀曰粥　笨洋二十二兩曰｜　𥳂竹箢｜离也　笔仝上又盛米谷之器也

下入●桲木器又連枷所以打穀者又果名　鋍星名又仝鬻　郣地名　昢日未明之貌

求上平● 君國之主曰國君丨者主也君子 莙菜名 軍丨兵出征曰從軍也 鮶蟲名水丨似魚 宎天也 㟪仝莙 莙仝君古字 冏仝上

上上● 衮王公之礼服曰丨 滚丨水又激其水波也 滾仝上 輥車轂也 埌丨土 鯀魚名 緄縫丨也 撛撕也轉也 呴氣以溫之

● 昀仝上 碮石從上丨下也 謴言順也又弹弄也 鯀魚名又禹之父曰丨 丨上下通也

上去● 棍兵器也有鉄丨木丨

上入● 骨筋丨又石為山之丨 搰木丨枝丨 鰨魚名 岀出丨也 䯇獸名

下平● 裙下衣曰丨丨衫丨布 帬仝上 裠仝上 㡓仝上 褌仝上又褻衣也 困廩之員者曰丨

下上● 郡丨械治也省轄丨丨轄縣也

下去● 咽歎語也又吐之貌

下入● 滑善轉曰丨通利也 猾狡丨心不直也 磆石名丨石藥名 䠇去也走也 掘翻田地用鋤丨 搰仝上 扣仝上 汩水名丨漓江

● 屈出易也又風也

去上平● 坤乾丨丨為地屬陰也 堃仝上又土厚也 髡禿髮也 崑丨崙崗玉出之厝 昆丨兄也丨弟 焜光也丨明 鯤海中大魚 鵾丨鵬大鳥也

● 𠘧禿髮也 輥轂丨轉之速也 琨玉之美曰丨 褌褻衣也 倱丨侍又丨忳不開通貌 巛仝坤古字 菎香草也

上上● 窘乏也苦也 捆抒也取也等也 悃誠實也門橛也 綑丨者逮也縛也 閫閫丨門限也門橛也 箘竹名筍也 蕈香草也又水名

● 裍縛衣也 菌毒草也

上去● 困受丨窮丨苦也乏也 睏大目也 𣇞丨日也

上入● 屈不伸曰丨受丨枉丨 窟狡兔三丨丨地室也 掘平地蓄水之處曰丨 崛山名山短而高也 𦁤伸丨又狄衣 𣾰水丨

● 𣡸木名 䐊臂也放也 倔强梗也

下平● 群成丨合而為丨 羣仝上 拳丨头手丨 捆持丨又纖又而梱也 蜠虫名貝大而薄 𤜟牛多衆而成丨

下上○

下去● 攈獸名又水中芰也

下入●淈水不流曰｜ ⿰木屈斷木也而無枝 ⿱屈毛鳥毛短也 核木名人果之仁也

地上平●敦｜厚以敬 墩積土成｜沙｜土｜ 噋性情不爽也 燉烟｜大盛也 譈｜｜囑咐也 鈍器之不利人之魯也 芚物初生又厚也

●堆積也蓄也 忳悶亂也 鷻鳥名又食也 啍｜｜語以許人 肫｜｜懇成也 窀｜穸柩｜壄也 暾日始出也 鶉鳥名鶉｜又鴿善鬥

上上●盾干也戈也又｜矛 ⿰忄盾心有餘事雜也 揗木名又欄檻也 伅唐｜不遜也 ⿰山頓積也 ⿱艹囤草名 腯肥｜充滿也

上去●杶引也摩也 蓴牛｜草名也

上入●窋無端而至也 ⿱日叉｜然而升也 詘言談不明也杌幽也又辭塞 ⿰亻出｜出不遜也又短之貌 咄呵也又咄嗟之語 ⿰忄出性急也又憂心也

●柮木名又若拙斷也 絀｜綴絳也紩也

下平●脣口｜又｜亡而齒寒 唇齒之衛也｜舌｜齒 漘仝唇與齒相依 魨魚名 ⿰牜豕不彗也

下上●炖以瀛蒸物曰｜ 遯卦名又逃｜ 遁逃｜隱也去也 沌水不通也又混｜ 頓｜首｜足｜挫 迍逃｜走也遭也 黗雲｜不明也

●腯肥｜

下去● 循 逃丨隱也又述也 屯 丨散也

下入● 术 草木之名又白丨于丨 突 無端而至曰丨又如其來也 投 木名又軍士所報殳也 揬 衝也 㑁 唐丨不遜也 湥 水名

● 宊 丨然而至仝突 堗 灶徑也

頗上平● 奔 丨波丨走也 賁 孟丨勇士之名 渀 水急也又丨波 䊩 米之水曰丨 鐇 丨鐘又廣刀斧也 泍 仝渀 𨁍 足也丨走也又或作走也

● 犇 牛驚而走曰丨

上上● 翸 鳥之翃飛 翂 仝上又飛 撪 以刀代物曰丨 呠 嘲語也又噴也 㖹 仝上 㨢 仝撪 輽 車行之速也 𢷏 亂也手亂也

● 畚 蓬也車也

上去● 噴 嚏也噀也鼓鼻也又口中吹水也 喯 仝上 逩 走也 濆 水沸湧而出丨水 橨 木器 餴 飲也粗食也 噀 仝喯

上入● 朏 日出也 胐 月末盛明也 䭯 味香也 㛘 婦之惡容也

下平● 墳 丨墓又三丨六道也丨冢 坆 仝上 盆 面丨盛水之器也 湓 仝上又浴丨 瓫 仝上又水溢也 坟 仝坆

下上〇

下去●坌積土也又並也

下入●啍吹氣也噴也粰粰也米丨餑大口吐出也米丨也荸草丨也薺郎古茈也

他上平●呑食物下喉曰丨如物大小相凹亦曰丨有啍鼎丨益丨盒丨口氣也重逢之貌黈黃色也

上上●囤積也儲也圂仝止又圂廩又散也吨不了也坉以土築地也肫肥也充滿也惛心急也伅立也訰言語不訰也又很之貌

上去●粍厚味也飩仝上與飩仝蝅虫名爟火之盛也

上入●脱丨落丨走又器也侻輕丨也怵丨惕也黗丨陟貶斥也黜仝上痞人有疾初愈曰丨瘵仝上首瘍踈丨履丨展

下平●豚丨小啄也又鷄丨也㹠仝上又仝豚魨魚名貚野豕也芚才似莧也

下上●僫遲人呼痰壺曰屈丨

下去●塡俗以土丨地曰丨用其義也坉丨田也又有官租也

下入●淬水田上滾下曰丨 痥丨疾也

貞上平●尊高大也丨長丨卑丨重丨敬 遵丨從丨命丨敬 鐏金丨盛酒之器 樽盛酒之器也 噂聚語也 罇缶丨缾類也

●蹲距坐也 壿喜也舞也 僎鄉飲也 僔衆也 鱒赤目魚也 ⿰石尊仝罇 ⿰尊瓦仝罇

上上●准規矩也平也丨繩也 隼鳥名疾飛也 鶽仝上 怎語辭之貌 ⿰衤隼衣丨也 ⿰扌隼刳木窾也 榫仝上又剡木入窾也 撙恭敬也

●準規矩也平也丨繩也 ⿰準刂刳木也

上去●俊丨傑丨秀英丨 鮻魚名 焌勝也 駿良馬也 濬幽深又明哲也 儁仝俊字 峻山極高曰丨 捘推也擠也 埈道不平也

●竣畢也 逡丨巡不前也 儁衛也勝也 踆止也 鋑凋刻也 鐫鑽也 狻狻丨又獅仔也 雋才丨有仝俊 浚深也又水道也

●⿰亻⿱宀亐遠也疾也 畯農官曰田丨 焌燃火也

上入●卒兵丨士丨大夫死曰丨 猝倉丨暴疾也突也 ⿱亠⿱大十仝上 蟀螅丨虫名善鬥則鳴 卆仝上 捽丨拂捽頭髮也 ⿰亻率行之貌 ⿰歹卒殁丨

●率畢也偕也羅也聚也又仝卒又草丨 倅兵有名者曰丨 ⿺風卒風卒也 焠炬鐵入水則堅曰丨

下平●船舟也有木丨鉄丨火輪舟 踆走也速也 拵撮也

下上●⿰金存鑽也 氻丨索丨草為索然曰丨 孑曲而不直曰丨

下去●陣原陣字如風透一次俗一丨用其義

下入●⿰衤术丨米軟米也 ⿰米术仝上 糯仝上 耘仝上俗黏米也 朮白丨也 ⿱艹术菊丨草名 ⿰火术烟出也 椊木名又柱頭柄也

●⿰扌切俗以小子手拭鼻汁曰丨鼻

入上平●⿰巾嬰以巾拭墀也 毨毛毡也又毛落也

上上●允納也許也 允仝上應納曰丨 吮以口吸之曰丨 狁玁丨形似猴又匈奴之別名 傊勝也憂也

上去●⿰口閏口丨也 ⿰口間仝上

上入●吶口丨也 㕯言語不明也 硉石丨又崖

下平●⿰日閏餘日成月曰丨 毴丨毡又鳥細毛 撋丨撮又搓挱也

下上●潤｜澤滋｜潯｜水｜

下去●閏月餘積曰｜又｜餘成歲

下入●哃口氣也矶｜石也

時上平●孫子之子曰｜又遠｜耳｜蓀香草也猻猴類也飧多食曰｜又和飯也槂捫｜摸索也孫子之子也

上上●損傷也失也滅也抆仝上筍竹之胎歲蕤曰｜竹｜笋仝上簨｜虡所以懸鐘鼓也

上去●舜堯之仁聖盛明｜主也瞬｜息片時也蕣木權俗秤也瞬｜目一轉目曰｜又仝瞬眣以目使人曰｜巽卦名又順也

●遜謙｜順也恭也抑也噀口氣也潠水名

上入●戌守也又十二地支之名卹憂也愍也恤愍也賑也䘏仝上訹仝上又興也蟀原卒字虫名俗曰鉄｜

●鉥鉄｜膠｜䬃｜風曲｜轉之風窣虫穴也

下平●旬十日為｜甲乙為音醇美酒也灥泉流也謏流言也又有所求也巡｜更｜查｜狩狥仝徇徇｜情｜私

下平● 純丨熱又仝絢 循丨環流轉也 淳 洵丨冷也 恂信也樂也 荀草名又姓 偱丨述也 馴馬順也又從也

● 絢采文也 坸土丨坟也 巡逡丨不前也 郇地名又姓也

下上● 順風調雨丨清始開國之君丨治丨水丨流丨風丨民情

下去● 𤸫丨疾

下入● 述作也父作子丨 術技丨法丨道丨妖丨 術仝上 𨓂丨說丨走仝述

英上平● 温和順也柔也煖也 昷和也仁也 瘟丨疫不平之氣象 熅煖也炙也 𣊏日短之貌 媪中年婦曰丨 緼綱也紼也亂也

● 氳天氣氤丨也 鞰鞋不潔曰丨 醞釀酒也 鰛魚名似馬鮫 豱猪頭皮理腠戲者曰丨 蕴草名又網頁

上上● 蘊藏也底也色也 稳安丨妥丨 穩仝上丨當 𨇤安行也 韞仝殟也 隕墜也落也 磒仝上 殞丨殁也 愠心愁也不悅也

上去● 塭海田曰丨田又水田也 搵以食物和槽俗曰丨又丨刷也

上入● 鬱不得伸也絡也悶也 兀灣丨不直也 欝仝鬱又積也滯也又丨壘 扤仝儿搖動也 菀草名 尉丨斗丨衣也 熨仝上

上入●券 如麪之一田俗曰一丨

下平●匀 均丨不多不少不平丨 沄 水浸流也 焚 以火化之曰丨 縜 網繩也 芸 香草也又藼書室也 坛 用泥以阻水也 筠 竹丨竹膚也

●云 與言字通用也 篔 管竹丨之別名 紜 紛丨言事之多 熉 丨燒也 馩 香味之氣也 耘 耕丨田事也

下上●滋 原滋字俗曰丨

下去●運 五百年為大丨八十年為中丨六十年為小丨 鄆 地名又姓 韻 音丨詩丨 韵 仝上 緷 紛丨又緯也速也

下入●卧 原臥字俗以人眠曰丨

文上平●蚊 丨虫也 蟁 仝上虫類也 蚉 仝上 汶 水名又玷辱也 呅 妥丨也 炆 熅也 閺 仝下 閺 盍閶也止也樂終也

上上●們 懣也又丨然不覺也 晚 日暗曰丨日落曰丨早丨 [illegible] 仝上

上去●沕 丨酒也濁也 [illegible] 私事曰丨又未詳也

上入●吻 口丨各處土音也 伆 離也斷也 魩 魚之尾也 鯡 仝上又魚子也 脗 合口曰丨 [illegible] 鳥名又大驚貌 雯 雲秀曰丨又雲成章也 捫 丨拂撫持也

下平●文｜帝｜明｜物｜需｜士　汶水名又玷辱　紋布｜掌｜波｜篆｜　旻｜天人秋天也仁覆也　抆拭｜摩也　雯雲成章也

●玟｜瑰花名　璊玉類也　紊｜亂雜也　們｜生我｜尔｜　門｜戶｜窗

下上●聞｜見｜裡｜詩｜言｜說　[illegible]仝上

下去●悶不樂曰煩｜　問借｜訊｜求｜｜字｜路

下入●物離也　⿱艹没草名｜藥　沒沉｜不見曰｜　疫瘟｜惡氣也　歿殞｜卒也

語上平●覃小刀也劣也　⿰衤覃仝上　⿰車皮足折也又拆凍裂也

上上●⿱山艮山名　⿸疒旁疾也　⿸疒需仝上又手足麻痺也　⿰亻軍待也又仝魂

上去●橨木名又般邊木也　顐步卒也又禿也

上入●汔滑｜也　⿰犭屈獸名猾｜　[illegible]見古之文字　[illegible]仝上

下平●⿱君丰墨耳之牛也　[illegible]仝上　輑車輞也車軸相連也

下上〇

下去● 鋻金鎠也 讚惡語也又言譴也

下入● 㕒急困也

出上平● 春四季之首曰丨辰丨三丨 𣊭仝上 媋美女之子 椿上古大丨樹也又父曰丨母曰萱 萅名草 旾仝上又古春字

上上● 忖自丨又思慶也 啍口氣也又大口也 舛錯也亂也不美也 踳丨足著地也 荈草名 赦枝丨也亂也動也 蠢愚丨不敏也粗丨不慧

● 惷仝上 䏰胸丨人縣名 村截也斷也 扌仝上

上去● 寸十分曰丨小度也十丨曰尺十尺曰丈

上入● 出丨入人之初生曰丨世 出仝上 𡴨仝上又山名 㞢仝上 炪如燃火初升曰丨 䶜戲丨也 齣仝上

下平● 存丨者在也餘也丨心丨名

下上● 捘搬丨也 弅分丨邱高起之貌

下去● 剩物之有餘曰丨

下入● 紉纏繞也

喜上平● 芬香草也又鳥丨黃丨 婚丨姻嫁娶也 分十厘曰丨十丨曰錢 緡絲綸也 葷丨素又辛菜也 濆水涯也 汾丨陽水名

● 坌塵也聚也 紛丨丨言事之繁也 怋悶也不明也 昏日入暮曰黃丨 棼屋棟也不多也亂也 [illegible]上仝 氛丨氳祥氣也

● 惛闇也幽也 朌賦也大首也 惛不明也又不憭也 睧目不明也 閽丨人守宮門也 渾濁也大也什流也 溷濁也厠也

● 翂展羽也猪老也

上上● 渾混也濁也 忿怒也恨也 粉白丨幼丨又研米米也 憤仝忿又滿也 朌大首也賦也 坌塗丨塗面 惲厚也謀也

● 僨貴也又什也 吩吐氣也

上去● 訓教丨丨道丨示丨論 奮丨志丨翼專心致志之義也 坌掃除也 坌上仝

上入● 弗與不同也 祓求福也 忽丨然倏丨言箕速也 拂不順也面丨袖 艴丨怒也 惚恍丨心不定也 沸水滾曰丨 唿心憂也

	●祓求福除災也 彿仿丨不定也 艴怒容色變也 黻黼丨彰也 怫怳丨心神不定 跸跳也 𥉂目不明也 坲丨埻塵起也
	●𧺆走也 笏朝堂執丨也 紼執丨送喪也又絲也 髴髣丨相似也 芾草茂盛之貌 咈不為之詞 茀草引柩也 欻動也疾也
	●𧙕衣服也 甶鬼頭曰丨
下平	●雲地氣升也化下為雨丨霞彩丨五色也 魂神丨人之氣魄也 痕水丨苔丨 囩田二十頃曰丨 曇雲布也又姓也 蕓丨菜菜名
	●炃火光也 澐江水大波也 𢺒木上之文也
下上	●混丨沌雜不淨也 圂積穢也厠也 䤞酒菜也
下去	●分不敢妄為曰安丨守己 份應丨安丨入一
下入	●佛神丨釋教曰丨教也 𠈑仝上古字 伂仝上 㑤仝上 偪仝上 核果內有子曰丨丨用其義也 乀右戾也 㚕大也 炥仝上
	●𢊁佛殿也 岪山名 坲塵埃也 伕佛徒

2 堅部

柳上平● 嗹 言語繁絮也又銅錢聲 鏈 仝上

上上● 瞼 目上頰上曰|面也 摙 擨運也 璉 瑚|器也 僆 伎|才藝也又雙生子也 倆 仝上 摙 搬運也 兩 對也雙也二也

● 輛 車|乘也匹也稱也 魎 山神也 䰳 鬚也仝雨

上去● 碾 石人上滾下也 圞 物員能| 攆 手搖也 穰 雜也

上入● 慓 心將也 嘌 聲嚮也 鷅 禽名 僄 廟主也 䠱 踐也

下平● 連 正音相|牽| 聯 正音相蟾||接曰 鰱 魚名 漣 ||下譬之也 憐 心所不忍曰|堪|憫也 郱 姓也 嗹 言語雜也 良 |善||歹賢|

● 涼 清|炎|寒| 粱 高|黃|可釀酒 樑 木| 梁 正音|木 㠯 古良也 昰 古良也 冃 古良也 賠 俍

● 艰 |澀 璉 古代宗廟中盛黍稷之器皿 謰 多言也

下上● 吝 畜行出者曰|驕也 諒 原|見|相|鑑| 藺 菀屬又姓 亮 光明光| 喨 吶||聲 量 能容物曰|大|海| 倞 索也

下上●蟒螢火也肩帝名趙匡丨宋君也	下去●煉煆丨烹丨丹練色白曰丨習丨銀丨鍊精熱曰丨丨达老丨湅典練通簡也	下入●列分布也行次也行丨烈火丨性丨氣丨極丨栗丨子俗曰力子也慄恐懼也蛚虫名𠛱古文列字洌丨戰丨凜	●略韜丨戰丨簡丨畧仝上溧凜丨寒丨⿰亻略神名裂丨美颲風猛烈鬣獸類頸上之長毛鬛長馬曰丨	邊上平●邊丨界丨疆丨官守丨⿺走邊丨行走也⿰金邊水丨甸丨訇大聲又丨地平也⿰舟邊船丨⿰弓邊丨彎弓也籩丨竹輿也蝙丨蝠晝隱夜出	●籩丨豆祭禮之器⿰魚邊魚名⿰亻邊仝⿰金邊又身不正	上上●扁物不員者曰丨惼性急也鯿魚名丨魚藊苴名丨苴褊狹也陋也又衣小也⿱𡗗貝木名鎃人名又鉄丨也鈲仝上	上去●變有道行心術者能丨更也通丨变仝上⿰貞攴蒸丨⿵門兩門丨	上入●圔石圔曰丨⿰火夊鞭丨也	下平●詈多言也

下上●便順｜遂｜｜宜方｜　偋仝便小兒冕也　辨分別之辭　辧致力也具也又办也　辯言不能屈也舌｜口｜　浭便溺也又水名

●卞姓也｜莊｜和　抃拊手也　汴地名｜州　辮織相也　忭｜舞歡喜也　乓響也　弁武士曰武｜又曰冠也　緶溺也

下去●辡罪人相訟也

下入●別作｜離｜久｜　⿸疒敝田｜園荒也　⿰亻敝仝上　引矢聲也　⿰扌電射中之聲　穴分也作｜也

求上平●堅牢不可破曰｜｜固　繮馭馬曰｜　⿰金畺　姜｜戎又姓也　羌仝上面戎也　鏗｜鏘五金之聲　畕皆也　鵑杜｜鵑鳥名又名子規

●薑草名　捐｜題｜職｜官　慳｜吝　娟好也嬋也　羗同羌　涓｜滴水也　⿰虫畺仆也偃也　悁燥急也忿也　畺｜界

●僵偃也什也　彊無｜又無極也　殭｜蚕死而不朽也　韁繩也又繮也　疆｜界邊｜　蠲明潔也

上上●襁｜褓小兒之衣也　狷急也疾也疑也　蔨草名又以竹通水　簡竹名又策也又姓　獧獸名　筧竹名以竹通水也　橿木｜也

●鏹銀也又以紙貫錢也

上去●見求｜請｜引｜廣｜正音也　建省名福建正音　⿰歹京斃也又庇⿰歹京也

上入● 絜 度也矩也 潔 不污曰｜｜白清｜ 偈 ｜｜用力 碣 ｜石正音 揭 邑名

下平● 涇 不清也

下上● 建 創立改造曰｜ 摾 手足搖動 健 壯｜强也不倦曰｜ 謇 詞不屈也 徤 仝上庸｜也 犍 以肩舉物曰｜ 揵 門限也

● 鍵 關｜門｜鑰也 腱 大筋也又肋之本 鞬 弓衣也 闥 拒門木也關｜ 楗 同上門關｜也

下去● 鍵 關鑰也

下入● 桀 夏王曰｜紂凶暴之主也 傑 才過萬人曰｜執也傲也 杰 盛也 鷙 惡鳥也 滐 水激廻也 磔 死形也 榤 鷄棲也

● 竭 盡也極｜也力 碣 ｜石碍也 玃 爪拾物也又母猴也 乇 草木之根 [illegible] 古文桀字

去上平● 虔 一而不移曰｜｜诚 愆 罪過也 褰 褐衣也 鶱 ｜收取也 蹇 馬之腹也又姓 搴 揭衣涉水也又｜修與柯人媒妁之號也

● 鏗 原堅字俗以盲人用之銅牌也 羫 腰尾骨也 愆 罪過也 劧 難也矻語也

上上● 遣 ｜使也又差使 譴 績｜門也怒也惡言也 繾 ｜綣慰懃之意 犬 ｜｜馬雞又狗也 畎 ｜畝又通水處也 俴 行而相及也

●倦袴也摺衣也 謇丨諤直言也 嚔難也又止言也 謇仝上又仝吃 蹇跛足也

上去●揵妥當曰丨圍也 縴結網也 勥勢力強曰丨 唴兒泣不止也

上入●厥與其同用也 偰姓也又與契同也 郗仝郡地名又姓 却辭丨催丨退丨 郤仝上 蹶跳也僵也 瘚丨疾也病也

●躩足丨如也足盤辟而為敬 了短也 郤仝上又權開 虢丨州丨公又國名又丨公 恝無愁之貌 劂剞丨彫刻也 𠍺勞也疲也

●拮勿也辭也不納也 獗猖丨利害也 𡊦丨土也 蕨蕨薇草子也 墧仝上 怯胆丨多畏也丨儒弱也 跲失足也又行不達也

●孑丨然獨立之貌 亅創戟之貌又均也

下平●强丨壯丨弱高丨勢盛者曰丨 乾卦名丨坤丨老陽 乹仝上 彊丨弓乃弓之勁力者 乾仝乾 擭人名 鏹白丨銀也

下上●䁦目疾也 弜弓有力也

下去●菣草名香蒿 𦲷仝上

下入●挈合手也 硈堅實不平也 𡒄堅子也

地上平● 珍寶物曰｜奇｜ 巔｜狂｜扑｜倒 巔山之極高曰山｜ 瑱充耳玉也又時鐘聲 傎｜倒｜狂 噹響貌 蹎｜仆也

● 瘨病也狂也 驞白額馬 滇地又雲南曰古｜ 癲狂病也心神不定

上上● 展大｜開｜折也 㥏愐｜慚色也 覥仝上 輾｜轉夜不能寐也 典法也經｜又質也 捵手伸物也 倎與腆同厚也

● 琠玉名 搌束縛也 孨孤陋可憐 碾物器也同轉 蹍踐踏也 腆厚也又膳同倎 ⿱㠭衣服也 淟垢也濁也 ⿰弓典厚也

上去● 殿澤濫泥也 ⿰日欠日盛也 ⿰白欠月亮貌

上入● 峌山高也 袟劍衣也吞｜ 咥切齒也 紩進也 蛭水虫也楚玉 祬天官職級 袟祭名又次序也

● 跌失足曰｜｜倒差｜ 軼車相出也侵也突也 眣以目使人也 垤坵｜土高也 秩職也序也 后塞也 迭更也代也

● 耋八十歲曰｜ 帙書｜成｜卷 窒｜碍穹阻隔也｜ 庢同上碍不行也 嚞古吉字又喆同 哲賢｜明｜｜人

● ⿰女瓦美女不善也 ⿰車瓦仝上動｜｜ 輙仝上 ⿰王失｜玉也 昳日昃也 桎械具也足刑 蛈虫名 絰喪服然專擅曰｜

● 厔不循理也 銍喪服也 輊軒｜車前後高｜低也

下平● 玷 玉名 蜧 虫名 蜓 仝上 玷 俗門問誰曰| 蛐 虫名

下上● 奠 安也祭也定也 臀 仝上俗曰膠瘡 坫 屏也障也 墊 紫|椅|皮| 癜 疾也 電 |光雷火陰陽激耀也 壂 堂基也

● 鐏 螺|以寶飾器也 殿 正音後軍曰|軍|後 墳 實其陷地處曰| 臋 後|俗皮鼓

下去○

下入● 姪 兄弟也子曰| 侄 |花不前也堅也癡也 跌 失足仆地曰| 妷 女不美也又逸滛也

頻上平● 篇 玉|成|篇| 偏 仝遍 編 |書簡| 楩 良木也楠木也 牑 牀板也 翩 飛也 偏 不中之謂|又不正也

● 諞 巧言又佞也 艑 |艖舟也 骿 并骨也 便 |辟|佞|言 𢏳 弓聲 萹 同篇 蹁 |庭|躚 褊 小也

上上● 蹁 跛足也 貧 財長也 覑 猶視也 趁 足長短而疾走也 㥦 退也又隱也 覑 視也 弱 弓|也

上去● 片 |篾丹|成|切| 騙 誑也詐也|馬 騗 仝上以術愚曰| 諞 巧言詐也偽也 瓣 瓜中實也 [illegible] 詐也 片 仝片

上入● [illegible] 削也 撆 扑手曰| 撇 抛|又仝上 [illegible] 以手扑腿也 [illegible] 弓石|也 丿 左戾也

下平 ● 彈 小語也言不正也 汸 沛也泾也又水名

下上 ● 当 相次之貌

下去 ○

下入 ● 弻 輔也助也正也 弼 仝上斗杓星名 弼 仝上 弻 仝上 炦 火聲也

他上平 ● 天 氣之輕清者曰丨 靝 仝上清丨蒼丨九丨 祆 仝上又官名 莄 覆萬物者曰丨 兲 仝天 𡗗 費隆貌

● 鼟 太鼓也 兲 仝上 芺 草名

上上 ● 覥 見面也不也慚 蚕 名蚓也虫寒 酟 食不飽曰丨 醂 小飲也又酒厚也 殿 人名

上去 ● 暢 意爽也快也賞和丨也 鬯 香草釀酒奉宗祀曰丨 瑒 丨玉 畼 田丨也 韔 仝上

上入 ● 徹 明達事理曰丨通丨 澈 水澄清也 轍 仝上車輪與徹通 軼 連車輪所碾也 撤 除也散也退也罷也 榷 仝上

● 抶 毛也 丨 屮 草不初生也

下平 ● 鈿 金|釵|首之飾也 畋 正音|獵耕| 填 |實|塞加添也 磌 石下貌人柱下石也 闐 盛貌 嗔 盛氣也

● 廛 場市|商也 躔 星辰|度又踐 廛 仝纏束也 ⿰立廛 壥 仝廛 沺 水勢廣闊無邊

下上 ● 眹 仰視也 鐕 |鎗也又玉之聲

下去 ● 贙 兩虎相逢也似犬而多力

下入 ● 踤 足止也又觸也 ⿰矢敝 弓也

貞上平 ● 章 文|規| 諓 巧言也 𢓜 ||行不正也 ⿱朿亢 |遂也 彰 |揚採|明采| 煎 |煮調味也 慞 |惶

● 獐 性善也鹿類也 傽 |遑驚恐 偂 進也 濺 ||水急流也 麞 |鹿小鹿美而性善驚 嫜 姑|夫之父也 湔 洗也

● 顫 氣臭也審也 顫 氣臭也審也 漳 地名|洲|江 邅 迍|坎坷也不進也 將 欲發未發之貌 毡 毛席也

● 璋 圭|弄| 羶 羊脂也 旃 通帛為|旗曲柄也 墇 壅也隔也 氈 毛席也 飦 粥也 饘 ||行不正也又粥也

● 戋 土|也|淺 鸇 惡鳥也 張 弓弦也又聞也設也 箋 錦|雲|簡牒也 鱣 魚名 牋 紙也書|| 綫 線也縷也可縫衣

上上● 長大也尊也高也 㐱稠髮也 贐以財幣送行曰 剪丨刀丨髮齊也 譾丨劣無能又陋也 軫車後橫木曰丨轉動也 踐踵也履也跡也

● 殄絕也滅也 飧貪食也 餞以酒物送行曰丨 燼火之餘曰灰丨 𦘔仝上又火餘也 濺水激洒也 漲貨債丨又潮水丨

● 眕井田陌也 翦 凨生羽也 疹痘丨痲也 杉木名 戩丨穀福也 乃不正也 諓善言又小善也 診審脉也又脉驗

● 紾戾也丨凡之臂則浔食珍同

上去● 戰兩軍對敵曰丨交丨也 將三軍之主曰丨主丨兵 瘴丨氣 獎賞也助也誇丨譽也 嶂屏丨屏山也 鬯香酒也

● 悵丨恨丨然惆丨也 蕺草名 瞕翳也木有所蔽也 障屏丨隔寒也 顫顏不正曰丨四肢寒

上入● 爵酒器也又官丨進丨 芍花名丨藥药名 即就食也又今也若也將也 堲丨土 勺取水器也 浙地名 妁媒丨為人撮合也

● 汋水名 仢流星也 唯鳥語 灼炙也盛也明也 酌酒丨相丨斟也參也 妰女人靜也 礿祭名春祭曰丨 杓木丨杯也

下平● 苒止舟止也仝前 媊女丨星居於南斗 嶈山名而高也 葥草名 𡹲人名又山峻也

下上● 仗凡所倚靠者曰丨人丨義也 丈凡量度曰丨地丨倉也 杖老者行則挾丨俗曰枴丨也

下去●散山名 鏇金器也

下入●婕女巧貌 寔與捷仝 嗝食聲也

入上平●譞言语之相投也 皺皮盒之類也

上上●嚷喧丨嘈丨人聚之聲也 釀丨酒丨禍丨激也 嚷喧丨嘈丨 禳除殃也又祈禱曰喧丨嘈丨 䑋肥之貌 讓責丨讉丨

●蹨躁蹈也 壤地遠也土泥也 壤仝上又天丨也

上去●診言之偽也 蘘菜也

上入●逽速也又人名

下平●然似也如也又轉筆之用又其然 燃丨熠急也又大火焚物之貌 嫐姓也又嫣丨女態也 撚以手持物曰丨丨花丨須 𤆍水盛之貌 肰月圓也

下上●讓人先己後曰丨退丨謙丨 壤土丨又天丨言相距之遠也 橪名木頁又小棗也

下去●𦏵羚角也

下入● 若(假設之詞也) 着(仝上古字) ⿱山喆(仝上古字) 箬(澤生之草名可做笠也) 弱(強丨柔丨) 熱(火丨暑丨炎丨涼丨) ⿰火⿱亖又(火之盛曰丨)

● ⿰夾火(仝上火盛之貌) ⿰夌火(仝上) ⿱⿵冂乂⿱工一(動之貌)

時上平● 仙(天丨神丨無繫累者曰丨) 殤(天折曰丨) 商(作生理曰丨) 僊(仝上又無塵氣曰丨) 觴(酒巵也總名也丨) ⿱亠畐(古字仝上) 孃(褸也肥也)

● 襄(贊丨又助理曰丨) 羴(羊成群也) 相(丨愛相連連弄之貌) 襄(仝上) 鱻(魚衆爭游也) 湘(丨江丨省地名也) 攘(自來而取之曰丨)

● ⿰女相(丨妃也又竹名) 驤(舉也遠也) 葙(草名) 緗(縑丨又經書也) 侁(行之貌) ⿱一⿰夕乚(古字丨天折也俗謂人死也)

上上● 鮮(正音朝丨東方國名) 煽(丨禍又燃丨盛也) 鮝(魚丨也) 癬(皮膚之疾也) 謆(以言惑人曰惑丨) 𦡒(仝上) 蘚(苔丨草也) 搧(搖也)

● 燹(兵火曰丨) 騸(割也去也) 獮(秋猎曰丨又殺氣也) 矧(況也又笑之貌) 哂(微笑曰丨义仝吲) 吲(祿祭餘肉也) 跣(丨足猶足徒履地也)

● 弞(仝上又引也) 銑(金有光澤曰丨) 㿥(仝癬) 毨(毛落更生曰丨) 詵(仝謆)

上去● 相(正音曰丨相國宰丨官名也丨為百官之長又丨術五彩也)

上入● 設(凡製造者曰丨丨局也) 屑(木丨輕小之物也) 削(刻治曰丨又刪丨) 碩(凡大之稱曰丨人望丨也) 梢(木名) 燮(和也) 褻(狎丨穢也)

上入●燮和也大親也

下平●庠學校之總名又黨有丨蟬丨鬢秋丨鳴丨也佯丨狂又詐偽也墠野外之土也詳明也凡事知之曰丨髯鬚在頰下曰丨祥丨瑞丨雲吉丨

●痒皮膚之癢也翔鳥來不搖其語曰丨禪衣丨僧衣也裳下衣曰丨俗曰裙也常正音曰常冷也時也單姓也正音俗曰单嬋丨娟月中仙女也

●嫦丨娥月中仙女也

下上●上凡物之位曰丨尚俗呼僧人曰和丨善有德行者曰進丨膳具食曰進丨僐恣態也饍每日三餐曰丨繕治也補也蟮白丨又全䱇

●墡土泥也橡木名其皮可態膠象正音曰丨氣丨也胥出溺之處曰丨鱔丨魚形似蛇黃白之別似鰻鱓全上燀炊也徜丨徘徊也

●擅把持專曰丨專權也儃丨丨舒閒之貌譱丨丨言多也

下去●爕大焚之貌也

下入●洩水流涌之貌絏不胥也

英上平●央四方之中曰中丨臙丨姻又丨脂粉嫣丨然笑貌丨紅也訣早知也智也傿引以為賈蔫物不鮮曰丨又日草也鄢姓也又地名淵水聲又人名

上平●鴳鳥名與雉通 湮埋沒｜滅 殃禍｜災｜ 闉古甕城之門 甄 耑｜然 囦水聲也 歅人名 鴦鴛｜匹鳥也 鞅整頓之組曰｜

上上●遠｜近遙｜｜行｜望也 遠仝上 養生｜供｜｜育 鯗｜魚名生長鹹中 養仝養 懩｜｜氣也 瀁水名 鱶魚名

上去●映掩｜光｜｜日 怏｜｜不服不滿意也 傿相逢也 醼｜飲｜會 賏連貝飾頸曰女子之飾 讌仝上 噮食甘也

●燕｜窩遷｜西｜新州｜港口｜ 嚥仝上 焉｜也手也 嬿女名

上入●約大約｜束｜期 鑠鎖也 藥芍｜花名又葯仝正音 爍光貌 鑰以之起銷曰｜俗曰鎖匙 踚祭也履也拔也行也 躍踊｜魚｜鵲｜

●蘥雀麥也 籥笛也樂器也 爚火飛也電光也 龠管樂三孔和衆聚聲 禴春祭曰｜

下平●昜開也 褑佩玉帶也 鴹商｜鳥名 暘｜煇光明也 湲潺｜水流也 禓道神也 揚抑｜顯｜｜名 援引也拔也

●佯｜假也 陽陰陽天第二氣也 䣐地名 楊｜柳綠｜木也 䀽視也 煬炎也爍也 埏八｜地之八祭也 颺飄｜風也

●梴木名 媛美女也助也賢也 芄｜蘭蒲草也 錫｜鸞聲 紈素也｜扇 爰引辭也 徉徜｜猶徘徊也

下上●爰引也 胤仝肩 援｜之以手救｜拔｜ 延遷｜淹久貌 羨堪｜稱｜餘也貪也 筵琼｜玉｜開｜酒｜ 衍延也寬也豐盛也

● 莕草名 恙疾之輕者微|無| 癢|疾也 肩子孫承續也 漾水動貌蕩|長也 餂餌也 兗|州地名又姓 瑗大孔璧也

下去〇

下入● 爍柔也 櫟木名

文

上平● 聯童子黑也 媄女名

上上● 免罷也不用也 丏不見也 愍憐憫也 敏聰也又|量也疾也捷也 勉盡其力而為之 沔水也 愍仝上

● 鶩|鳥也雞別名 俛仝上|勸|力|俯 眄睇|睇視 瞀不畏死又強| 鶩赤鳩也 娩臨產曰| 眄仝上又窮也

● 閔長也仝上 娩媚也順也又仝上 黽|勉強為之也 澠河水|流也 冕冠|旒也 僶仝上 澠|池縣名也

● 冕冠| 愐思想也 絻服外之服也 鮸|魚|鰾 腼厚也多也 憫憂也 嬔匹耦也 勔勤| 靦慚貌

上去● 哯小兒嘔乳也 眐眼腫也獨視也 餦足也小飲也

上入● 黬黑闇也又黑有文 踪足|止也

下平 ● 綿 丨長丨絮丨丨 ⿰亻綿 丨丨低貌 緜 柔弱也丨力仝綿 緬 丨想丨遠綢繆也 湎 沈於酒也又弱也 偭 皆也又鄉也 婂 女字

● ⿰木丏 木名 ⿰虫丏 虫名

下上 ● 鋿 鼎聲又車輪續鐵也

下去 ● 靣 山凹也

下入 ● 孽 庶出之子也 衊 汗血也 ⿰革翟 人名又皮堅也

語上平 ● 研 礲也窮也 妍 嬌豔也 汧 泉病也 鈃 似鐘而頸長 ⿰忄有 諒也又心動也

上上 ● 仰 丨慕丨望丨首俯丨心之所慕也 齴 露齒也

上去 ● ⿰骨兒 芬丨俗謂鴨片也 ⿰骨兼 瘦也 ⿺毛央 凡事有興也 ⿰襄毛 粗毛也

上入 ● 齧 丨噬也 嚙 昆虫丨也又噬 ⿱屮盇 行不進也

下平 ● 枅 丨渭水名 ⿰虎幵 虎怒甚也 詽 怨也爭訟也 豣 三歲猪也 趼 年也 ⿱幵石 磨也 ⿰山兌 頂山露山也

下上● 釃 醉｜沈於酒也 訨 止也許也

下去● 粲 米粗也

下入● 虐 殘暴無禮曰｜政 ⿰身危 ｜麗不安也 瘧 疾有潮熱者曰｜症 孼 仝孽 孽 庶出之子曰｜罪｜ 謔 ｜語｜戲之言 ⿰危鳥 水鳥也

● ⿵門亘 桓公也閒限也 蘖 萌｜也又斫木 鶂 鶖聲也 蠥 妖｜也 糱 酒之母也 闑 同臬門中橛也

出上平● 仟 千人之長也 韆 鞦｜又春戲也 迁 移也并也 韆 仝上俗打鞦｜也 遷 仝上又徙移也 芊 草盛也 昌 吉也盛也

● 攙 插也 菖 草名｜蒲 褼 褊｜新鮮也 扦 墊曰 閶 ｜闔天門也 娼 女人買笑｜妓 妓 奸仝娼 阡 ｜陌田基也

● 扗 鯧 ｜鯓魚也 猖 ｜獗利害也狂也 躚 蹁｜旋行又舞也

上上● 淺 深｜水｜炎也薄也 廠 作工之場曰｜彩也 僘 寬也 俴 仝淺溪塞曰｜ 氅 ｜衣鶴毛｜羽作衣曰｜ 昶 日長也 鯫 ｜魚也

上去● 唱 ｜歌｜曲｜和｜隨 倡 不首持｜｜｜也 莳 草名 錩 銅聲也

上入● 切 勿延之謂｜要｜磨 婼 不順也走乍行乍止 雀 孔｜鳥名屏｜ 婥 美也走乍行乍止 綽 ｜有餘裕寬也 鵲 鳥｜喜鵲 ⿰卤攴 ｜搖 鷬 鳥名

下平● 長丨遠丨久綿丨 悵丨無見之貌 嫱嬪丨婦官也 檣舟中帆柱也 踉跪拜也 薔丨薇花也

下上● 掅拐丨也 ⿺走將起也 ⿱蜀足隻足而行曰

下去● 墇錐打土也

下入● 跕行而突履也

喜上平● 香味如蘭桂之佳也 薌草名 掀翻也丨書俗曰丨 馨仝香 鄉仝鄉 皀古香字

上上● 享奉上之謂也 粠糠丨也 畗仝上福丨壽 饗仝響 亯仝上祭也歆也 顕丨明丨達丨現 ⿱鄉石石滾聲也

● 顯其明如鏡曰丨 响鼓之鳴曰丨聲丨 響仝上丨應也 嚮仝响凡有聲曰丨 显仝顯

上去● 憲法度也丨章 巚山嶺 俔譬喻也細作 向對面曰丨坐丨心丨 晛明也視也 餉丨務納丨完丨 峴山名

● 僩威嚴也 誢靜言也 釁丨褐丨鐘丨竭 覵視也行也 衅仝上尋也起也 献進丨貢丨丨引 ⿸尸鄉柱昧也

● 獻仝上又丨功也 珦玉名 讞獄斷也評也 ⿰米向粗米也 ⿰口鄉訟獄也

上入● 訏發人私隱曰丨 揭去也 蝎虫有毒也 蠍蛇丨蠆尾虫也 羯丨鼓催花種名

下平● 玄天之色曰丨深奧也 賢丨哲聖丨丨達 伭很也不听從也 炫光也耀也 弖草不弓盛也 鉉鼎耳也 玄仝玄

● 嫺丨雅也 杳出日也 衒自媒也誇也 泫水深廣也 玹玉名丨玉

下上● 恂聲也音

下去● 垷土泥

下入● 泬水聲也又從穴出 𡛷草名

3 金部

柳上平● 啿食酒俗曰丨酒 嘞仝上 歁小飲也 誺善言也

上上● 亩藏米谷之所曰倉丨 稟仝上 亯仝上 廩仝上 廪仝上 凜丨冽寒冷也 凛丨冽寒涼 澟淒涼也仝上 檩屋之横木曰丨

● 壈土泥也 懍憪丨也

上去●槓俯首也 淋正音曰沐浴池中嬉戲必余丨也

上入●攝正音曰丨俗以補衣曰丨 ⿴囗入動也

下平●林樹丨茂丨木多曰成丨 淋丨派謂水之多也 琳丨玉也美玉也 臨丨時到也急也 痳疾也小便難也 霖丨雨好雨曰甘丨

下上●㩒持也搖也捉也又急持衣矜也 ⿱𠆢⿱炎畐火初起之貌

下去●⿱日⿰火見火勢猛盛也

下入●立企丨停丨車丨監立位置也 苙草名又兩也 鴗鳥名似翠即魚虎也 ⿺走立停步曰丨又走而止也

邊

上平●⿰口賓小飲也

上上●⿰口稟丨嚼也

上去●⿱穴扁圍繞也

上入●⿰亻魯挽也

下平●綅緩也

下上●㑴丨頭句前也

下去〇

下入●蓽原畢字正音曰丨蓬丨生輝也 驆住丨停丨

求上平●今如丨丨日丨早此時也眼前也頃刻也 金五金之魁也黃者曰丨至貴也金玉也 惍不忘也又利也 黅日晚也

上上●錦丨繡彩色也又織也 ⿰歹禁殁天也 蒦草名

上去●禁囚丨也止也制也 噤仝上又不能言也又口閉也 僸 澿寒丨也又水名 ⿰禁力用力也用小也 ⿰禁欠人名劉丨也

上入●急緊丨不容緩也 給供丨偕其所用相足也 鋈煮鍍金也

下平●棽木條繁蔚也

下上●妗舅之妻曰丨母舅之妻曰母丨妻舅之妻曰妻丨也

下去 ● ⿰忄禁 密也又心堅固也

下入 ● 及 又丨丨時又屆也 汲 丨洽又水名 䢆 古字仝及 芨 白丨藥也

去上平 ● 欽 敬也丨命丨差又銅丨樂器也 衿 衣丨同丨又衣帶也 襟 仝上胸丨連丨 ⿰忄禁 心動也又心堅也 衾 衣丨也同矜 ⿱今王 玉丨也

● 嶔 山聲也立也又岑也 紟 丨級也 ⿱艹金 草名

上上 ● 擒 原擒字正音曰丨丨掠也 坅 田畦也坎也阮也 昑 日升也似出也明也 ⿱臤殳 皮厚也

上去 ● 搇 按也 ⿰弓禁 弓衣也

上入 ● 級 層丨層次 汲 丨水而烹茶 笈 負丨從師又箱簍也 伋 人身之頭曰首丨又姓也 岌 丨丨不安之貌又高也 扱 取也又接引也

● 彶 遽急也 ⿰赤欠 赤也又笑聲 ⿰亻岌 丨丨人衆也 笈 竹器 ⿰氵急 水流之急也 ⿰糹㬎 緩丨 泣 哭丨哀聲也 吸 氣入曰丨吹者而氣出也

下平 ● 琴 樂器也其音甚佳又丨瑟也丨鉉古玉鉉今七鉉 琹 仝上又丨乃所為也 禽 丨獸又鷄名曰德丨又羽族曰丨 檎 果名林丨

● 蚙 虫名 ⿱珡金 古字仝琴 擒 丨挪丨掠丨捉 捦 仝上

下上● 摻擒捉也

下去● 伏犬俯臥也

下入● 搯瓜刺也 輒驚恐曰丨

地上平● 琛寶玉也天丨自然之寶 酖丨於酒色丨又碎也又美酒也 眈和樂且丨又虎視也樂也 髧鬼魅也 湛丨水名 ⿱冘金天丨寶玉也

上上● 戡正音曰丨研又刺也原堪字 ⿰足冘行不進也又無常也 踸仝上

上去● 覘私視也 抌搖丨也又深擊也 ⿰㐱冘雜也 ⿺瓜冘瓜也青也

上入● 孨孤丨可憐也 ⿰金入鏲丨也

下平● 沉浮丨丨重也不浮水也 沈仝上又滅也 鴆丨鳥又毒能殺人 ⿸疒冘病重曰丨重

下上● 朕天子自稱曰丨曰孤 ⿱朕灬簷滴俗丨丨叫 ⿰火朕火光之貌 ⿰氵朕水流也 眹目中重瞳也童子 眹仝上

下去● 燖火盛而退也

頗上平● ⿰貝比 去也勿也
下入● ⿰羽戊 展羽也飛去之貌

他上平● 琛 小飲也
下入● ⿰目必 視也
下去● ⿱北己 背也
下上● 嚿 物不鮮也又診
下平● ⿰扌貧 拋｜也 ⿰木朕 木名
上入● ⿰口疋 小聲也又唾呃也
上去● ⿰木幣 木名
上上● 貶 原砭字正音曰｜｜責之褒也

上上● 鼔 深擊也又分別上下俗曰上｜下｜
上去● 佟 頭向視也
上入● ⿰韋必 秘也密也
下平● ⿸疒匿 腹疾也 況 水名
下上● 歂 不足則添俗曰｜ 覘 私視也
下去● ⿰阝虫 虫名
下入● 垈 土不足另添也

貞上平● 斟 ｜酌也相商也又商酌也 ⿺辶甚 止也立也 唚 以口相向俗曰相｜ 瑊 正音｜俗曰針
上上● 枕 ｜頭玉｜竹｜石｜流 煩 仝上古字 頂 仝上也額骨又 頕 低頭曰｜
上去● 浸 漬也滋潤也 濅 ｜滛久雨也

上入●
執 持守也｜理又｜事｜戈
执 仝上小寫也
⿰亻執 仝上
蟄 ｜虫也驚｜則化鷩
謺 侍御也
縶 縷也縶拘執也
⿰口集 意也
⿰口⿱馬中 鳴也

下平●
蟳 兩腹八足之虫
璕 ｜石似玉

下上●
吮 應也
鍖 ｜鉦也

下去●
倕 田畦也

下入●
集 聚｜也成也安也衆也
鍓 古字仝上
疾 ｜病也又急也迅速也
潗 小泉也
嫉 妬｜忌也
㑵 妎也毒也

●
蒺 ｜藜藥名
⿰言疾 語忘也
雧 古字仝集
鏶 仝上又鏶也

入
上平●
緉 齊也織｜也
⿰石兩 ｜纖也又｜石
⿰石⿱厶厶 仝上

上上●
忍 怒氣而能禁止曰｜｜心｜性
恁 思念也又下畣也
仞 八尺之長曰｜
屻 山高也又山曲也
刄 白｜剛刀也
訒 小語也
荵 花名隱冬草也

●
荏 ｜苒浮沈也如光陰｜苒
⿰日刃 滿也蓋也
軔 車之初起而行曰發｜
衽 左｜領｜絹帛之屬也
袵 仝上又婦人行禮曰襝｜

●
飪 烹｜熟食也
餁 仝上熟也失｜過熟也
荏 菽豆也栗也又侵尋也

上去●腍胸|也　沕水名

上入●入仝入納也

下平●壬十天干之名壬癸屬水

下上●任職|事|重|　賃貸也傭也　妊婦人懷|即又胎也　姙仝上　䇮席也竹|艸|篠|

下去●任正音曰|如官之赴||

下入●入納也出入以恭入敬又進也　⿱入一仝上

時上平●心人身之主也|肝|胸　芯草名　⿰火心人怒則大心升也　芯仝芯

上上●審思也又推求|其理也　嬸叔父之妻曰|母俗謂何|　沈水之濁也又姓也　慎懂|言其小心也　郴郊|也荒地也

●覾|視也　諗悉知也明也晚想也定也　稔仝上又秧之尾也

上去●沁水名也

上入● 濕水潤也如地低則｜仝溼 隰州名又下｜不乾也 溼土水之氣蒸而為｜又｜氣 雭雪｜大貌曰｜又雨聲也 ⿸疒習皮膚之疾與疥然

下平● 忱心誠也信也 椹桑｜即桑之實也又同葚 霃久陰也 葚桑實也

下上● 甚尤也太過也最也 諶信也堪也又仝忱 伈｜恐之貌

下去● 愖徐也细想不逮也

下入● 習學｜天鳥衆仝飛也 褻狎｜衣｜｜也 ⿰虫習正音曰虫行也｜ ⿰習羽飛之貌 ⿱艹褻｜裘長短左袂也 熠光盛之貌

● ⿰口習忍寒之聲 襲重衣曰｜又光美也 拾收｜也又｜芥 什仝上 湁水沸之貌

英上平● 陰｜隅也太｜謂曰也又幽暗也 侌仝上小寫也 愔安和之貌 瘖｜啞也不能言也 阴仝上 霒小雨也又仝阴

● 音聲｜字｜八｜十五音也 吽牛鳴之聲也 黔仝上又日覆日也 喑｜聲｜也 枂林茂不見日曰去樹皮也

上上● 飲｜食從口入渴則｜如｜茶｜水｜酒又咽水也 酓仝上古字也 㱃仝上

上去● 蔭庇｜福｜草所庇也 䕃仝上 荫仝上 窨｜穴作生基之地室俗曰｜生基 癊心病也 㾙仝上 䏡仝上

上入● 把原把字正音曰丨兩手合拱為丨禮也 揖仝上又拱揖又進也 ⿱艹挹草名 挹仝上 ⿰日邑日光不明也 阝左畔與邑字仝

● 邑縣曰丨又都丨潮州有九丨即九縣也 俋勇壯之貌 浥溫潤也又濕也 悒不安也 ⿱竹邑捕魚之具也

下平● 滛好色曰貪丨婦人之病也 霪苦雨曰丨雨連綿不止也 媱私逸也 淫仝滛好色也

下上● 汪俗以身有微汗曰丨 ⿸疒飲疾不愈也

下去● 訡牛鳴又怒言也

下入● 噏虫鳴也

文上平● ⿰口涔山名

上上● ⿰口甚丨深也大屋也

上去● ⿸广深丨深也大屋也

上入● 砉丨石

下平●霠小雨也 灊水名

下上●䏖自動也 腍合晝也

下去●顉鑕項也又切齒怒也

下入●瓲陶器也

語上平●拎堅固也又之急也 [亻巜]仝上

上上●趛低首疾行也 趛仝上

上去●硷陶器也

上入●蛿虫行之貌也 砉五疊疊也

下平●吟｜詠｜詩｜誦也 砛石｜也 唫仝上 黔黑色也又｜黎｜首 訡仝上 芩黃｜藥名也 乑衆立之貌

●㑪傾｜頭向前也 岑｜巒又山高也 涔漬也又取魚也 訡｜詠也 硶名山也山巔嵓也

下上●扲把持也 揕仝上

下去●噸口合而怒色也

下入●岌山穴之小曰｜ 伋人衆也又詐愚之語俗曰勿

出上平●深｜淺｜幽密也深也藏也 㴱仝上 湥仝上 蔘草名

上上●寢｜眠也｜室內｜ 葠覆也 鋟｜練也 㝲仝寢 寖仝上 寑仝上古字也

上去●襯近身之衣也 櫬近之棺也 吢大吐也 𤺊病疾也 心仝吢

上入●緝｜捕也續也 咠言之口舌之聲也 楫舟｜行舟之具也 湒水名又雨下也又和也 偮人聚之貌 輯和也飲也聚也

●戢藏也止也 𨎪仝上又諧也 㒉人衆集也 膝足也屈｜溶｜又｜下 諿續也和也 葺修補也覆蓋也 蕺草名又草密也

●咠衆口之聲也 濈和也又疾之貌也 聶仝語 檝舟也又仝楫 蕺｜山又菜名 𢷬交飲也 㥯心不正也

下平●尋求｜也又千尺曰｜ 𧬈私語也 尋仝上 𧩼仝上 侵漸也近也 浸｜冷也 𢴲搜｜氣也又擊也 鋟刻版也

下平● 騣驟也又馬疾也 筊竹器也 摻漸漸也 祲陰陽二氣相丨以成災祥也 潯水涯也 璕丨石次玉也 鄩國名又姓也

下上● 蕈覆也 撏搖丨也

下去○

下入● 揖原揖字

喜上平● 歆神饗也又欣羡也又人名 鑫古人有五子以三金三木三火三水三土各成一字以名其子者又人名也

上上● ⿸疒希熱氣着膚也 歙歙也歙氣也正音曰丨

上去● ⿺辶希迎丨走也

上入● 翕上飲也起合也 ⿰亻翕仝上兄弟既丨 潝水疾流也 嬆莊覆也 ⿰目翕眇視也 熻熱氣也 翖合也起也 ⿰言翕言疾也

● 噏仝吸 歙飲氣也又丨鼻也

下平● 熊獸名虎夢丨又丨羆也

下上● 啐 斜目也

下去○

下入● 瞺 日乾也物也

4 歸部

柳上平● 鏍 早洋人多用銅丨大錢然而無孔也刻磨亦用之 鐳 仝上每丨準錢二又而用也

上上● 蕊 花未開時曰丨 惢 丨滯也 畾 田間也 儽 仝上 壘 積土成丨又營丨 儡 傀丨木偶也 耒 耜柄曰丨丨耜

● 儽 懶也懈也 㑍 丨亞也 㒍 仝上又病也 罍 仝上又盟器也 ⿰口耒 以言相遮也 籯 竹器也籃丨 誄 丨祭哀而述其行也

● 餒 腹中飢也 絫 增益曰又累也 婑 猥也好也 磊 石聚也又丨落 櫐 茂也類也 纍 索之繫也纏繞也 藟 葛類 蘲 珠仙也丨宮境

● 瘰 疾病也筋結病也 欙 酒器也 礧

上去● 頪 頭不正也 壘 土成介曰丨 䃬 山崎嶇也

上入●恧心雜也又慚也

下平●雷震為雷天｜地｜五｜｜州𡾋雷州常出擂研物為末俗曰｜靁｜雨也畾田閉也𤳳天｜地｜羸老二廋也

下上●靁仝雷㵢舟之水｜也器船有也𩴾鬼雷也𤪌｜似玉而不佳也𣊟｜日推出也㿔｜慈柔貌戾斜也曲也乖也罪也止也

●淚肝瘋則淚限｜垂揮｜唳鶴鳴也風聲鶴｜泪仝淚目汁多曰｜縲｜絏拘攣罪人之索瘰喉也㔣｜力相匹也

下去●類萬｜物｜同｜種族也累繫｜波｜挹｜銇平銀曰｜相｜也鑽也㩡相比也相勞也又擂鼓也

下入●輩車初行曰｜

邊

上平●悲慈｜傷｜含｜卑尊｜而下輩也埤墻左右曰墻｜桮｜木壁也

上上●吡｜口中語話而頭搖曰｜又譬也㟳山微凸而小凹曰｜㤓｜恃也

上去●沸水將滾則有｜又如小兒夏天而多生也疿身中夏天生微粒者曰｜

上入●麗鹿穴也小罯也

下平●肥丨人多肉而強壯過人曰

下上●蟦石具又虫名

下去●吠犬丨尨丨丨尨 蟦石丨又虫名

下入●鵴鳥腹中之殈曰丨

求上平●歸回也返也去而返也 刲刺也割也 奎丨星璧也 闚仝窺 圭上圓下方曰丨形丨章 皈仝歸僧謂三丨也

●規丨模丨矩丨章 邭丨田角也 槻仝上準繩也 垖丨土也 窺小視也丨視丨豹也 邽姓也又縣名 珪丨璧玉名也

●眭五十畝曰丨又區也 閨深丨女子之室也

上上●鬼丨神人死曰丨 傀丨偶木人也 佹仝上

上去●貴士人名成曰丨又更丨士乎 霣雲霞也 桂丨蘭丨又清花丨 癸十天干之名壬癸屬水 𧷤仝貴丨賤 瑰瓊丨又玫丨

●筀丨竹也 蘳仝桂 璝仝瑰 𧷤仝貴

上入● 磧 石名貌

下平○

下上● 潰 亂也散也破也 瞶 極視也 聵 耳聾也 闠 闤丨市門也

下去● 縣 邑也州丨如吾潮九邑則九丨丨也 櫃 木丨錢丨大丨

下入● 毱 毛球也又毛丸也

去上平● 亏 不全也盈丨丨缺丨本 虧 仝上如月之缺 虧 仝上 虧 仝上

上上● 簋 盛黍稷之方器也簠丨也 晷 日丨日影也焚膏續丨 軌 兩轍之間有鐵丨道法也 軏 仝上 宄 姦女也外盜內為丨

● 詭 詐也丨譎 匭 匣也包裹也 宊 出見也

上去● 季 春夏秋冬一歲四丨 愾 人之丨又喉中出入者也

上入● 朒 肉多也

下平●葵丨花向日傾又丨扇馗頰骨也又人名鍾丨揆丨者度也先後聖一也頄仝上逵通道也暌日入也又遠也丨遠	傒左右內視貌夔丨龍又獸也蘷仝上又舜之臣名也闋樂終也服滿也又隙也睽丨醜也	下上●餽進食曰丨丨遺丨餉悸心動也驚也饋仝上凡進食物曰丨匱仝饋蕢草器也又臾同隗晉文公夫人名季丨	痵驚丨又仝悸愧丨慚丨知恥也讃覺也悟也憒心亂也簣土籠也	下去〇	下入●稑禾柄也又凡物有廉角也	地上平●追丨遠丨趕丨日丨隨𠂤仝本磓石卯也又取石也垍土成圓曰丨又累土為堆䯪丨骨也又骨起也粨以來作國個曰丨俗謂油丨也	上上●搥擂而使之曰丨拖丨也𠡒兩人相也又著力牽也	上去●對一双曰成丨匹偶一丨相向曰丨面譵丨向相言談也碓舂米之丨也圝鞭聲也	上入●碡碌碡田器也

下平● 搗以石丨物曰丨原音擣 槌仝上又打也 搥仝上

下上● 墜自高向下曰丨丨地丨落 橢下垂也又木名 縋以繩懸之也 䃍落葉物也 隧仝上又墓道也 墮仝隊 懟怨丨也 隤水也

下去● 隊兵家百人為一丨行丨排丨兵丨

下入● 摝振也摇也

頗上平● 坯土塊也

上上● 俖不可也

上去● 屁人之下氣道俗曰行丨 ⿰口風仝上 ⿸尸毘仝上 ⿱穴氣仝上氣又下泄也 唾丨涎也 ⿸尸風仝屁

上入● 扑拮物也又小擊也又打也

下平● 婓女不善也又往來也 呸口丨也

下上● 啡嘲語也

下去●贔肩相與也又力壯也

下入●衂內疾也又鼻出血也

他上平●梯樓丨竹丨木丨丨帆丨雲丨

上上●腿兩股曰丨手丨脚丨骽仝丨褪足上之褲曰丨褲丨蹆丨脚也

上去●頧頭縮也

上入●慉心雜也

下平●⿰木退木桿也竹丨柴丨槌仝上鎚仝上⿸疒追疾也足病也

下上●逯足行謹也又姓⿺辶某仝上⿰鬼頁頭不正又大也

下去●錘俗秤丨重丨也倕丨重也

下入●⿰舟鹿船中釘索也

增上平●錐銳也利也兵器也椎铁｜｜铁又撻也擊也睢目視也又關｜仰視也萑益母草也又草多衆貌雖與佳同鳥｜也檇木｜也

●脽月圓也｜又肥也凸｜中心高曰｜

上上●水金生水雨泉｜洪｜紫鳥喙也

上去●醉酒｜酩酊大｜｜倒醑仝上

上入●䗏虫名

下平●㕒句錐也屦仝上又畯剶割也進也又斷也

下上●萃聚也又卦名祟鬼神示驚鬼作｜也悴惟｜也晬正視也又清和也瘁精神不足也勞也疲｜也誶誚也告也多言也

●邃深遠也贅以物質錢曰｜又入｜粹純清不雜也

下去○

下入●髑骨髓也又｜髏頂也

入上平●芮草名又草生也　䅗禾四把曰丨

上上●唯順答之言曰丨丨

上去●淬寒也

上入●䃤山多石曰山丨

下平●維繫物曰丨丨網丨繫也又思念也　惟仝上又心無旁及曰丨丨是丨有　帷丨幕也丨帳也　倭丨遲回逶之貌

下上●遺贈物曰饋丨又亡也棄也

下去●餧食物貌又餇通古丨

下入●

時上平●蕤葳丨草初萌芽　簑仝蓑也　甤仝上　雖設兩之詞丨然丨是　蓑雨衣棕丨　倠他也　婑美貌也　綏丨安也

●緌系冠纓也　荽香草也　縗喪服也

上上● 鬌 俗曰佳美也

上去● 嵗 正音曰丨 邃 深遠也

上入● 搣 手扑物貌又隕落之貌

下平● 誰 無定為何人曰丨是丨何丨 箠 竹掃也 遂 凡事成就曰丨丨心丨意 捶 手相行也 隧 地道也左傳鄭莊公與母丨 𠂹 古文垂字

● 隨 從而不達曰丨丨身丨行丨 倕 垂 在上懸下曰丨丨釣丨輪也 隋 六朝國號曰有丨國丨珠 燧 金丨木丨皆可以取火

● 陲 危也邊也疆界也 倕 仝垂又重也 襚 殮也

下上● 瑞 吉祥之兆丨氣祥也 睡 坐而寐之曰丨丨覺

下去● 穗 五谷皆又丨柔丨麦丨 蓫 仝上麦出儿丨 穟 仝上五谷結實也 垂 將及也幾也

下入● 綀 纏繞也 餗 食枣也

英上平● 葳 丨蕤草初生也 威 丨猛丨權丨風丨嚴 醫 丨士丨官丨生名丨 逶 丨迤行遲也 喂 恐也

上上●偉奇｜｜英｜人｜ 煨以火燃物也 緌冠上飾也 緯經｜經直而｜橫也 猥｜瑣也 痿病也不舉之謂也仝瘰 葦草名也達江摩一｜渡

●猬事多曰｜務也 餧飢也飼馬也 渭｜河水名太公釣于｜ 蝟仝上務也 委積聚也 蜲｜蛇也 倭謹也順也 ⿰衤畏衣垢也

●瘒仝痿 暐日光也 萎凡草木著地其葉則｜ 諉言託也 偎愛也 喟｜然嘆曰聲也 煒光明也 ⿰言有呼人也

上去●畏恐也驚也可｜甚｜ 謂指而言之曰｜何｜所

上入●⿰犭谷兀也

下平●圍環也周也合｜又口仝也 為行｜施｜因｜又仝爲 嬀姓也 違相背曰｜久｜相｜也 幃帳｜紗｜羅｜以別內外也 闈宮中小門也庭小闈也

●桅掛仇之于也 槐｜花｜葉 口仝闈 爲仝為

下上●鄬姓也

下去●位坐｜祿｜地｜ 胃｜氣脾｜般府也

下入●纀纏繞也

文上平●黴細雨也 霢仝上 瀓仝上 眛輕視也又目不明也

上上●美物之尤也曰丨佳也麗也佳美也 亹仝上又不倦也 媄美女之名也又雅也仝美 ⿰赤尾魚尾有光曰丨 娓仝上美又順也

上去●⿰貝微無恐曰丨又不怕也 ⿰豸并獸名 吻強語也

上入●⿱覀非不是也

下平●微凡事關心曰無丨不至丨末細也 薇紫丨蕃丨花名也 溦丨丨小雨也 黴仝上

下上●⿰未頁面前也 騩馬淺黑色也

下去●痱小疾也小腹也又風病也

下入●輂大車駕馬又輿也

語上平●⿰口危語談也 惈稽也

上上●姽柔也 頠閑習容止也 隗高也又山名

上去●醴 酒醉甚也

上入●瘃 微疾也

下平●巍 丨戕山高峻也又大也 嵬 崔丨山高峻也 佹 依也累也 峗 高也 恑 變也異也悔也 危 事之以甚曰丨急也 隗 高也又山名

下上●偽 凡物之假者曰丨心丨 僞 仝上又詐也 垝 毀也 詭 仝偽 嬀 舜之姓又水名

下去●魏 丨闕北丨又姓

下入●擉 手轉夜

出上平●崔 丨嵬山高也又崒也 催 促也迫也 推 丨捉丨敲 倠 丨促相丨 催 丨挫丨折丨殘 嗺 撮口也又高貌

上上●毳 獸毛細可製裘褥 竁 穿地也 惴 自丨問心也憂懼也 揣 丨摩也

上去●嘴 口也食從口入不從口出 啐 破丨瑣丨煩丨也 翠 翡丨鳥名又青綠色也 脃 不堅也 脆 柔軟也甘丨又脃仝 粹 純丨不仆也

●喙 仝口又仝嘴 琗 丨玉也 椊 木徑也

上入● 噣 鳥喙也

下平● ⿰食耑 食也 啐 口嚼又也驚又也嘗入

下上● 壝 土埒也

下去● 䠊 剕足也

下入● 謈 嘲語又打呼也

喜上平● 非 是｜又｜洲｜常 麾 ｜下誦武官之詞也 ⿰番非 翻也 菲 芳｜茂盛貌 騑 驂馬也 ⿰米軍 光｜｜煌 嶶 美也又國名之旗號曰｜

● 煇 仝上又大光也 騛 駿馬也夫馬逸足曰｜ 暉 日月光也 霏 細雨也 翡 ｜翠青色鳥也 斐 ｜｜往來貌 揮 指｜揚｜｜毫

● ⿰魚飛 海魚有翼乘風飛升 扉 門也柴蓬｜也 翬 大飛也 蜚 臭惡之虫 ⿰貝非 仝扉 妃 宮中之侍女也 ⿰月晏 ｜晏也

上上● 斐 ｜無成章也 棐 木果也又輔也 毀 ｜謗｜譽操｜ 篚 風｜也 匪 竹器也又賊｜羣｜｜徒 卉 花｜萬｜木｜ 菲 ｜薄也

● 痱 風疾也 虺 蛇也詩維｜維蛇 螝 仝上 誹 謗也 悱 悱未欲言而悱能也

上去● 肺 心｜臟腑｜如華蓋也 廢 半途而｜不成器之物曰｜ 費 ｜用斯｜繁｜ 諱 俗有讀作｜忌｜犯｜ 剕 刖足也 芾 草芽也

● 茷 仝上也 廃 仝廢

上入● 瞉 谷之壳也

下平● 缶 瓷器也陶器也｜窑｜器 缶 仝上

下上● 惠 心靈曰｜心以物饋人曰｜ 僡 仝上受人之物承｜受｜ 慧 敏捷曰｜總｜智｜明｜ 彗 即掃也又｜星金星之餘氣 蕙 香草蘭類蘭｜之

● 嘒 小聲也又和也又聲中之節也 篲 竹帚也仝箸也又 暳 小星也 蟪 ｜蛄虫名 繐 布細珠也而 譓 仝嘒 恚 怒恨也 恚 仝上

下去● 緯 俗織有之紗直曰經橫曰｜也 諱 號也忌也避稱父之名｜也 泲 水名又波文也

下入● 斱 散也又斫也

5 佳部

柳上平● ⿰月單 鳴物叫牯之聲又大腹也

上上●伌 皮寬也

上去●攱 仝上禮品也

上入●剽 斷也折也末也

下平●華 草名

下上●糟 酒之飯也

下去●䬻 吏使也又列也

下入●掠 擒而奪之曰｜｜人｜賊 𥷕 竹做似箭火者曰筊｜ 擊 棹取也又捕也 拏 仝上

邊上平●吱 ｜飯也又飲也 輦 車連失也

上上●軹 轂末輪所穿處也

上去●髊 骨柄也死人之骨也

上入● 壁 環堵也照|牆| 璧 尺|玉之成寶也

下平● 褻 山高也山谷不平也

下上● 髀 骨牌也人股也

下去● 禬 衣美也

下入● 迋 人名又止也

求上平● 佳 美也妙也|妙|人 嘉 譽人之善曰||猷 加 凡物增高曰||冠 茄 菜名即落蘇也 伽 仝上|藍即佛號 笳 胡|乃胡人之聲也

● 珈 笄上之飾也 痂 瘡干則|落也|蛻 迦 釋|佛號也 跏 屈足坐也 架 多也

上上● 賈 居貨待售曰|又商|坐| 假 非真曰|偽也又設詞也 檟 山楸也橏也 葭 |莩親也又華也 斝 玉爵也

上去● 寄 凡有衣記曰|又|語|物|書|託也

上入● 揭 掀天|地又|數|借 鄗 嬌也又國名 革 菜名

下平● 夯 力大貌人用力以肩物也

下上● 靂 霹丨潮語俗雷大震曰丨丨也 ⿰山加 山名衆山森列之貌 墜 土高也 塙 土堅不可拔也

下去〇

下入● 屐 木丨利丨折丨 劇 雜丨持丨丨甚也又觀丨俗語看戲曰丨 屐 仝屣 庋 擇 手伸也 ⿸尸樂 仝屐

去上平● 呿 張口也臥聲也臥則呿呿 祛 神名

上上● 菡 草名人糞也

上去● 覛 人名人相視之貌 輢 車輪之横木也

上入● 隙 所缺之處曰丨丨跡堤丨 𡭴 仝上又壁際之孔 郄 姓也大地名 𡭴 壁際孔也

下平● 騎 丨馬丨牛又坐丨 ⿰虫奇 虫名馬大丨也

下上● 企 原音冀從企立俗曰丨即佇立也 ⿱人疋 仝上即監丨久丨 ⿰亻止 仝上 站 仝上獨立也 ⿱亞立 仝上 ⿱比立 行不行曰丨仝上

下去●監立也又童僕未冠之稱又姓 監上仝	下入●熔火烟貌 屋礙止也	地上平●爹稱自己之父母曰丨娘又老丨也	上上●誂咒聲 ⿰亨也上仝 鮓魚丨也	上去●⿰亻夜梵語	上入●摘以手取之曰丨丨星丨花丨果 謫有罪罰使驚曰丨丨息丨除也 ⿰亻啇無憚也又丨惡也 擢升也舉也拔也抽也 櫂行船之具也撐也	下平●㮈木名 蠦虫名	下上●哋咒聲 ⿰骨尤骨節也	下去〇	下入●糴百谷買人曰丨丨米丨谷又糴丨也 籴上仝 荻蘆丨也正音

頗上平●譙人名 靫义柄也又箭屋也
上上●碭舌伸也以舌取物也
上去●侐寂也又清静也
上入●僻荒陋之地曰丨丨地丨壞又山丨寂静也 辟怪诞曰丨又不正曰丨 癖人執曰丨丨病也
下平●𢍺路不平也 篦竹丨也
下上●庤儲置屋下又具也
下去○
下入●僻偏丨路丨地丨非大道之處曰丨寂靜也 甓陶丨冶又瓴也
他上平●穼窒丨娇兒也又嬌態也 詏人名又言逆也 簞竹名又水名
上上●鄃姓也又山名

上去●梟人衆之貌又聚字之譌

上入●折丨散分丨又丨夥丨生理也　紤纏也以繩維持也

下平●膎脯也

下上●⿱宀⿰艮支仝展

下去●敎言事雜也

下入●⿸厂⿱夾火火焚也又火燃也　誺言語之貌

貞上平●遮遏也蔽也又日丨雨丨　嗻仝上又多語也　⿰亻庶丨避也又丨天儸也　遮仝遮

上上●者語助詞也又老丨少丨又赭石药也　姐昔蜀人呼母曰丨又弟呼曰丨秭又小姐　毑古作她也　她長女也又左也　媎仝上姐字

上去●炙以火焙物曰謂燒也丨魚俗　蔗甘丨其汁可熬糖蔗宜倒啖　柘桑之同顛其葉可養蠶扶桑又椹丨　跖人名盛丨又丨犬又足下也

●拓猶折拾也也　鷓鴣丨鳥名　樜木名

上入● 跡 勝丨古丨事丨舊丨 迹 仝上如衣衫不潔之丨 隻 兩日雙單曰一丨也 墌 基址也 蹟 仝跡又仝迹 鷓 丨鴣鳥名 脊 这 仝迹

下平● [illegible] 惡獸也

下上● 者 語助詞也又老丨少丨又赭石蒳也 籍 記事之部曰丨書丨簿丨也 藉 身之所依曰丨又丨春藻也又助也繩也 宋 無人聲也

下去● 謝 姓也

下入● 食 飲丨丨祿飢則思丨

入上平○

上上● 惹 解衣抱火曰丨其灾也引丨自丨又丨丨事丨禍 [illegible] 丨事口角也 搦 好事曰丨 [illegible] 謂之助詞也 [illegible] 仝上又應聲也 唋 應聲也

上去● 偌 姓也

上入● 楉 木名又水名

下平○

下上●艕舟中心也

下去○

下入●楉木名石榴也

時上平●賒不交也不正也不直也 賖上仝

上上●捨決意氣之曰丨丨心丨却 寫丨字抄書抄丨 捙捨仝 耶姓也又地名

上去●舍茅丨客丨僧丨旅丨屋丨 赦丨事丨罪天丨大丨寬宥也 卸折丨丨貨 瀉如水又高直下曰丨又人之氣不和嘔丨也

上入●錫丨為五金之賊又賜也

下平●斜丨正歌丨又月丨夕陽丨也 佘姓也 邪不正曰丨妖丨丨魅 麝丨香丨狼丨狗

下上●社土神曰丨又稷丨會鄉丨 ⿰衤坐上仝 ⿰衤畓上仝 ⿰衤圭上仝

下去●謝答丨丨禮也 射丨鳥丨天丨日丨蛟 榭亭丨台丨 ⿰衤射衣色也

下入●席 卓筵曰丨又藉也

英上平●⿰耳厶 耳聾也又耳鳴也 ⿰氵亞 深丨也又水名 ⿰忄牙 忍也恐讶伏態也 ⿱宀亞 不正也

上上●野 荒郊之外曰擴丨 埜 茂林之處曰丨山丨也 冶 丨語不明也 壄 仝埜

上去〇

上入●益 增丨加丨教丨丨友有三 ⿱艹秝 仝上古字

下平●⿱父邪 老丨少丨大丨阿丨也 爺 仝上 椰 丨只也 呀 嘆詞也 爷 仝爺

下上●拏 負人手背俗曰丨丨人也

下去●也 宿脚字也 亦 語助詞也 煜 人名 妷 婦也 睪 引給也

下入●易 周丨易卦丨經丨丨周丨 驛 丨路丨馬舘丨傳舍也 馹 仝上 燡 火甚之貌 燡 仝上 奕 圍棋也 弈 仝上

文上平●酶 酒母也

上上●哘人名又羊鳴也
上去●雌虫名
上入●祖日初升也
下平●名人丨娃丨丨字丨聲丨馨功丨
下上●藹草名人花榮也
下去●亭仝命 命人之本俗曰人丨性丨
下入●璱玉之鮮潔也
語上平●諸人名
上上○
上去●迓迎也接也

上入●撠開也又以手持戟刺人也 躆足丨開也又以手據地也
下平●琊琅丨郡也 鍩鍩丨劍名也 迓迎也接也 呀異怪貌又張口貌
下上●訝敬謂之詞乍也又疑怪也丨
下去●寵龍騰也又雜也
下入●羍小羊成羣也
出上平●賖實物曰丨商語曰無不成店丨獸也 賒仝上又育又日多丨也 奢趨分以自奉曰丨驕丨丨侈
●車運載物件於陸用大車馬丨牛丨 硨磲石之次玉也 蛼虫名
上上●偖裂也 炧大烟貌又燈燭燼也 烢仝上 哆張口也又大口之貌
上去●倩丨女婢又人名也 覩車頭也又記也 痺泄痢也
上入●赤朱色曰丨 斥排丨擯丨面丨丨逐 夷仝赤 插手丨物也又丨由 烾仝赤

下平〇

下上● 擠 裂開也又擠圻敀開也

下去● 坬 土也瓦也

下入● 筡 油|也 [⿸厂⿱䍃耳] 犀耳也

喜上平● 靴 鞋|皮|鞾鞁之類有履也 韡 仝上又繡|也 颬 風聲也又開口吐氣也 [⿸疒孝] 疾也

上上● [⿰口靴] 嘲語也又吐氣之聲 [⿰爪欠] 似瓜也

上去● 睱 無事閑|之謂也 䀹 目夾貌又目之旁毛也

上入● 歇 休息也止也 宿 投||店又仝上止也 嘟 喉中之聲也

下平● 霞 雲五色又光耀曰| 遐 遊也遠也 瑕 玉美也玉之小赤也又玷也又姓

下上● 下 上|低也晚也後也

下去〇

下入● 役 使用之人曰｜童僕然 額 頭上天庭之位曰｜又項｜銀｜顛也

6 江部

柳上平● 囒 荷｜牙｜也 欄 省城口音曰｜油｜諸｜牛｜ 趼 足底王｜也 囒 牙｜也又聲也 癱 肩｜也肩疾也 砱 石｜也

● 鯇 魚名鱾也 鯽 仝上 瀧 水名 𠈃 傖也

上上● 曩 ｜者前之謂也日 赧 慙恧面赤曰｜ 嬾 ｜怛｜惰也 簍 竹器也裝糖用竹｜ 俺 我肇自稱曰｜即我也 囊 ｜囊有底曰橐無底曰｜

● 囊 仝上 簍 仝簍

上去● 羅 俗不接之所曰｜｜隙之｜也 攊 手懸捻物也

上入● 喇 ｜叭也 揦 俗謂事成而反退曰｜ 漯 水名 壤 块｜塵也

下平● 闌 不便踰閑曰｜曲｜阻｜ 難 不易者曰｜甚｜ 籣 天袋也 瀾 水過風則起湧曰波｜ 聾 耳不達聽曰｜ 膿 ｜血疽潰出矣

下平 ● 欄 丨鑑丨橫曲丨倚丨 礱 挨谷取米曰丨竹丨 榔 穡丨也 蘭 丨桂芝丨香草也 虁 養獸者曰丨 妏 諧也 襴 衣與裳連曰丨

● 攔 丨跓阻丨 躝 郎干又踰也 襴 衣衫也 閬 丨苑又高門也 廊 屋之兩曰丨廂也 狼 虎丨豺丨 零 不或數者曰丨星丨數

● 蜋 螳丨又名蜣丨 琅 丨琊郡名又聲也 籠 軍也灯丨鳥丨 稂 害苗之草也

下上 ● 弄 戲丨丨玉玩丨丨章 筤 幼竹也又籃也 浪 波狂作曰丨水湧也 㑝 愚戇也 朗 月丨明丨光也 屌 男之陰具也原音瘵仝

● 爛 灯烛光彩曰丨又破也 蝟 陽物也 [illegible] 仝上 艆 舟行貌海中大船也 咔 言不高也

下去 ● 難 阸也犯丨逃丨遭丨 [illegible] 仝上又咒語 [illegible] 仝㑝

下入 ● 六 數目又天下曰丨合 力 勇丨智力協丨壓丨 樂 喜丨長丨永丨 陸 仝六 皺 手持也 搙 捻丨也拾物 [illegible] 似瓜類

● 仫 手足不暇也又崔也 抐 按物於水中揣丨也

邊上平 ● 邦 丨國異丨他丨連國曰友丨 瘢 痕也瘡也 班 斑 駁文雜也 帮 助也丨手丨作相丨行丨 頒 又頭半白 幫 親丨治鞋履也

● 幇 仝幫 枋 木板也厚丨薄丨分丨 梆 仝枋又木名 匚 受物之器一斗曰丨 皺 丨破也 方 四丨行要丨言其穩當

上平●崩類數也山｜地｜｜又王死曰｜繃速小兒衣即古之襁也

上上●榜龍虎｜金｜出｜桂｜眅目多白又謂眅睛也板象｜木｜｜条｜｜椅菶草盛也又草名版刻｜玉｜銅｜琫玉｜也

●榜木片也又取士及選官之次第曰｜坂坡也綁纏也舨舢｜船也扳援也挽也又手持也疲吐疾也膀仝榜

上去●放｜生｜走扮打｜推｜杖妝｜謂修飾也

上入●北玄天在｜坎卦居｜正｜亳湯都于｜地名仝薄腹背｜口｜肚｜滿｜幅布｜成｜搏｜擊也｜虎｜獸｜拍剝部｜｜皮又卦名

●識相｜｜面跪者曰｜

下平●馮馬行疾也又姓又乘也登也房｜屋民｜蘭｜瓶金｜玉｜盛酒也鉼仝上又缶｜又酒｜也鉼仝上鉼玉｜也

下上●棒槌｜木桿也大聖刖如意｜之兵器艕人｜善水性也謗毀人名或曰｜侮｜訕柈仝棒

下去●扒打｜也又拔也

下入●縛網也束也〔貝菐〕掠也

求上平● 江 河漢行水之道也也丨山也 工 丨夫丨藝傭丨匹也 釬 臂也 岡 昆丨丨陵山丨 鋼 犯之則拆如鐵之堅曰丨金丨也

● 碙 山丨石也 崗 仝上出玉之山也 姦 私也偽也斜也丨滛也 剄 仝剛 剛 不屈曰丨正直也丨强也 艱 丨辛多丨丨難丨苦

● 涇 水流也 綱 三丨紀丨丨領丨常 罡 天丨星名也即北斗也 矼 石丨又通作杆 干 非禮相犯曰丨丨犯丨冒丨涉 茳 香草也

● 杠 木名 乾 凡物晒之則丨不濕也 玒 琅丨玉也美石次玉也 鈃 金丨 間 中丨其丨反丨 杆 木名也 奸 多行詭譎曰丨詐丨宄丨惡也

● 缸 陶器也

上上● 講 理丨書丨說丨究宣丨 簡 丨牘書丨丨篇丨沓 港 溝丨溪丨丨口香丨 柬 丨帖丹丨也 澗 山中夾水曰丨 ⿰山間 仝上

● 鐧 車軸頭鐵金丨兵器也 囝 娘丨小婢曰丨

上去● 降 自上直下曰丨氣丨墻丨 絳 丨紗大赤也又士也 幹 才丨能丨枝丨 榦 築牆版也 諫 朝廷有丨議之臣丨君也

● 軋 日始出時其光丨丨 洚 丨洞無涯之水也 悻 恨也 燗 仝爛也 焵 堅刃也

上入● 角 如獸之有丨龍丨鹿丨 埆 榲丨也又地不平也 桷 榲丨所以蓋屋也 鄗 鄉名 各 丨別各丨人件丨事 結 丨繩丨交歸丨丨亲丨局

上入●魝楚人謂池魚曰|覺知|夢|發|先|珏兩玉相合曰|為一玨或作瑴㱿地|也癸天|也

下平●戣兵器也傻相援也

下上●簋仔也軌日照出光也

下去●共公|相|模|凡物非己有即是公共也虁見亢倉子也

下入●嘎人名又|鳥聲也箚俗謂以物丢去曰|

去上平●康|健|泰|樂|寧眶|眼也嵻山空貌漮水名牽|連|引|挽|牛蚷大蝦也刊|刻|印俗謂雕也

●軭車輞戾也匡救正曰||救|扶誆謬言也空|處|隙鄺姓也慷|慨恇恐也戡勝也克也

上上●忼|慨悲歌感傷也嗛言語也㤝心念也

上去●亢過也高也抵也敵也犺獷|不順也伉|儷匹耦也又抗也匟炕床也侃剛直也衎信也和也喜也偘仝上

●匟|床囥藏也又仝亢掐爪也拾也偘仝侃炕大|大|也又爐抗|禦抵敵也又手|舉也沆大澤也

上入● 壳 蝌蚪螺蚌皆有丨 尅 丨制丨涉水火相丨 霍 國名又姓又葯也 恪 木名愿也恭也 傕 覺也又姓也 確 堅不可移曰丨丨切實

● 佫 姓也 戛 戰也茅也又擊鳴也 戞 長矛也又擊也 藿 苴葉也 嚯 仝讗 粬 紅丨酒丨神丨 隺 飛高也俗狼也 癨 丨亂吐瀉病症也

● 讗 言壯也誇也 臛 丨費也 殼 幻丨也 慤 行見中外曰丨城也再也 蘇 去實曰丨熇也 郝 姓也太原郡丨鄉

下平● 捧 雙手招物曰丨丨茶 看 正音觀物曰丨 頏 頡丨上下也又鳥飛貌 桀 搓也俗為離也

下上● 齦 齒艮也人齒根肉也

下去● 殦 不成也

下入● 激 口干欲飲也 鶩 手拾也

地上平● 東 丨震方也甲乙居丨 鄲 姓也 丹 煉丨仙丨片 癉 疾也小兒病之貌 冬 四季之末三丨嚴丨 佟 録有連丨 單 孤身曰丨薄也正音

● 菄 草名 璫 打丨聲玉也 簞 盛飯器也 簹 篔丨竹之名也 痋 動病也 殫 殞丨也又盡也

上上● 董 草名又姓丨事丨理 党 鄉丨賊丨君子不丨不鮮也又朋也 黨 派也四人成丨五百家曰丨 矘 目無精也 陡 頹也又崖壁峭絶也

- **上上** ● 刜（｜割也） 讜（善言也又直言也） 壋（土器也） 鐺（兵器也）
- **上去** ● 但（反接意也又語詞） 檔（木名） 誕（欺｜妄也放也生辰也） 亶（微｜也又小舍也） 誕（壽｜俗謂人生日也） 旦（日初出時曰｜｜夕）
- ● 疍（雞鴨之卵曰｜） 儅（正中也又止） 譡（言理中也） 擋（摒｜也） 僤（侍｜也）
- **上入** ● 喇（唱｜言急也） 觸（音促言兩牛相｜俗曰相｜用具義也） ⿱竹達（谷｜也） 笪（仝上） 豰（去陰之形今作豚） ⿰阝達（仝躂）
- ● 噠（四州又口｜） 澾（水行貌） 筩（竹欀也）
- **下平** ● 同（事物無異曰相｜） 仝（仝上相類也） 銅（金之次者有白｜黃｜紅｜也） 筒（升仝有牙｜竹｜） 陳（姓也） ⿰骨童（脚｜骨也又尻骨也）
- ● ⿱竹仝（仝字也）
- **下上** ● 重（沉｜輕｜） 蕩（飄｜曠｜｜子也浪也） 憚（畏懼也又僤也） 盪（滌器也） ⿰同瓦（跰｜也） 譂（言貌也大妄言也） 宕（山空之石也又洞室也）
- **下去** ● 洞（山｜仙｜石｜桃源｜空如屋者曰｜） 胴（大腸也）
- **下入** ● 達（通｜君子上｜｜小人下｜） 毒（惡｜蛇｜蜂｜） 鐸（木｜大鈴也） 值（價｜即價錢也） ⿰足睪（跣足也） 碡（石｜也）

頗上平● 攀丨丹桂丨引上丨 蜂丨腰丨房丨蜜 䗶仝上 眅白眼即反目也 𠂢水聲也

上上● 紡女工也丨績也 縫衣丨破丨凡物雨合之中間必有小痕曰丨 䀀目視也 閍門中視也

上去● 盼顧丨又眸子黑白分明也 盻俗仝上望丨也 胖人名也又體肉也 䁍小也 襻衣丨又衣系也 䙟仝上

上入● 䀇深目也 博賭丨丨論也 汃水流也又波激之聲 仈倚望人也又姓也

下平● 旁交横也丨午通也 駹馬也色雜也 艕舟上幪也 傍近也倚也側也 哤語雜亂也 颰仝上 帆布丨風丨船丨錦丨

● 航船丨也 膨丨脹也 尨犬也丨吠也 滂丨花水湧出也 㑂侍也 吭咽也吞也 膀丨胱小腸也 篷竹丨也

● 颿仝帆馬疾走也 蒡牛丨子藥名也 晶美目也 龐高屋也又姓也 螃丨小蟹也 㫄古又旁字 厖大也厚也雜也 騯馬行也

下上● 鐢人名又腰帶也 嚭仝上

下去● 吉瓦丨屋丨契曰瓦屋幾丨文

下入● 雹落丨雨丨陰氣湯曰丨 爆丨竹俗言串燒也 瀑水由高而下遠望之如練曰丨丨布水色 暴猛也聚也 曓仝上 曝仝上

下入 ● 襮 底衣也又繡類為領也 曝 仝暴

他上平 ● 湯 |武商|又|流聲也正音 蟶 海中小蚌也 鏜 鐘鼓之聲也 倘 忽止貌又不敢必也 嘽 言語之貌

上上 ● 亶 誠也信也 桶 有水|糖|鐵| 傷 長也直也 毯 毡|毛|棉| [illegible] 毡|也 [illegible] 惝然淌也 禮 仝上 妲 |己紂王妃也

● 怛 |惕又忐亦忐忑也 疸 黃病 袒 偏也又脫衣也赤身也 疸 仝也 儻 仝倘如疑詞 膻 肉|羊羹也 忐 |忑心虛也

● 緂 |絆也 坦 平曠也安也寬也

上去 ● 嘆 長|感||息 歎 仝上 趂 奔走取利曰|俗言|錢也 亘 左串過右曰|

上入 ● 闥 禁門也又宮中小門也 踢 仝上又獸名 撻 朴以示罰也鞭|遭| 㺚 仝獺又獸名 拓 手承物也推也斥開也

● 瀾 水出也水濁也 躂 足跌也 撒 |谷|物 橐 籥|箱簍也 [illegible] 仝上 健 逃叛也 蠆 蜂毒也 鏈 仝躂

下平 ● 唐 |虞|朝荒| 彈 |积|丸|壓炮| 傏 |积不游也 澶 |溪|淵水名 [illegible] 仝上 螳 |蜋又|臂雷螗馬勝任

● 棠 木名果實大海|甘| 膛 總|又肥貌 嘡 大言也又哃|語不中也 瞠 目直視也 堂 正音||端莊貌 璫 玉|也次石也

下平● 虫昆虫之總名 瓯瓦丨也可以盖屋 蟲仝上有足曰丨無足曰豸 蛩足不能行也 檀丨香木之有香也

下上● 揔手爪物曰丨 搪仝上 組補衣也又補縫也

下去● 椪槌丨竹丨又木名 戙仝上又船板之木也

下入● 讀丨書丨詩律明句丨 滓水丨出也 蠹虫丨也 韋杉丨也

增上平● 曾姓也正音也 繒丨索又帛之總名 莊丨重丨嚴端丨 禮丨衣也 鬃婦人頭上之髻曰丨 綜仝上 棕丨樹丨蕤丨林丨席

● 捔丨持也 椶仝上 鯮魚名赤丨 㚇鳥飛斂足也 臧善也母也 騌馬頭上之毛曰馬丨 罾老婦戴丨

上上● 攢咯盞琖乎拎也 咯氣遂也又吐也

上去● 壯丨士丨勇強丨丨觀 粽米丨五月節用之 棧貨丨匿貨之所也丨房寄丨 糉古之角黍今之米丨 鑽丨穴隙鉄丨

● 綜仝上織布机中尖丨 贊稱丨成丨助又興訟也 輚兵車又臥車 讚丨美稱丨像丨 濺丨激洒也 儹積聚也 朁發語詞也

● 饡以羹澆飯也 酇縣名俗作鄼非 趲丨路言兼程而行也 瓚丨玉也 纘丨緒繼其業也

上入● 作興起曰丨丨動丨操丨丨 阼起也示信也 節丨剩丨檢有丨丨烈丨婦 节仝上又草名 櫛理髮之具曰丨沐也 怍心動也又慚也

● 莭仝節 拶贊逼丨也 沯水丨也或作劣

下平● 層丨次幾丨疊也 叢聚也雜也林也花也樹丨 潨合水處也 欑木也 欉仝叢 曾仝層又室也 掙丨水也又刺也

● 澆水名又賢也沃丨 督害物貞物也

下上● 藏地名善也厚也 蔵仝上又寶丨書作上聲也又地名 臟身有五丨六腑丨氣也 緾纏丨也 纏仝上

下去● 贈饋遺曰丨相丨丨物丨金也

下入● 䱟魚名魚多曰丨 蒚仝埴 鰂仝上 擉手洗物曰丨 壔肉多曰肥丨 腈仝上 壽仝上 踀走也急逼也

● 埴丨地也又黏上也 垣仝垣增也墻也

入上平● 豵野豕也壯豕也 䵺黑色也又私也

上上● 豻野犬也而似狐 缿缶器也如瓶受錢之器

上去● 輪 虫名

上入● 羾 鳥初生翅也又至也 袙 衣角也

下平● 蛂 虫名｜螻也 罛 獸名又覆網也

下上● 胝 發財也｜問也 殘 淺水也

下去● 䝂 貼也

下入● 韈 雜也｜ 髾 細｜也又短髮也

時上平● 双 物之成對者曰｜ 鄑 前也又鄯善西鹹也 𨗨 仝上 雙 仝上 刪 ｜前又好也 姍 ｜珊海中石樹也又好也 珊 ｜瑚仝上

● 芟 除草也 鬆 不實曰｜又｜粉 跚 足跛也又旋行

上上● 瘦 貌｜｜曰肥瘦 痠 仝上 挾 原俠字正音查也又持也 弗 弗｜也又炙肉器也

上去● 送 相｜｜別｜行遠｜｜物 霰 雪粒也又｜氣也 鐓 弩也又弓牙緩也 疝 腹痛也男人有七｜ 訕 ｜謗毀人之言也 散 弩也又雜肉也

上入 ● 塞 正音茅丨閉丨不通曰丨壅丨 虱 木丨似蟹氯所生也 蝨 仝上 虮 仝上又藥名鶴丨 薩 菩丨神佛之稱也又姓也 虱 仝虱

● 蝨 仝上 𡨄 仝塞 捒 撰也

下平 ● 巑 山陋也

下上 ● 磉 柱下之石也通書每有此字與礎仝也 黸 爐糞也

下去 ● 霿 霧也

下入 ● 鴥 鳥名又深也

英上平 ● 安 平丨丨寧丨康又地名丨南 侒 宴也 尫 丨仔小童玩耍物也 侹 仝上 尪 仝上 鞍 丨馬正音 鵪 虫名 鴳 鳥名又雇也

上上 ● 傟 相丨也又是也 慃 很戾也 瞈 目不明也 滃 水名又雲濃也 勜 力不足也又勜力屈強之貌 𥨍 暗也幽也

上去 ● 晏 赴丨飲丨暘丨 䙲 丨服衣丨 案 正音曰丨公丨 晏 安也 按 丨察丨丨物也 罋 缶丨缸丨大丨米丨 甕 仝上 姲 女字

● 鷃 丨鶕小鳥也 鞥 丨韁丨轡也

上入●惡 暴丨兇丨不善之名也 惡 仝上又歹丨也 堊 丨土不佳也又塞也 ⿱亜玉 玉之善曰丨 ⿱亜金 金亜有堊者亞也次也

●抑 按也治也屈也遏也丨揚又發語之詞也 揠 仝上又拔也

下平●紅 丨紫青丨丨色面丨 洪 大也丨水即大水又姓 䞑 肉皮腫赤也 搼 手摇也持也又以接物也 ⿰扌⿱亠夾 仝上 挾 仝上 ⿰扌⿱宀来 仝上

●仜 大腹也

下上●傟 待也止也晟也

下去●閧 丨門鬥也門鬪也 鬨 仝上 竉 孔丨土穴也又地名

下入●⿱竹⿰糹巿 竹器也可以盛紗紗丨也 蒦 仝上又度也 籆 仝上 ⿱巛⿱冖丰 螻姑也

文上平●屽 山丨魚名也 娏 女神之名

上上●輓 引車也又挽也推也 挽 拖丨也 莽 草名可殺魚也 蟒 丨蛇袍巨丨丨 傋 持也又講又傋不媚也 ⿱亡虫 虫蟲又仝名也

上去●⿰皮曼 皮脫也 甋 瓦器也

上入●幭竹|也又污血也　昁肺也又淺白色也

下平●芒草葉有針劍||鞋也　茫||水廣貌　忙愴||迫慌|　閩|地福建省也　蠻南|荊|　吂問而不答|　眬視也

●髦鳥名　蛮仝蠻

下上●網結|魚|羅|罟|　矕視也又目美之貌　臠肉色美也　网庖犧結網以漁者

下去●夢睡中有所睡見又梵|也　緩遲遲曰|勿速亦曰|　夣仝夢　蘉|草也　梦仝夢　甍仝上

下入●目耳|眼|頭|　[illegible]仝上　䁯不明也　囧窻牖閎明也　䀣惡視也　茉|莉花名　眀觀遠也　坶地名　木林|樹|花|

●墨京徽|濃|松使者　密藏之至深曰|

語上平●昂|首低|激|　昻仝上　唵佛語合手進食也　[illegible]望也

上上●眼|目|孔又阮籍作青|　耩農具也又耕也

上去●蘃玉|也　撎以指甲插物曰|

上入● 粲 殺伐木貌 屵 岸高也 粲 流放罪人又散米也

下平● 言 事發于口曰丨丨語巧丨 ⿰土言 口土也 ⿰口顏 丨丨爭之貌 ⿰谷言 澗也又山深之貌 顏 正音姓也

下上● 彥 英士曰丨 偐 偽假之物也 諺 俗語曰丨又喭 雁 鴻丨丨陣丨行 鳫 仝上北丨 唁 吊生曰丨 ⿰歹言 吊失國曰丨 羼 羊成群也

● 喭 剛猛也粗俗也

下去● 截 仝春

下入● 岳 山丨五丨丨父丨母 遌 不欲見而見之 咢 錯丨驚丨 鍔 劍鋒也 偔 多也 鰐 仝鱷 蕚 花丨也 鶚 鳥名俗稱頭鳥也

● 堮 土涯級也 愕 丨然也愴悴驚也 鄂 州丨又姓 ⿰月蕚 花笑也 噩 嚴肅貌 嶽 仝岳 鱷 丨魚四足長喙韓文公祭五丨 諤 正直之言也

出上平● 蒼 丨天丨生丨青色也 愴 悽也傷也 滄 寒也又丨州也 孱 弱也又劣也 餐 進食曰丨一日三丨 鏘 丨丨聲也又玉聲 葱 名北也菜青丨

● 鶬 丨鶊二月鳴名黃鳥 蹌 疾行也 艙 丨舟船也 凔 啖也呑也 漆 水聲丨丨 凔 仝餐 攙 丨拔也 孱 弱也又劣也

上上● 鏟 兵器也 剗 丨刀也又削也 ⿰食產 丨創業也 ⿰足產 足搖重也 ⿱髟產 鬚丨也 鬖 仝上

上去 ● 創置業曰丨始丨丨造制丨丨屋 粲木名白丨 燦丨朗光明也 璨丨然玉色光也 㛑二女曰丨 僝見也 澯水名 澯水名

● 鬖毛丨也 鬖不宜亂也

上入 ● 察鑒丨審丨権丨核丨 漆膠丨油丨生丨熟丨建丨 桼仝上 㯃仝上飾器也 碏敬也又人名 沭水名 詧仝察 ⿰扌桼丨抹也

下平 ● 田園丨水丨沙丨丨嶼 藏包丨深丨丨匿潛丨 残丨害丨忍敗也 戕卒暴也 匨仝藏 ⿰飠從小飲也欲食也 牂仝戕也

下上 ● 殘仝残

下去 ○

下入 ● 賊叛丨反丨劫丨盜丨 鑿穿丨開丨地丨也 蠈害苗之虫也

喜上平 ● 魴魚名 鱝仝上 ⿰言共興丨也又大聲也 烘火光也火乾也 ⿰火方仝上

上上 ● 罕稀丨凡小見者曰丨丨見 鼾丨睡好 悍性暴戾者曰丨強丨 桿木名 銲背鎧也又药也 ⿰歹干拒也 翰丨墨丨苑丨林

● 旰日晚也又姓也 瀚丨海又漢丨言大水也 僩丨開也威嚴也 瞯窺也伺 捍持丨也 覵仝上 厂山石之岩人可居也 僩丨聞丨見

上去●漢江淮河丨天丨丨朝有前丨後丨 僕大丨好丨壯士也 汗仝漢 熯火盛貌又炙也 暵日出也乾也曝也 蔊草名又菜味也 ⿸疒尧腫也

上入●謁見也訪也投刺拜也 轄所管之地也管丨 曷反語之詞丨不也 緆繒壞也又母衣母丨 涸水乾也鮒魚困丨 遏止也跬也

●洫小港也溝也 叡仝壑 偈丨丨力用也 ⿱高牛丨持也 壑水之所歸也 頞頭丨也 堨以土障水也 豁仝轄丨然貫通

●褐毛布之衣也貧者短丨 瞎眼不見物也失明也

下平●寒丨則加衣有小丨大丨凍丨 秔五谷之類 ⿱宀⿱龷冬仝上 杭州上丨丨地名 韓姓丨國丨又井垣也 翰書丨文丨丨信也 降殺丨歸丨丨兵丨卒

●行丨鋪閬丨雁丨 桁木名刑具也 悻恐懼也

下上●限有丨期丨止丨界丨 項公丨爺丨又姓 閈丨門里門也

下去●巷柳丨桃丨烏衣丨子孫丨 衖里中小道曰丨屋有花丨

下入●學勸丨求丨丨堂丨舍 學仝上 学仝上 鷽山鵲也小鳩也 斈仝学 㱿皮殼也 礐丨石也 觳仝上

7公部

柳上平● 鈴含丨搖之則鳴又馬丨也 盤上仝 鏧上仝

上上● 壟丨斷又丘丨冢也 廊屋中棧房曰丨宰其職者曰丨主

上去〇

上入〇

下平● 農務於稼穡曰丨 襱袴丨也 嚨喉丨也 儂自稱之謂 瓏丨玉也 濃丨淡丨厚 隆豐也盛也 膿痰血化而為丨

● 癑老病也 醲厚酒也 鼜鼓聲也 穠禾稠密也 噥言不明中也 瀧沽清也又水也 ⿰耳農耳鳴也 朧朦丨不分明也

● 憹憂悶也 襛袴也 鬞髮亂也

下上〇

下去● 挵丨物也又弄

下入● 洛丨陽地名 戮殺丨誅丨也 雒地名又馬名丨馬 絡經丨丨色物丨 酪乳汁茶曰丨奴 簏竹箱也 箓丨笋 籙丨以告神也

下入●麓山｜也又坡也　碌｜｜無能也　蓼｜莪也　騄良馬也　淥｜水名　僇辱也　犖卓｜超絕也　貉狐｜皮可為衣

●逯走謹也｜｜衆也　駱｜馬也　狢仝上　烙炮｜名　麀仙獸也　祿俸｜福｜官｜　胳腋下也　觻｜鹿

●鹿庚也倉也　錄謄｜記也載也登也　麓仝上

邊上平○

上上●榜木名　𣯏毯｜也又毛罽　䠙仝上

上去●艕船也又人習水也

上入●鴋鳥｜也

下平●滂水滴也　螃虫名

下上●㶇水聲也　塝土高也又池畔也

下去●磅十二刀為一｜

下入● 僕 奴丨婢丨馬丨 濮 丨陽地名 僕 仝僕 襆 丨豆又衣也 蔔 蘿丨大頭菜也 癹 丨丨行之貌

求上平● 公 祖丨即父之父也物衆共曰丨丨司 玪 仝上 攻 丨城丨戰丨玉相丨 鋼 瓦器也 功 丨勛丨名丨德丨勞 玒 丨玉也 魟 魚名

● 釭 車轂中鐵也灯曰銀丨 疘 脫丨下部病也 肛 大腸口曰丨門 玜 丨玉也

上上● 管 以竹之節用以取水曰丨

上去● 貢 進丨納丨丨生五丨 贛 仝上 ⿰土貢 土或曰丨又地名 ⿱艹貢 草名草木根生也 ⿰舟貢 大船也 槓 木名 烱 火光也 ⿰彳生 相行也

上入● 國 萬丨邦丨家丨君丨玉也 幗 巾丨女人之飾也 ⿴囗玄 仝固 谷 粮食也山丨也 国 仝上 穀 谷之總名也 囯 仝上 穀 仝上

● 蟈 虫類 鵒 鸜丨鳥而能言也 ⿴囗分 同国 咯 雞聲也 圀 仝国 馘 斬首也

下平● ⿸疒⿰彳王 熱病所發丨丨 ⿰彳王 仝上 ⿰女貢 彼美女所麐者曰丨

下上● ⿰氵公 水聲响也

下去● 嗊 暹人用符咒曰丨頭

下入●咯邏之旺地曰網丨又鷄聲　㖔鷄聲丨丨叫也

去上平●空天曰青丨又無曰丨虛丨　埪龕也　倥丨侗言人之無知曰丨　⿰虫空蟬退也　悾丨丨無所有也　⿰衤空衣袂也　⿰巾空衣袂也

●綛絲也　䓤草名也　崆山崆也　箜丨篌樂器也　康仝悾　硿石名可治目疾　涳丨濛小雨也　腔羊腔也

上上●孔姓也又中空曰丨破巾又有丨　⿰木孔木名

上去●控引也丨告上丨　倥丨傯困也　⿰忄貢心有所思又心動也

上入●酷過虐曰丨丨烈丨吏　⿰阝告仝部　捁械手之刑曰丨具也　牿牛馬也　鵠鴻丨大鳥也名天鵝　⿰告隹地名　柝定便之具也繁丨

●嚳急告也又帝丨　焅熱氣也　皬白鳥也　郜丨鼎國鼎也　⿱艹告草名

下平●⿰黑亢黑也

下上〇

下去●⿰金貢打金聲　⿰金空仝上　岲山岩也

下入● 硈 石名又石堅也 刮 斬木也

地 上平● 中 不偏之謂｜又正也 佟 咚 ｜｜鼓聲也 忠 盡己之心曰｜又｜臣 妕 女字 涷 驟雨也 倲 黑貌醜貌也 𧲣 獸有角似豹曰｜

● 苳 草名 笗 竹名 𥐝 石墜聲也 𩂓 ｜｜雨聲也

上上● 董 名草也又督正也 𦡬 肥｜貌 𤄿 水蓋草也又物墜水之聲 𤩎 心亂也 𢛪 遲也 懂 懵｜心亂也

上去● 棟 欉｜大材也 凍 寒凍冷｜ 蝀 蝳｜虹也 𤷌 惡氣所傷曰｜ 疼 ｜痛也 腖 肥貌也

上入● 篤 誠厚曰｜｜敦｜敬｜ 𥓊 打石也又落石也 督 總都｜｜責也察｜｜ 𧲫 獸名又蟲名 斲 斤以斫之曰｜雕｜ 豝 豕類也

● 築 作也擣也拾也 筑 竹之𥶄器也 裻 新衣也又衣背縫也 琢 玉不｜不成器 啄 鳥口也 𢷎 ｜物也

下平● 慟 心荒也哀過動心也 酮 酒澇也又酒壞 磄 地名又岸石也

下上● 仲 昆｜兄弟也稱人之詞又伯｜ 重 樂器也貴｜珍｜ 𨤼 仝上 動 聲靜之對躁也出也作也振也

下去〇

下入● 逐驅丨斥丨杖丨 覿私見也 獨孤丨自也單也 慺忖丨僬思也 讟怨丨謗也 涿水流濁也又滴也又州名 瀆江淮河漢曰丨

● 牜小牛也 瀆村丨擾丨 ⿰日乚水流濁也 犢牛子也老牛牴丨 匵匱也 牘案丨簡丨 櫝盒也買丨置珠

頗上平● ⿰扌風房風曰丨 ⿰普工虛丨脹也又虛脹也 胮腹脹也又脹大也

上上● 抔兩手合而取物曰丨又引取也以手掬飲 排仝上 ⿰咅見目視也視物也

上去● ⿰月敀忽然而升大者曰丨脹也 胖半體肉也 炐火光貌又火之聲

上入● 卜丨以決疑丨筮丨言 鏷生鉄也又矢名 朴實厚也 膊肩也又礫也 樸純丨質丨丨實 髆肩甲也 璞未治之玉曰丨玉

● 仆伏地也偃也儘也 撲擊也盡也 拍搏也拊打也 ⿰石卜石丨也又丨硝药名 濮水聲也州名

下平● 蓬丨蒿草也 摓手搖也 篷仝上又織竹曰丨 ⿰馬龍龍馬也飛丨 縫丨衣彌也 熢煙鬱也 鵬鵬丨大鳥也又裎丨

● 芃草盛也藥草也 ⿱夆手鼓聲也 鬔丨鬆髮亂也 樥草木盛也 ⿰風乚風聲也

下上● 埄土聞也又塵起之貌 ⿰火奉煙塵雜起也

下去 ● 朒 引見人也

下入 ● 皰 身有生丨又目怒也

他上平 ● 通 無所阻止曰丨又明白曰丨又開丨丨達 蓪 草名也又藥名丨草 筩 竹名也 㛚 女美也女字也 ⿰巾通 㡆帽夷服也 㡆 仝上

上上 ● 統 總領一事曰丨丨宜丨領 寵 榮幸曰丨光丨得丨有丨丨辱 冢 墓封曰丨古丨青丨 塚 仝上埔丨義丨 ⿹勹豖 獸穴也又仝上 埫 仝上

上去 ● 痛 苦不能忍曰丨 痌 仝上

上入 ● ⿰亻畜 佩丨不伸也 坼 裂也仲冬地始丨分開也 伐 憂也 ⿰木畜 積丨也 嘼 與畜仝畜獸也 ⿱竹畜 筍苞也解丨 滀 丨聚也

● 蘀 草木皮解曰丨也 侐 淨洗寂也 槖 木落葉也 拓 仝擇手承物也摧也

下平 ● 童 蒙丨小子也丨子也 鮦 魚名 ⿰羊童 小羊未有角者曰丨 僮 家丨書丨琴丨僕也 彤 赤丹色也 恫 痛也呻吟也 侗 倥丨無知之人也

● 艟 小船曰艨丨 峒 崆丨山名 偅 遺失貌又不遇也 犝 小牛無角也 㠉 山名 桐 梧丨又大種 幢 幨旗屬也 衕 龍丨直行貌

● 潼 丨關地名又水名 瞳 目子子丨也 燑 熱氣也 罿 捕鳥網也 絧 布名又相通貌 憧 意不定 曈 目子丨子也

下平● 衕街丨街道巷也 郈地名 筩斷竹為丨 氃毛散貌 橦木名

下上● 錫制五金之器又工人治木器亦作鋸

下去○

下入● 膭豐美也又古作膭謂胎敗潰也

貞上平● 宗丨廟丨祠同姓曰同丨 摐撞也擊鐘杖也 㚇不見曰無丨 蹤丨迹尋丨又蹤同 懵同蒙無知也 㝝仝上 琮瑞玉也祀地者又姓

● 吽梵呪也 終丨止盡也歸丨宗也 賨南蠻賦也 倧上古神人曰丨 悰樂也 螽丨蟖虫類也 淙丨丨水聲也 豵一歲之豕也

● 漎小水入大水也 鏦矛屬也 碂石名 傯困貌 螽虫名

上上● 總統而聚之曰丨丨兵 愡悾丨事多也 摠仝總將領也又合也 傯困貌 熜火燒起貌 総仝總 揔仝上 蹱走也追也 綜縷丨也

上去● 縱丨横又疑詞也又縛也 從疾也 傯倥丨言事之多也 偬仝上

上入● 足下肢之總名又充丨 祝告神曰丨禱丨 哫以言求媚也 竺天丨西天國也 鬻粥也 囑丨咐以言吩咐曰丨 喌呼鷄聲也

下平● 嵏九丨山名 鼨鼠豹紋也 䨚久陰小雨也 稯禾束也

下上● 从丨兄弟也兩人相踵也

下去● 奘勇壯也又大盛也

下入● 族九丨三丨又同派曰一丨 嗾使犬聲丨丨也 鏃箭頭曰丨利也 簇丨丨言物之湊生也 瘯疾痛也疥癬也 𢸥手伸物也又斂物也

● 鷟鳥名 𤃫水聲

上平● 毦獸毛可作衣也 䬬小飲也

上上● 冗事多也繁丨也雜也 𨑹心雜也走也

上去● 氄獸毛可作衣也

上入● 玌玉未成器也

下平● 戎丨狄羌丨丨衣丨服 䩸仝佴 絨布之有毛者曰丨 茸鹿初發之角曰丨 佴衆也 㑨人身有三角也 茙獸毛可作布曰丨姓也

下平●狘全上　毴全上又毛細　狪獸名

下上●⿰壴堇小鼓也　宂散也雜也

下去〇

下入●辱受侮於人曰｜取｜　蓐茵｜也又｜收　褥｜被也　傉農之聲也　耨耕之鋤也　⿱辰心憂也慮也　⿱辱心全上辱字

時上平●嵩山高也峻也　鬆蓬｜不實也

上上●聳瞞｜出｜又｜拔也　悚驚懼曰｜　竦敬也　憟｜懼驚也　⿰車從車行猛俗曰直｜　搡｜擇也　⿱⺮總竹名　嵸高峻曰｜　慫｜慂勸也

上去●宋姓也又國號大｜｜朝

上入●束｜製｜修　宋全上　漱｜口以水入口　速迅｜即｜　⿰亻夙不伸也　謖起也　觫懼死也　⿰亻束獨｜也　蓿苜｜牛草也

●餗鼎食也　俶善也　蔌菜名　婌｜人又女官　菽豆也　⿰扌索摸｜也　淑婦人善曰｜　踧退｜　鷫｜鸘神鳥也

●夙早曰｜｜夜　肅恭也　⿰歹夙全夙　⿰亻西全上　潚深清也　寂｜寞也　簌｜｜茂密也

下平●松丨柏蒼丨古丨 淞丨江水名 凇隴石之名也 菘菜名 崧山高也 蚣蜈丨多足也 蜙虫以腹鳴也 柗仝松 枀仝松

下上●訟詞丨告丨爭丨 頌丨功丨德稱述曰丨 誦歌丨丨書丨詩 ⿰口公仝上

下去〇

下入●塾字学曰丨 俗風丨世丨丨土丨潮州丨 俗世丨風丨 塾家学曰丨 訅誰也何也 属轄下之地曰丨地名連丨 續斷而接之曰丨

●贖以物質人取回曰丨 屬如九邑潮丨也 孰誰也何也 矚重視也

英上平●翁老者稱曰丨漁丨笠丨 妐稱夫之父曰丨阿丨 螉虫名

上上●盎雨變色也又瓦器 坱塵埃也 塕仝上 暡丨曚也 滃水聲也 勜力盡也 ⿱穴翁室中暗也

上去●⿱公風人名又寬潤也

上入●屋宮室之總名丨宇也 ⿰禾屋屋悅也又禾芒也 握捲手曰丨把丨 ⿰屋阝仝偓又地名 偓仝上又丨促 沃以水灌溉也 渥水厚漬也

●幄帷幕也 飫饜丨食多也飽也 齷丨齪緊迫也 鋈白金也

下平● 蓊草名又草叢出也

下上● 唪口頭俗語也 颹風聲也

下去○

下入● 喔鷄聲｜｜叫

文上平● 瞢目不明也 摸手伸也 蠠虫名

上上● 某諱人之名曰｜｜人｜姓｜事 鉧不實也又熨斗也

上去● 貿以物易物曰｜易即買賣也 劺勇力也 鄮邑名又收斂也 懵惛｜無知也 曚物上白醭也

上入● 獏食猪菜也

下平● 蒙｜童童子 鸏水鳥 濛鴻｜小雨也 牟大脊牛鳴也 朦｜朧不明也 侔等也均也 矇目不明也 眸目中童子也

● 懞惛｜無知也 胮脊也 𢷾收斂也 𧭞言不明也 幪覆也巾也 艨｜艟小船也 饛食器滿也 麰｜麥大麥也

下平●謀知|遠也智| 嘍仝謀

下上●茂|盛又|林也 懋仝上又美盛也 楙木|盛也 雺天氣下降曰|

下去●懜分也不明也

下入●睦和|親|順也信也 穆仝穆 莫勿也不也無也 楘木名又車曆文也 寞寂|靜也又嗼同 苜|蓿草名也 牧|羊|牛|伯|畜

●穆昭|和也 沐|浴櫛| 鏌|鋣劍也 瞐目光也

語上平●鉚欽聲又美金也

上上●馻馬頭高也 駠仝上

上去●贛愚也

上入○

下平●茆草名

下上● 覂蓋也又反復也

下去● 戇不愚慧也也戇也 㦜仝上 顒仰大也頭也 喁愚言也 岇山陋也 𢡟愚人不慧也 䶵巨卵也 仰望也

下入● 傛四事無知也

出上平● 充實｜足｜｜滿也 驄馬青白色曰｜ 匆｜｜忙碌也 冲水深又｜惧 翀正飛也 衝路之四達者曰｜ 璁似玉也

● 聰思｜｜明｜惠 騣馬冠也 忡怔｜慔也 𢋄屋階中會也 衷內衣拆｜｜情 㚇飛馬斂足也 㤝心動也

● 葼木梢又小木 憧意不足也 璁玉佩也 珫珥玉也 鬆髮亂也

上上● 愴正音慘｜也

上去● 㧱速也

上入● 莘叢生草也 蹵興蹴仝 顣｜頻相告也 彳少步右步也 踿急迫也 䐢肥也 促催｜近也急也 蹙太急也

● 顣｜額也 捉擒物在手曰｜ 躅躑｜足擊地也 觸相｜也 䠞足不行也 矗高起也 蹴躡也 擉捕魚｜｜也

上入● 歜怒也盛氣 鐲丨環也手手釧 堇蹄名羊菜 ⿰忄蜀心不安也 齪齷丨急迫也

下平● 從婦人有三丨父丨夫丨子丨 従仝上丨命丨師丨軍 傱往來不少定也 瑽丨璐佩玉行也 崇高大也 嵸山峯也 漴水名

● 潨水大也 蓯丨蓉藥名 瞛電光也

下上● 騳相蹂曰相丨如兩行之相丨也

下去● 仉急迫也速也

下入〇

喜上平● 豐充盛曰丨又卦名又五谷丨登 酆丨郡丨鎬地名 犎野也又牛名 豊仝上又丨年丨儉 鋒芒刍曰先丨劍丨 ⿰氵封瀑泥也

● 封分諸侯以土曰丨又丨邑 烽丨火又馳逐也 篈竹名 丰彩也滿也又丨安 ⿰女夆容好也 峰仝峯 仹仙人名也 ⿰衤共大壑也

● ⿰金封丨劍也 峯山丨丨高 葑蔓青也 ⿺辶⿱夂火丨火又馳逐 偑地名也 靊丨隆雷飾也 蘴無青苗也 妦丨容貌好也

● 灃水名也 ⿱山封魚化龍處又山

上上●俸丨祿官之食用也 ⿰言奉言語也 蜯介屬老丨生珠也 淎水名 汞丹化為水銀煉丨 玤丨珠也 唪丨丨大笑也

●⿸厂丰瓜核也 菶多實也 鞛佩削下飾也 ⿰奉頁衆笑貌 琫玉丨也又刀飾也

上去●諷托言感人也丨詠丨諫 閧仰興魯丨門也 ⿰目冒習也 ⿰言凬諷仝

上入●福祐也祥也禧也 輻丨輳也又輪丨輳也 蝠虫名 輹車伏兔也

下平●宏廣大也 訌內丨內亂也又敗也 逢相丨遇也遭也 泓水聲也 洪丨荒大也又丨水 ⿰風共大風也 弘弓聲又容大也

●⿰風風大風也 烘以火焙物也 閧巷門也 洚水漫行之狀也 鴻鳥也丨鵠大也 耾耳語也 閎巷門也

下上●奉丨命丨祀 鳳丨凰鳥之王也 賵以車馬助喪家曰丨 鳯鳳仝

下去●轟雷聲也 輷車聲也 哄衆笑也 汞水良也 ⿵几乏風聲也

下入●複重衣裙也 袱衣之色皮曰丨 斛斗丨也 或不定之詞 覄覆仝 蔛丨石 域鐘丨丨異 魊 蜮內氣射人含沙射人曰鬼丨

●緎 棫木名其實可啖 覆反丨戴丨壓丨 惑不能了然 閾門限曰丨 復答丨回丨重也再也 茯丨苓藥名 服衣丨又心丨

下入●⿰土伏土壅曰丨　伏俯丨降丨僭丨　⿰氵复水名

8乖部

柳上平●庳獸名

上上●⿰月敝肥之貌　⿰扌咎揭衣也

上去●奴妵女未嫁相嫚曰丨

上入○

下平●燹火也又窺睡也

下上○

下去○

下入○

邊上平●⿰矢卑規正也又短小也　⿰魚日魚名又河豚別名

上上●佊邪也

上去●嶭山形也

上入○

下平●譒數官也

下上●⿰矢犮丨結短人也　糳赤米也

下去○

下入○

求上平●乖房也背也睽也不和也　娷丨巧也　⿰魚規魚名

●⿰虫乖虫名　⿴囗乖仝乖又圑也　⿱宀圭丨樓也

上上●拐以詐騙人曰丨丨逃又足跛又老人執丨丨杖也　枴　𣡕林不雜曰丨

上去●怪罕見之事曰｜少聞也蒯地名又姓也侩會合也膾肉細地也｜炙｜魚恠罕見也荟草名繪｜嚧｜圖	●噲言｜詐也儈會舍市人者曰才｜哙仝上會｜稽地名又｜計正音脍肉細也檜大樹可作棺作舟者曰｜薈草名	●獪狡｜也陰不善也巜水流也狯獸名鱠俗謂魚生也浍水名	上入○	下平●趹足痛也步疾也	下上●憦心有所思也又疲也糳赤米也	下去○	下入○	去上平●呵口旁也勀有力也	上上●㾮瘖中冷｜

上去●快 心樂曰丨丨樂也有興也丨活也 筷 丨子牙丨竹丨即飯具箸也
上入○
下平○
下上●恜 惕也
下去○
下入○
地上平●⿰矢牙 吉丨也
上上○
上去●㓨 斷也
上入○

下平●⿰石過 聚石也 磓 仝上 ⿰石𠂤 仝上
下上●⿵風艮 風聲也
下去○
下入○
頻上平●⿰王全 美玉也
上上●⿰⻊分 蹶丨也
上去●硜 籐屬蜀人績為布也
上入○
下平●鮃 魚名
下上○

下去〇
下入〇
他 上平● 弴 畫弓也
上上● 𧾍 走也
上去● 𨜺 亭名在吳丘也
上入〇
下平● 𦁀 踏机下足系之物
下上〇
下去〇
下入〇

貞 上平● 擺 丨倒損也 㼌 丨邦又不正也
上上〇
上去● 傯 困貌
上入〇
下平● 鋝 丨精金也
下上● 嚽 丨菽飯水也
下去〇
下入〇
入 上平● 剸 割也又擅也
上上● 餧 餵也飼也又通餒也

上去〇
上入〇
下平〇
下上〇
下去〇
下入〇
時 上平● 衰 不正貌 ⿸疒衰 滅也耗也
上上● 卡 盲穴也 鎪 刻雕鉄也
上去● 糼 苗米也
上入〇

下平〇
下上〇
下去● 桹 失足也
下入〇
英 上平● 挖 丨物也 喎 心不甘曰丨
上上● 跦 足跌曰丨 挪 仝挖
上去● ⿰黑會 鳥暗也失足也 ⿰鼻會 端息也
上入● 孬 不好也
下平● ⿰田瓜 丨留地名在絳州
下上● 跦 失足也

下去〇

下入〇

文上平〇

上上●侮 慢易也

上去〇

上入〇

下平●錍 丨謂之銛曰斧為也

下上〇

下去〇

下入〇

語上平●⿸疒危 人名 ⿰糹危 仝上

上上●佹 丨出也

上去〇

上入〇

下平●⿰豸回 金丨也

下上●瞶 目疾也 隤 阻隔也又丨墜也 昒 目明達視也

下去●⿰禾頁 痴不聰明也

下入〇

出上平●媸 醜也淫也侮也

上上●⿸疒耑 下部病也

上去●擸榔杯也	下平●懷胸丨丨恩心丨怌仝上心有所思曰丨柸仝槐
上入○	●槐丨樹丨花王氏有三丨淮江丨河漢水道也
下平●膗山高也⿰黑土土泥也⿰夗土上仝睡好睡也	下上●壞物之破敗者曰丨物事丨者櫂木枵曰丨⿰黑土古文壞字
下上●懥心有所思也憓仝上	下去○
下去○	下入○
下入○	
喜上平●⿰亻匯不正也⿰立爾仝上	
上上●餂害自用之意也	
上去●⿰食彗小聲也⿱衞木木名皮可牽船也	
上入○	卷一終

潮語十五音卷二

經光孤驕

鷄恭歌皆

9 經部

柳上平●鈴銅丨馬尾丨又丨印圖章也又含丨 窗安也 嬭乳也 湩乳汁也又水濁也 鑨仝鈴又器也

上上●隴大版之地也又丨畝埔丨 壟丘丨冢也墓又丨斷獨登也 壠仝上又田高地也

上去●殑困病也 柃木也

上入●朸木名又木理也

下平●靈陰之精氣也人為萬物之丨 灵仝上丨巧心丨 凌丨辱欺丨 蔆丨角俗謂蓮角 陵岡丨丘丨也 夌仝凌 蠕虫名 魿魚名

●淩仝上又丨宵 蛉螟丨桑中小青虫也 裬馬腹之帶也 刢丨也 泠丨宵也 ⿱灵品仝灵 寗康丨又丨靜 囹丨圄周獄也

●伶丨俐巧惠也 零丨落雨餘也 瓴陶器也 聆丨聽 稜和丨也 龍鱗之長曰潛丨飛丨 淩仝凌 羚丨羊角也

●笭丨箸魚具也 嚨叮丨也 菱草名 綾丨綢也 能勝任曰丨才丨丨幹 倰丨蹬行貌 鴒鶺丨鳥能親愛也 崚丨增山之貌

●⿰齒年年丨 ⿰面刂仝上 ⿰月靈陰丨也 櫺■丨 翎羽毛也又雕丨花丨 姈女人巧惠也 㗊眾聲也 薐草名 嚀叮丨也 ⿱罒亭仝上

下平●寧所願也安丨靜丨 寧仝上又致遠也 齡髫丨年丨遐丨 獰丨猙形惡也 ⿰骨夌尾骨丨 ⿱罒坐窓丨 ⿰木⿱罒亏木名 櫺木名

●玲丨瓏聲之清也又玉也 舲船上有曰丨窓 ■鯪魚名 醽丨落也 濘丨辱

下上●令法丨律丨使丨旗丨王丨命丨 苓葯名茯丨 佞巧捷也又才也奸丨也 另分居也開也

下去●鴒丨鳥也 ⿰零刂割也

下入●陸高之地丨水丨曰 躒動也卓也 忸丨怩顏厚也 勒馬之銜鐵曰丨丨馬 ⿰足歷足所經踐也 衄鼻血出也 菉丨豆有粉丨丨明

●溺小便曰丨又人死水中 衂及傷也 綠深青之色曰丨 匿逃也藏也 瀝餘滴也又去水也 竻竹根也 暱狎也親也

●玏石決玉也 櫟樗丨無用之散材 礰磷丨激之而如响曰辟丨 扐筮者著蓍指间也 肋脅骨也 嫋溺丨也 癧瘰丨也

●泐石解散也 恧愧慚也 肉人血丨也

邊上平●氷如履薄丨 冰仝上 冫仝上 浜仝上 仌二人相合曰丨 ⿰咅合丨醋醅也 ⿸疒冰疾也 ⿰石崩山上石裂也

上上●秉以物握物曰丨丨篙 炳明歹也又烺丨丨然 偋陰也斥也隱僻也 昺日光也又明也 迸走也 昞同昺 苪草名

上去●恲心想也⿱穴朋穴土也又束棺下土也

上入●廹緊|追|強|急|栢松|翠|黄|伯正音曰|封爵公侯|子男也偪仝追又逼迫也逼為勢所|也拍|掌|案即手打案也

●⿰米畐以米焙肉也舶木船也⿰火白光火貌煏仝上又乾物也大

下平●幷合也軿|車女車也騈双也對偶之文曰|文

下上●並兩也比也|立|肩竝仝上人|驪相||併正音曰|吞兼|如秦之|六國傡俱也列也并仝並

下去○

下入●鮊魚名

求上平●弓重弓百斤又|弦|影鶊鶬|仲春則鳴經|緯|綸|史|營|濟賡|颺|歌又庚也宮垣內之室曰||殿供|給|應|養|奉

●更|新|易涇雍州之川曰||渭也荊|州|門負|拙|矜矛拓也自|哀||憐

上上●竟盡也究||有璟|玉也又光也境界也地也⿱目火火也景|物|屋勝|日光所照也炅烟氣也警|察|戒|報|惧

上上● 儆戒也 獍獸而食父者曰| 暻仝景又日光也 憬思|也

上去● 敬恭至於中曰|又謙|奉| 更再也重也又也正音

上入● 激水性就下|之則能上走也 翮大鳥之羽也六|也 菊花名秋||黃|賞| 檄羽|移|以召兵也 鞠仝上陶潛愛| 跼仝偏又不申也

● 棘荊|荒穢也 亟速也 僰仝上|人屏之遠方 撠持|也 儆行也 殛誅也 戟戰具也戈之双勾曰| 磤刻也少恩也

● 侷|促言其甚緊也迫也 革皮|又|除|薄

下平● 貧困乏也衣食不週曰|

下上● 竟盡也 競爭也鬪也好勝也

下去○

下入● 局公|總|設|開|賭| 極盡也無以加之也曰|無|太|以及南北也 輂水車之尾雷也

去上平● 卿三公九|又君称妃曰愛|也稱臣亦曰| 筐竹器也|籠盛物也 詰爭言也 兢|戒慎也又戰|| 框木柄也又棺門也 銎斧頭也

上平 ● 傾 側也伏也空也歌也瀉也 兢 篆文兢字

上上 ● 肯 心所顧曰｜又｜構｜堂 肻 仝上 𦚢 仝上 肎 不顧也又骨邊之肉也 冐 仝上水也

上去 ● 慶 相慶｜賀｜喜 蘐 草名 𢙉 仝慶古字也 鏧 金薄也 磘 仝磬

上入 ● 刻 苛求曰｜又簿也雕也又｜剝也 曲 不直也屈｜｜尺又調詞歌｜也 擊 以物｜物曰｜｜磬｜鼓｜節 匤 玉器也又匣也 鶁 鳥｜也

下平 ● 硜 猶碌碌也 𥥈 空也 罄 空也盡也樂器也 黥 黑刑在回也 磬 仝上 扃 門關木也 檠 正弓弩之器也架也

● 駉 俊馬也 脛 腳｜也藤下骨也又直物莖也 迴 寥遠也光也 娙 長好也 桱 枰床也 詗 伺候也 坰 林外之地也

● 鯨 海中大魚也李白騎｜ 泂 遠也 莖 草木幹也 勍 魚知也又強也｜敵之人也 併 送行也 𡔶 古文磬也 擎 以手舉物也

下上 ● 虹 原音洪俗呼曰｜用真義也 騡 下馬之頸也 桓 木名 栅 仝上

下去 ● 竟 阻也彊語也 競 仝上

下入 ● 噱 戏｜又嘔｜笑不止也

地上平● 丁 十天干名丙丁属人又丁人 仃 伶丨孤苦也丨 登 丨山丨高丨楼数 灯 丨火丨燭 燈 仝燈又丨籠丨燭丨火

● 罜 零丨小網也 玎 玲玉聲也 酊 酩丨大醉也丨 釘 鐵丨銅丨 簦 笠而有柄曰丨檐丨也 僜 陵丨醉行也丨

● 衜 召人曰丨又丨驗丨聰丨收 疔 外科症丨瘡也 叮 丨嚀咐也 吩

上上● 顶 物之上者曰丨丨巔丨上超丨 等 同類曰丨爾丨某丨 䓁 仝上 嵿 山顶也山名也 鐤 秤艮也又丨如丨物 頂 仝顶

● 町 田畔也 虰 虫名

上去● 椗 船頭有柴丨也 中 高丨逢丨三元也 凳 春丨几椅也 磴 石丨也小板也 鐙 船中鉄丨馬踏丨 嶝 山石高於山曰丨又小坂也

上入● 德 道丨功丨仁丨行丨 竹 中空外直有節綠丨丨林也 嫡 子之正者曰丨丨娘也 釞 鐵器也 的 確指真實也丨是丨確 悳 仝德

● 𥫗 仝竹又厚也又天竺國也 竺 仝上又姓也 樀 木丨又檐也 蹢 足佳也

下平● 亭 樹雨丨十里丨長丨又涼丨 葶 草名丨藶 重 複也也丨又再 渟 水止曰丨 諄 言柔也又調停也 婷 女名羌丨丨煬帝之官妃也

下上● 鄧 姓也又地名 蹬 蹭丨失勢也 錠 正音女名又今之金銀曰丨 掟 大丨見道書也

下去〇

下入●鹿麋丨北丨指丨丨角丨茸 敵相對之軍曰丨丨對丨抵丨破丨 特無端曰丨如丨立丨達丨 軸丨車卷丨轉丨机丨 值遇也當也逢也 滌洗也丨衣蕩丨

●覿私見也 翟雉羽也又姓也 蟄驚丨節名也 舳丨艫千里極言舟之多也 笛樂管七孔橫丨牧丨 荻丨花蘆丨 藋仝荻

●苗羊蹄草也 篴仝上直曰丨橫曰簫 迪進也安也 狄北方有丨人戎丨也 轆車軌道也 逖遺也 螣害苗之蟲也

頗上平●烹丨茶丨煉丨煮 醇丨酒也人厚也又厚酒也 錞丨银丨金镀也 ⿰酉平仝醇

上上●皏淺泊也又白也 ⿰亻兵詐偽也 ⿱髟走行貌又蹋也

上去●聘禮丨賢劉備三丨丨孔明於廬中 騁馳也馬直走也 ⿰言甹丨言也 ⿱聑騳古文聘字

上入●珀虎丨墨丨 躃跛丨足不能行也 碧深青之色也丨土也 癖食不消之病也小兒多有 僰使之傷寄於息狄也 闢塞也 魄人之軀殼曰三魂七丨也

●擗拊心也又丨踊哭泣也 辟能出入法曰丨百丨丨公 擘巨丨出入君者也按丨大指也 闢開也丨王丨佛又避也 匐匍丨伏地也又急趨也

●劈盤而開之曰丨 霹丨雳雷声大也

下平● 平地無凹凸曰丨太丨公丨 硼矶頻砂也丨 伻使今也急也 娉丨婷人名美貌也 朋仝類也友丨親丨 凭依也倚也

● 凴丨據又倚也 枰棋丨也 評公論也定也又月旦丨 澎丨湃水涌也 倗輔助也 帲丨幪屋蔽也 憑仝凴又丨丨車以此為丨

● 淜風擊物之聲也 俜伶丨俠丨 砰丨砂也 珊丨玉也

下上● 椪暹人市中責物之架子曰丨也

下去○

下入● 鼊虫名又龜屬又如玳瑁也 甓焙也

他上平● 窗屋穴曰丨丨門也 牕仝上 窻仝上又芸丨書室也 桯牀前几也 窵鳥窠也又丨窅深也 汘水洩聲也

上上● 挺持出曰丨丨身丨胸 梃勁直也又杖也 艇船也小小即花丨也 町區畔田埒 逞矜也自呈也人盡也 郢楚之都也 侱仝上又程也

● 𨈏身直也又長也 侹長馳健直也代也數也 䑲船轻也又小艇也 潁水名 珽玉丨也又笏也 頴仝上 穎仝上又木束也 頲狹頭貌

上去● 聽正音以耳受之曰丨打丨 聴仝上 裎衣丨也偎也佩帶也 濎水沸也

上入● 忒差丨也又更也急也　陟登也進也升也丨彼　禿頭上無發曰丨　隲陰丨也　勅使令也丨又丨令　忑忐丨也處也　慝藏也隱惡也

● 飭整丨謹也　惕慎丨驚惧也　惄飢之意也　⿰亻忒貪丨也　彳小步也　剔解也割也治也　⿸疒尧頭無髮曰丨

下平●● 廷朝丨內丨丨尉　縢繩也約也　侹仝上　蜓蜻丨虫名四翅六足　庭丨階家丨　塍田疃也　呈平也示也　騰飛丨雲丨蛟丨

● 憕心平也　騁馬住之所也　澄河海澄清　諪正音曰丨調丨相同也　澂水靜而清曰丨　螣丨蛇似龍飛天也　霆雷丨聲也

● 懲創戒也　滕丨園丨王闍　醒酒未醒也　謄抄寫曰丨錄　騰馬躍也

下上● 停止足息足曰丨丨車也相丨也

下去● 磴石行也

下入● ⿰山昔山高而曲不堪行曰丨又山名　⿱山乍山名　岝仝上　嶒山名如登高山俗側丨

貞上平● 貞志操於王曰丨丨守丨節　踳蹋也　蒸仝烝冬祭也　偵伺候也又丨探　箏樂器也鼓丨風丨　楨木名　曾三代高丨祖又丨祖

● 睛眼中童子也　晴日光也　僧和尚曰丨又丨尼　精丨粗丨細丨干靈丨　增丨減丨刪　烝以氣吹物也丨梨　鐘丨鼓樂器也

上平● 瘵骨之勞熱也 鍾丨情丨愛也 睜不悅視也 埩埋也治也 禎休祥也 征丨討丨戰出丨長丨 錚鐵聲也

● 舂丨米傭丨 罾魚網也 姃女人端莊也 菁黃丨草名

上上● 種丨類人丨物丨萬丨丨族 腫肥丨肉丨也 瘇仝上 煄火盛貌大燒起也 炾皮膚急之貌 晸日出也

上去● 衆三人以上曰丨人丨事丨公丨 証認丨有丨定丨丨據干丨 政丨府丨事布丨仁丨德丨 訂丨以為約丨期丨約 證言以徵信曰丨見丨明丨

● 帀仝衆 症病丨也 塞眼明也 㐺三人以上曰丨

上入● 則立法曰丨本丨丨例 ⿰木則丨栢也 叔父之弟曰丨 村拾也 積堆丨蓄丨久丨 ⿸疒青久丨也 燭灯丨紅丨蚋丨 窄狹也

● 稷即高粱也又后丨播谷 㑴小也 㑴仝上 畟治稼嚴利也 聻鬼死也

下平● 憎惡之曰丨言如人醜陋而心必 尝丨聞丨思起舉之詞也 嘗仝上 曾未丨已丨經丨何丨

下上● 淨無雜曰丨干丨潔丨也 竫安定曰丨平丨也 婧貞丨女也 諍救正也止失也 靖安定曰丨平丨又共謀也又治 ⿰立身身端也

下去〇

下入●澤川｜江河之類也又恩｜膏｜ 一數之始也 壹仝上又壹仝 弌仝上 壹仝上	入上平●酳酒也 眘目視也	上上●阱井水也 𤸽虫名	上去●訒厚也就也又聲也	上入●趧赴走也	下平●仍再也又也因循也 另仝上又如｜看某事又另居也 陾｜｜築墻聲也 陾仝上 迈走也往也及也 訒言語也又厚也就也	●礽衣服也衣外也 𡊸仝仍有土｜也 扔手伸也因也引也也	下上●孕有胎曰｜｜育 媵從嫁曰｜ 𦝺仝孕	下去○	下入●汐水聲也海潮夕曰汐

時上平● 升 斗丨十合曰丨十丨曰斗 泩 烹物用法曰丨水深也 陞 登也陟也高也 甠 相合曰丨眾生竝立也 生 正音曰丨書丨門丨學丨

● ⿰身生 身之本也 笙 十三簧為丨吹丨吹簧丨也 麠 似鹿 旌 丨旗行丨 昇 日上也又丨早也 鯹 魚臭也 甥 女之子曰外丨

● ⿰方生 仝旌 ⿰扌生 手持托曰丨

上上● ⿰阝省 長息貌 ⿰亻省 仝上長直之貌 ⿸疒省 疾也疲也

上去● 勝 丨負丨敗丨會丨灰丨友 ⿰亻⿱龹女 賸仝 聖 俗以神前求福用筮有陰陽曰丨 ⿰舟券 船行速曰丨 亘 古字

上入● 適 回此往後曰丨安丨便丨 夕 日初昏曰丨朝丨丨陽 笮 陜也 識 見丨有知丨察丨 汐 朝丨海潮夕起曰丨 棟 丨機兩具也

● 式 可作模範法度者曰丨良丨 瑟 琴丨樂器也 舄 履也鳳丨秀丨 色 五丨物丨出色 析 破木也 螫 毒蟲也 晳 明也

● 蟋 丨蟀也 穡 稼丨又飲穀曰丨 息 利丨休丨又止也 軾 車前也又人名蓟丨 踖 踧丨恭敬也 悉 無餘曰丨丨歎丨如

● 懎 性急也 嗇 吝也貪也 媳 子之妻曰丨婦 飾 妝丨首丨又修丨 穸 窀丨墓穴也 熄 丨火丨灯 釋 分解理義曰丨又丨加佛

● 郝 姓也又耕也 僁 丨丨小聲也 嫡 女子嫁曰丨

下平●成（|就|敗|家|功）誠（|歌|實|心|愨）丞（|相縣|又助也）承（|受|命|接|恩）郕（|國又邑名）塍（田疃也又|除也）

●拯（救也助也援也）宬（屋所客受也）乘（算法有多小用|除也）

下上●盛（凡合時之物曰時|茂|）䡕（副車也）晟（日光充|也又熾|）乘（駕也如車馬之萬|千|正音）

下去○

下入●𩐅（|地則|生菓?|事能巧則物爛則）熟（仝上）

英上平●英（|國|雄|俊）嚶（||鳥鳴也）煐（光明也）鶯（黃|鳥而善鳴）瑛（玉光也）煐（仝上）嬰（乳子曰||兒）癭（|瘤也）

●蔦（仝鶯）鸚（|鵡鳥而能言也）罌（缶器即甕也）鸎（仝鸚）櫻（|桃果菓名也）譍（語言對答也）纓（冠|冠上之系也）

●渶（水名）孆（|孩赤子也）瓔（|石似玉也有光也）膺（胸之別名服|也）媖（女人美稱也）鷹（鷙|捕小鳥而食也）翁（姓也）

上上●湧（水遇風則起|浪|波|濤也）

上去●應（報當其施曰||對|答|承）[艹應]（草名）[疒殸]（疾病也）

上入●搤持也按握也捉也

下平●螢丨光入夜腹有光出也正音螢仝上瀠兩丨微微也又水回旋也濴仝上罃俻大頸長瓶也

下上●燈水汀丨也⿰革羆水湧也

下去●用費丨使丨丨物丨事

下入●帟小幕也易移丨貿丨交丨換丨弈圍棋也又曰又丨星億十萬為丨人安也溢水滿則丨圛回行也浴洗丨丨盆也

●嗌咽也不通也斁解也厭也明也終也弋以繩繫矢而丨之臆胸丨丨說也繹絡丨不絕長也終也液口中有精丨大丨也翊飛也又敬也

●懌悅也掖扶丨挾丨也譯通丨回覆之言也黓仝弋翼羽丨又丨曰又星名腋臂下曰丨集丨成裘億十萬為丨翌仝上

●墿軌道也⿰歹日按也

文上平●⿰米名清米也

上上●皿器具也蜢虫名艋小舟曰舴丨

上去○

上入●蛨虫名蛇丨虫也

下平●明文丨光丨月丨心丨丨白分丨 螟丨蛉小青虫也蜂腰夾者丨蛉為子 鳴物不平則丨鳥能丨鷄丨丨虫丨 蓂堯階丨莢瑞草也 盟丨誓山丨拜丨 溟丨丨小兩也

●銘心丨丨刻称揚功德曰丨 明仝明 盲目丨失丨也心不丨也又眼不見物也 甍屋棟也 冥杳丨幽丨也 瞑目合也

●萌草初生也丨芽 姳好也 暝晦丨又久也晦也 茗香茶也

下上●命正音以尊令卑曰丨 ⿱亼內仝上承丨應丨 孟丨孟孔子大儒也 ⿰氵盟水聲也 盘舟丨也

下去●瞢目不明也

下入●默不言曰丨暗也丨然也 覓尋丨又索也求也 嘿仝默又緘丨也 陌田連阡丨東西曰丨 驀越也忽也 貊蠻丨爽人也

●佫待人也至也 ⿱罒旦日無光也

語上平●𤻷白色也

上上●⿰矢夭短小也
上去●遉走也又侯
上入●隟裂也
下平●迎｜神｜樓｜送親｜　凝結也如霜｜氣｜烟｜也　嶷山佳也　⿺辶西仝迎
下上●⿰⿱乂禾戈伐木也
下去〇
下入●逆不順曰｜返｜也　⿺逆鳥｜鳥也　玉石也美者曰玉美｜寶｜　獄囚禁罪人之處曰｜牢｜也　鈺堅金也
出上平●稱事勝其任曰｜又等也又｜謂專｜　清水｜心｜又大｜皇｜也　称同稱　偁仝上　圊｜圖也
上上〇
上去●銃鳥｜番仔｜六响｜又大｜　铳仝上

上入● 測丨星丨繪丨海亘丨 坼仲冬地丨裂也 惻丨隱之心也 慼仝戚 側傍丨不正也 折門也解散也 節物斷之聲也

● 揤打也 崱屴丨大山也 粟米丨又谷同 戚親丨憂丨

下平● 情丨面丨意丨理个丨親 橙菓名用其皮不用其肉也 兓丨丨向銳意也

下上● 靚滿也凸也

下去● 穿原音川俗謂丨衣丨衫也

下入● 嗽俗謂咳丨仝嗽 趩走也行之聲也 搣查也捉也

喜上平● 興旺也起也夙丨夜寐丨衰 㒷仝上 亨丨通元丨利貞 胸丨懷丨背心丨也 胷仝上又膺也

上上● 悍恨也 緈直也

上去● 興喜丨發丨起丨合心曰丨 臖倉腫也 [亻亘]丨待也 [忄㒷]心丨也 嬹悅也

上入● 黑烏色曰丨死色也人丨白分明 核審其真偽曰丨 赫聲勢大張曰丨炫丨又丨然 劾彈丨直言也 [忄黑]惛丨也 嚇怒也又以口拒人也

上入●豁仝赫 覈使實又驗也

下平●形|影|象|物|山|人| 珩|玉也佩玉也 刑|法|罰|具相|行| 亙古大恒字 恒久也常也月||情 王姓也 ⿱刑皿鑄器也

●恆仝恒 荇按余也根也生放水底 侀|者或也 型模也鐵式以土為|

下上●幸非分而得曰||有僥| 倖僥|仝上 杏果名又花名紅|白| 行德|品| 悻很怨也 㚔仝幸 ⿱大开仝上

下去〇

下入●覡男巫曰|能見伸也 或俗謂勞力太過曰| 罭緎罟也

10光部

柳上平●⿰虫雲獄重之貌 ⿰口攣|語虫名 撋持物也推也又傳抄也 摙仝上

上上●曖温和之氣也日|氣| 煖火氣温和曰| 餪|酌無事|酌也 ⿰飠要女嫁三日送食曰|

上去●戀僆倦之意也心|依|不舍也 臠生肉曰| 卵|鳥生子曰|即|破子出也 孌美女子也 孿双産曰|子 ⿰禾燕水流轉而不去曰| 恋仝戀

上入●閱觀｜簡｜｜歷｜卷 劣優｜陋｜少｜不佳曰｜ 埒短垣也又等也 鋝兩數也按｜六兩也 捋掇取也 稃仝上或作杯

下平●鑾｜駕金｜｜與君車四馬八｜ 鸞｜鳳鳥之至貴者 巒｜頭山之峯也峰｜層｜ 欒｜木貴者又黃木赤枝青葉又姓也 ⿱䜌巾巾帶也

●鵉仝鸞 ⿰月戀仝戀 圞｜團佳也 峦仝巒 銮同鑾

下上●亂不治曰｜擾｜造｜紊｜分｜ 乱仝上｜臣賊子也

下去●偠夢行也

下入●⿵門乂再也另也 辣辛苦之味也 ⿰田乎田畦也又耕田也 頪頸｜也又面醜也

邊上平●舦｜移也徒也又舟行也 ⿰口猒言多也

上上●餅食米飽也 ⿰米半眉米餅也又屑米餅也 粄仝上 舨艟｜舟也又船行而轉也 阪波也又大波不平又澤障也 圾填土也又危也

上去●兆小兒角總也 拌凡物使其均勻曰｜ 袢衣不完也

上入●⿰口發小語也

下平●姘 婦人污也又作傷孕 嫛 丨丨往來之貌又奢也

下上●叛 不服曰丨反丨也

下去〇

下入●拔 超丨提丨貢丨允 笈 草根也 孛 彗星曰丨星又土星也 誖 亂也逆也乘也 侼 強也很也 魃 乾旱之神也 勃 卒也丨發丨魚變色也

●艴 丨然變怒也 浡 興起也 祓 除災求福也 渤 丨海水名也 韍 蔽膝之服也 鵓 鳥名 桲 木名 悖 丨逆也 越 走也

●跋 丨涉謂行路之難也 ⿰牜孛 木名 ⿰火孛 蒸熟也

求上平●光 天有三光又火丨燈丨 姯 女色也女字也 觀 丨望丨看仰丨 閞 仝關 關 丨鍵丨柵丨係丨心 ⿸广彖 疾也 冠 丨纓丨帶丨冕 洸 水名

●僙 武貌也 ⿰女并并 綿也 鰥 丨寡老而無妻子曰丨 ⿰魚光 魚名 ⿰口官 丨丨和鳴也 胱 膀丨丨府也 觥 飲器也一丨七升也 侊 小也

上上●廣 寬闊也丨丨額也 迥 丨殊丨別言其異也 管 所治曰丨丨轄丨正 類 光明也 烱 光明也 舘 旅舍曰丨丨舍客丨 捾 取物也

●館 食所曰丨酒丨歌丨 逭 逗也 管 竹器也又人名丨仲 綗 繫也 綰 繫也 冋 光也 琯 玉器也 炅 仝上 ⿰月官 肺腑也

上上● 爌丨媒地煤出之也 盥也手洗洗丨丨 輨店車也 耿丨安丨不也 ⿰米卷丨粽木似也

上去● 貫穿也丨牢成丨 鏆仝上 鸛丨鳥將雨則鳴也 慣事之常作看曰丨 祼以酒灌地也 眷丨名家丨丨顧 礶石白也 券案丨蓄丨

● 鸛鳥名也 灌用水於田曰丨瓶 鑵瓶頸也 爟日中取火也 鑵古玩汲器也 顴輔骨也兩丨也

上入● 決水流曰丨又宰丨斷也定也 駃丨騠良馬也 訣臨別贈言曰丨丨別又決也 刮削也把也 廓城丨又開也虛也廣大也 鴃鳥月吼一伯勞名五始又名

● 槨棺丨宜稱又椁仝 聒聲擾也又無知貌 䀰丨目視也又怒視也 鴂鳥名 玦玉丨佩玉如環也 适人名 抉以手取物曰丨丨囊包丨

● 砄丨石聲也 夬卦目名 乜仝義 ⿰目穴目深也 鞹去毛皮也

下平● 婘美也 鬈髮也又髮好

下上● 倦懈也疲也勞也 惓丨丨謹也 踡丨踡不伸也 豢豕也謂丨畜類食草曰食穀曰丨 勌力疲也又仝勸字

下去● 縣繫也

下入● ⿰酉舌未沸酒也 橛木丨也又柤名仝 橜仝上 潏水聲也 吷小聲也又飲謂吷 亅鉤逆謂之丨

去

上平● 寬丨宏丨闊丨廣丨大 肱股丨插手宛曰丨 傾丨側丨瀉 圈平面也又匝也 棬木屈也 絖蜀之綿名也

上上● 頃百畝為丨又萬丨丨刻 欵四表也誠也恳也 款撮識之條目曰丨丨式 ⿰扌欵提持也 綣繾丨也厚也 ⿱艹頃草名

上去● 壙為紖棺之位曰丨 纊棉紗綠之類 礦關山取賽曰開丨丨產 ⿰⻊廣遠也 曠空廓曰丨丨野丨地 獷楚丨犬也 鑛仝礦丨花甚匡

● 丱金石之樸曰丨 況發言之辭也丨乃丨且 誑心不定口出丨言 况寒水也有濫也 ⿰亞瓦飛也背也 貺謝人所惠曰厚丨

上入● 擴丨光以小反大以近反遠也 鈌仝丨也又刺也 奆大名

下平● 狂不富足舉曰丨丨士丨言丨徒 ⿱龹皿盌也 俇慌張失措 权木名 權丨柄 ⿸𠂆雚丨久也 瓊美玉曰丨又川名丨州也 ⿱髟疋髮短也

● 炚丨丨無兄第也 觠仝上 鬈髮好也 ⿸疒卷疲丨不欒也 曼茬也

下上● 揎風捲用丨手丨也 箞曲行也又揉也

下去● ⿰木縣紗棉也又木名

下入● 㵠水滴也 箸竹器也

地上平● 端正也｜方｜嚴｜正 偳伎｜小也仯偳也 媏女子也 竱仝端 䚟｜角獸名 䊇小伇也又米｜也

上上● ⿰扌㡭取也持也 ⿰扌⿺𠃊米仝上

上去● 煅制物用｜｜鍊 鍜鍜鍜頸鎧也

上入○

下平● 摶擇物取上者曰

下上● 斷不能接續曰｜折｜｜絕 篆古之文字曰｜｜字｜書 瑑圭璧有文曰｜ 彖爻｜也

下去○

下入● ⿱奞木美术也

頗上平● 藩｜籬屏｜鎮｜台｜ 鄱｜陽湖也 墦郭外之冢也 燔｜灼焚也 蕃茂盛也｜衍也 膰祭餘肉也 旛旐｜也 ⿺火番火熱也

● 璠｜興美玉也 皤白髮也又番仝 蹯獸足熊掌曰｜

上上●坢鋤地也又平坦也⿺走半走也

上去●判堂｜｜斷｜語｜文泮士人入學曰｜水姅濁婦也絆馬繫也羈｜也拚棄也又飛也沜仝泮水流也

上入●撥捩開又轉也發也潑澆也散也襏雨具也鉢還人以銀一圓曰一｜銀｜也一｜回又

下平●盤山之谷也｜石｜谷⿱竹般捕魚笱也可入不可出磻｜溪太公釣魚也弁｜樂也詩｜彼譽蟠｜龍｜禿媻小妻也槃｜恒自得貌

●鎜金器也⿱般足｜足又屈曲也盇盆｜也鞶大帶也拌仝拚也蹣｜跚足跛也又旅行也

下上○

下去○

下入●⿰足及行不進曰｜｜⿰金另打金之聲也

他上平●猯獸名⿰孑耑承史也煓煎灶也湍水沙並流也

上上●⿰豸彔野獸也

上去●掇取也

上入●侻相持也 挩挽手也

下平●傳相｜｜受｜說｜家 團｜閨｜圓｜體｜結 摶以半圈之曰｜｜圖 ⿰虫團｜魚即鱉也 椽屋｜也桷也 漙露水多也 鷒鶴｜鳥能射人也

●⿰飠耑米｜飯｜又仝上 ⿰米耑粿｜

下上●⿰阝專馳｜也 讄集也

下去●林木雜衆也

下入●唈口含物也

貞上平●專誠一之心曰｜｜主｜件 ⿱艹耑草名 耑端也物之初生也 裝｜束｜｜物｜運 圌判竹圜以盛谷也 惴｜｜憂懼也 湍流急也

●顓｜項又謹貌 腨腳肚也 諯想讓也 遄疾也速也

上上●轉去而複而曰｜反｜回｜ 囀啘｜鳥聲也

上去●攢挽也又聚箭也噆稱丨也又鼓丨聲

上入●拙鈍而不利曰丨绌短促也咄丨丨怪事之相謂也茁肥貌如牛羊丨壯扯挽回也又裂開也⿱罒妾面短也

下平●⿰目泉耕井也

下上●撞物與物觸曰丨丨鐘狀形丨也饌食品曰丨供丨微撰造作曰丨整辨也丨文杜丨孨謹也弱也僎具也又錢丨譔言語傷人曰丨

●噀仝上揰仝撞

下去●擋當道阻也又拼丨也

下入●蜀四川地名也又葵虫也濁清丨又重丨者為地㒔仝上又動頭也濯丨洗丨足也又完擢擲丨也又拔也抽也

入上平●鬆卧结也堧土不足也又下田也壖仝上

上上●纂集而成篇曰丨缉丨编丨餪進食也輭車輩行也又軟也

上去●雛美也又鸚鵡也鶵鳥名

上入●䑳人名	下平●揎取物也又煩丨也 瓀丨玉也又石之美也	下上●篹竹名又各事作稍然俗曰	下去○	下入●悅喜丨相丨心丨意丨 説仝上又人名王丨正音	時 上平●宣布露曰丨又講丨詁也 壎樂器也一音熏 暖大日也 楦木名又織履模也 萱丨草可忘憂也丨花丨堂 昍明也 煊火盛也	●瑄璧六寸曰丨 喧丨嘩丨鬧眾聲 諠詐也忘也苴也 暄暖也寒丨也 諼仝諠詐也忘也	上上●選揀丨萬丨官場有往曰丨 爽明也昧也 奭丨氣開丨 顙叩首及地曰丨曰稽丨 潠水流行也 覞相見也 椶椶布丨覞丨	上去●選官場又任缺則曰木定缺則曰候丨丨 潠水流也又含水噴也 祘仝算	上入●朔每月初一曰丨丨望丨風合丨 槊矛也曹操横丨賦詩 欶時丨也氣逆也 㵐丨洄也 劃割也削也

下平 ● 璇 寶石也有水|又|其光彩四射又|璇正音 旋 |繞|轉周|桊|曰|也 璿 美玉也 掟 挽也 淀 轉也 漩 仝上 㔯 淶米籅也

下上 ● 𡲃 |桶|水 淀 仝上

下去 ● 璇 寶石也有水|又|其光彩四射又|戰也 銓 仝上

下入 ● 譤 嘲語也 礹 楬石也又石破也 蕟 皮裂也

英上平 ● 汪 ||水深廣大也洋又框仝 淵 水深也如陷深| 囦 仝| 灣 |環轉|曲也 彎 |弓|曲 樗 木曲也 寃 負屈不伸鳴|伸|也

● 薨 諸侯死曰| 鴛 |鴦鳥也 逶 不往也

上上 ● 宛 不敢直陳曰|詞| 姎 女子稱我曰| 䛩 慰也從也 苑 天子之園曰上|下|朝| 婠 體德好也 剜 |肉割也 菀 |花紫|名草也

● 浣 濯也|紗 睆 美視貌美好也 惋 勸也歡也樂也 澣 仝上又月有三| 垸 土聞也又飯器也 腕 手足之屈處曰| 皖 地名|城又明也

● 婉 |轉|酌仝宛 誆 飾詞欺人曰|騙| 枉 不直曰||屈冤| 莞 蒲度又灯心草也 往 去也過也又|來 琬 圭角有塚曰| 夗 臥轉也

● 蜿 虫|似龍也

上去●怨丨恨多丨婦人夫不在家則規丨

上入●曰昔人之言曰丨丨子曰　斡旋也轉也運也　穵曲也又空大也　漧水丨又取水也

下平●莞笑貌丨納又藥名　王帝王君王霸丨賊丨　完丨訖丨全丨備丨固　袁姓也　緣因丨夤丨募丨丨故　椽屋楹椽桷也　猿丨猴蒼丨又猿仝

●轅以車為戶曰丨丨門軍衛也　魭魚名　蝗虫名

下上●旺明也美光也興丨丨相　湲水丨也又水流也　媛嬋丨美女也又人所慾援也

下去○

下入●粵審慎也又地名東丨西丨　越相隔也丨宿隔丨逾丨　獲得也丨利補丨擒丨　鉞斧丨也　鑊飯丨也鼎丨釜屬也　穫刈禾也

●濩烹煮也又雨雷之貌　閾丨閾名門也　閲上仝

文上平●鬘髮長也又纓絡也

上上●罔丨極無丨　妄不知而作之曰丨　嫚侮丨輕丨　僈舒遲也　魍山川之神也　曼引也長也廣也　誷誣丨也　懣忿丨極怒也

上上●⿱宀乚 古大罔字也

上去●貜 野獸也 ⿰豸存 在也到也重也真也

上入●粖 米米也可作粿 ⿰馬末 馬走行也 ⿸麻末 皮粗也

下平●亡 去而不返曰丨逃丨丨記丨命 忘 不能記憶曰丨丨記遺丨 ⿰米㒼 烝米為米也又粥凝也 顢 面大也 亾 仝上

下上●望 名丨月丨人名丨父正音 朢 仝上又雅丨正音 漫 水大也大遠也 蔓 丨草難除也 幔 帷也徛也 饅 丨頭麪粿也 慢 惰也息也悟也

●曼 仝饅 ⿰凶月 月有災也

下去●萬 一而十而百而千而丨又十千曰一丨 万 仝上

下入●末 始丨本丨丨猶終也 茉 丨莉花名正音 秣 養牛馬谷也 沫 水徹流也

語上平●刓 割也剸園削也 冠 仝上 ⿰口頑 丨丨爭之貌

上上●玩 丨賞遊丨寶丨 阮 姓也丨郎 沅 丨江水名也 翫 習厭也狎也 頑 愚也痴也冥丨丨固又游丨 妧 美女也 ⿰日元 日初出也

上去●偭同靦又戲也 沔水不通流也

上入●阞力盡也又地理也 仂相停也

下平●元原氣之始曰丨又科名之首曰狀丨 原平丨廣平之地曰丨歸也 騵良馬也 源水之始出曰丨探丨頭 螈虫名 顏丨容丨色天丨姿丨面丨

●禃福祉也 嫄美丨郎國女也 謜言語徐也又和悅也 黿介虫似鱉也 厵 𠫑古源字上仝 沅丨江水名也 魭丨魚似鱉也

下上●愿心之所服也曰丨情丨 願仝上甘心也心丨自丨 傆點也凡事之善悟也

下去●蒝草名又小蒜之根也

下入●刖崩也絕也斷也足也 鈅挖也有兵器也 仴視也又去樹皮也 岄山名

出上平●川山丨河丨大川江百川也 穿丨鑿丨衣丨通 洲澤丨河丨也 巛地名 釧金丨如釵婦人插頭也

上上●喘丨急也息急也又氣急也 闖人名李丨又马出门之貌 舛仝處又苦也 歂足不能行也又足跟也 殘殘也盡也 喘氣急也

上去●串貫丨直丨丨珠 爨兄弟分食曰分丨別丨也 篡逆取曰丨奪也又丨位 爨烟火也 攛丨掇誘人為非也又擲也 竄逃丨走匿也

上去● 闆小以望窃也門開窺猶視 [illegible]纂仝 鈚｜金也｜銀玉｜

上入● 啜言多不止也 嘬仝上 輟事常中止不能連絡曰作｜ 叕相連不斷也 黜凡物之短而不長者曰｜ 諁仝啜 餟人貪食曰徒餔｜

● 惙多憂也 嚱仝啜飲也 掇拾取也如手拾物曰｜ 歠仝餟大飲也 樶木｜也

下平● 全凡物完而不缺者曰｜完｜｜偹 痊病之已除曰｜｜愈 筌取魚具也又荃仝 詮解喻治亂之體也 牷小羊之頭鬃也 恮有思又也心所也慬

● 全四園曰｜

下上● 㜰柔也好也

下去○

下入● 褁衣服不整也

喜上平● 風关地之氣也｜雲｜雨 歡心神和釋也｜喜｜心 番蠻人曰｜又獸足也 翻翩｜飛之貌｜身｜覆 方四｜端｜｜寸｜圖

● 芳聯｜｜菲芬｜｜草也 荒大｜洪｜開｜ 肓膏心上鬲下也 幡幢｜旗也 讙｜聲喧嘩也 驩和樂也又人名 謊說｜夢言也

上平 ● 慌 忙也|忘|惚 憣 心變動也 坊 邑里名也 瘋 疾也 欢 仝歡 凬 仝風

上上 ● 反 |變|正|復 眆 |⿰目弗視不明也 返 回也往| 軬 車失也 仮 順也 㤆 不定也 阪 澤障也 晃 日出也

● 彷 |佛不定也 熀 大盛 倣 |武|法也 恍 不定也 舫 船也又舟師也 仿 |佛不見也 髣 髴視之不明也人不定也 倣 仝上

上去 ● 煥 如火之|然光輝 幻 以偽|真曰|化|病|覽也 奐 大也丈也 訪 尋問所在曰|探||問|友 放 按東不真曰||浪|心|肆

● 喚 呼|叫| ⿰亻凡 狂也相薄也相輕也 瑍 玉有彩色也 泛 |舟|宅|湖 渙 ||水盛貌 坂 墟埠也 換 以物易物曰|相|

● 昄 田疇也 販 作商口負|貨 㤆 性急也

上入 ● 汎 任風浪之自從曰|詩也有美汎 ⿸疒凡 癱疽病也 ⿰女凡 女之慧也

下平 ● 發 機動即||軔|達 髮 身體|肅頭|也 法 範也術也護法教| 㳒 古字仝法 ⿱丵犬 仝發 発 仝上

● 皇 王之大者曰|如|帝玉|上帝 儇 慧也利也又疾也 煌 輝|光耀也 寰 天子封畿內縣也又|字 璜 玉|半璧也 偟 物明有|視不也仿

● 樊 牲也 桓 威武貌又表也又木名 惶 |恐|惑愴| 礬 石類也又葯也 垣 基界邊疆也城|省| 媓 堯之母岳曰名| 礬 仝上又青白|

下平● 衡 權｜量度也 平｜玉｜ 隍 城｜又遐 也又急也 矾 仝上又可 染黑色 繁 盛多也浩｜ ｜盛｜栄 還 往｜往 也轉也 梵 堂｜庵院也 ｜灯｜鼓

● 防 ｜禦也｜害 又妨仝堵｜ 繯 繩索也投｜ 即自盡也 簧 笙｜箫類 也樂器也 鬟 髻鬟環 形髮髻 凰 鳳｜鳥 之王也 鐶 可貫繫者 曰｜手｜

● 潢 水蓄而不 行曰｜ 篁 笙｜樂 器也 蘩 蓬蒿 也 徨 徬｜心 不定貌 蝗 ｜虫害 苗者也 瀿 水暴 溢也 惏 貪｜ 也 煩 不簡也 ｜勞也

● 鍰 金每六 兩曰｜ 斫 仝 矾 凡 常也庸也 ｜塵｜人 園 週｜又 圓也 桓 木 名 蹮 疾跳也 又獧同 圜 惠也 智也 黉 ｜宮 也 㘘 墻堵 也

● 譞 ｜娥月中 神仙女也 鐶 可貫繫者 曰｜手｜ 黌 ｜宮學 宮也

下上● 宦 出仕為官 曰｜｜官 笵 仝上 宦 仝上人｜ 遊｜家 豢 以谷養 畜曰｜ 凡 最括又 皆也 飯 正音曰｜每 餐冲飢也 范 草名又 姓｜

● 梵 析｜机也 又地名 氾 與泛同 ｜舟也 患 病也憂 ｜｜難 犯 避之不得 曰｜｜罪 範 典｜師 ｜｜圍

下去● [illegible] 守 也

下入● 伐 ｜木｜柯 又征｜｜ 偺 無憚 也 穴 山之竇也 上古穴居 袚 衣不 備也 乏 盡也窮也 力｜困｜ 舑 舟行 也 罰 刑｜ 責｜ 坹 深室 也

● 閥 ｜閥台亭也 又左右門也 泬 水從穴 出也 姂 婦人之貌 又好也 筏 編竹渡水 也舟行也

11 孤部

柳上平● 氌毛毡也又西番毲毛織衣也 䚩丨瓜也 孥妻丨又伖又帑仝 瘊喉疾也又疣丨病貌

上上● 櫓船尾之槳曰丨又艣仝丨船 鹵鹹丨塗也鹹鹽化為水曰丨 惡俗如人之不愛曰丨用其義也 滷水濁也又鹹丨也 ⿸疒魯疾行也 努勉也用力也

上去● 露出現曰丨顯而不可掩蔽之義也正音

上入● 簬竹器也又竹可謂箭也

下平● 盧盛大器也 伮戮力也 爐丨冶火丨丨風丨香同丨 炉仝上俗寫 鸕鳥名 鱸丨魚巨口細鱗 臚皮也又腹前也 鑪容五金之器曰丨

● 廬室也 蘆仝上人化金之器 壚田畦也土黑也丨花丨荻草也 獹韓丨犬之別名也 奴丨婢丨才僕妾之流也

下上● 陋孤丨醜丨丨巷丨室 櫓以物入鹽曰丨

下去● 路道丨途也 露甘施夜氣所丨也

下入○

邊上平● 埔丨隴山丨坟丨義冢丨 埠丨市丨頭商場也 ⿱竹甫竹器也

上上● 補丨其不足破丨稗丨 脯乾者曰丨如南丨魚丨鹿 斧丨斤刀丨破丨乃無公東征 ⿰糸甫絲纏也又衣也

上去● 布凡為衣衫之物曰丨棉丨苧 佈偏也如俗丨田丨廣蔽也 傅姓也 誧丨言也 抪丨田丨種 怖心恐也 溥水名

上入● ⿸疒東藏也

下平● 醅酒丨用酒母之物曰起丨又豆丨 酮仝上

下上● 部六卿之署也古有六今十丨又總也統其衆也 ⿰石甫石丨也

下去● 步行丨天丨邁丨 ⿰王步丨瑤玉之聲也 勏力盡而無 ⿰貝甫索丨也又財相酬也 ⿰酉市酒丨也又酒氣也 玅仝⿰王步

下入● ⿺尢厶犬傷人曰丨

求上平● 孤丨獨丨身丨子 酤酒丨也 姑父之姐妹曰丨母人三 枯草木無氣死者曰丨 沽丨酒丨油 ⿱大瓜瓜類又大也 菰草丨香丨石丨朽丨

● 觚飲器一丨三升丨飯 苽仝菰 鴣鷓丨鳥名 ⿰弓占丨弓也小弓也 蛄虫名 怙父死曰失丨 夃秦人市買為丨

上上●詁誦語訓也　古已往之時古樸　估以物論價曰｜｜值｜價｜賠　盬器皿之物也如茶｜酒｜　苟草率曰｜｜｜且｜安｜完　鼓革｜羅｜簫｜樂器也

●皷仝上

上去●雇傭工曰｜｜工　彀待而發之貌也　傕賃人作工曰｜　瑴乳也　冓交積材也　遘后｜不期而遇也　購買物曰｜　妒嫉｜婦人之病也

●構蓋造屋宇曰｜　搆牽也｜無無也　覯遇也見也　轂取牛羊之乳曰｜　姤仝上又名天風　疙乳癰也　垢塵｜污曰｜　姤與姤仝

●媾交陰陽二氣相盛也　詬恥也辱也　逅邂相遇也　雊雌雄同鳴也

上入●⿰氵梏刀木也　扂懸上閂也

下平●黏煮米作｜又粘｜　糊俗以紙｜窗曰｜　䴱仝上

下上●靠倚仗之人曰｜以為泰山也　垢塵滓也面｜衣｜因者｜面　⿱艹非乚仝靠

下去〇

下入●犱斗蓋也

去

上平● 箍 鋏|竹|桶||桶 粑 茶|豆仁|草|田料也 笟 仝箍 廥 仝粑 耙 仝上 嘑 語也

上上● 許 姓也 苦 胆之味曰|甘||況|境辛| 笘 竹名又音罟 黠 艱|也

上去● 庫 儲蓄財物之所也 褲 下衣也又袴侉也 寇 |仇賊|又暴也葯名 蔻 且|葯名 袴 同褲 蕪 草|也 䩓 仝褲又具帶也

上入● 穋 姓也 悃 困也乏也

下平● 芤 草名 瘔 疾貌又困也 𤸎 仝上

下上● 居 缶器也

下去● 㶽 荒也又火聲

下入○

地

上平● 都 |城京|帝居也又|邑 䣃 仝上 匋 仝上也伙仁又 蚆 |邑也 抪 打也探也 𨜏 |邑也又地名

上上● 肚 身之腹曰|中部也 賭 |勝相論也 䐢 仝肚 鄏 |隔也 枓 柱上之方木也 無 仝上

上去● 鬥 戲｜械｜兩雄必｜ 閗 不想讓曰｜仝 鬪 ｜仝上 鬬 仝上 鬭 仝上

上入● 膚 綠色也

下平● 啚 都｜｜書 圖 地｜形｜繪｜ 廚 ｜房供膳之所 屠 牛｜猪｜宰殺之所 瘏 仝上 啚 仝上 啚 仝上 圂 古文圖字

下上● 杜 秘窖無使涉漏曰｜又姓也 豆 俎｜祭器也 竇 地隨也穴也又姓 豋 禮器也

下去● 度 量｜法制也 渡 ｜海｜河以船為｜ 鍍 ｜金飾器也 艔 仝渡

下入● ⿰斤當 兵器也

頗上平● 鋪 平｜床｜陳｜布｜ 補 仝上又｜枋｜椅 菩 草｜地也 麱 麫粕也又小麦屑皮也 ⿰禾尃 ｜地也 麩 仝麱 麬 仝上 ⿴囗尃 圃也

上上● 浦 天水有小水別通曰｜南｜ 普 無所偏曰｜｜有｜遍 譜 籙籍也族｜家｜ 剖 ｜腹也利也開也 圃 園｜也藥｜也 溥 廣大也

● 甫 正音男子之美稱也台｜ 匍 匍匐手足并行也

上去● 舖 街市商場之室大者曰行小者曰｜

上入●糒饋餌也 袮衣不完也 𣱱水湧也

下平●蜅虫名 捗丨引也 誧語聲也又大也

下上●簿數也籍也 部仝上總名籍也統也

下去●蔀草丨也 廍廍

下入●摒屈足也

他

上平●媮丨容苟合也又巧黠 喻丑陰也呴喻和悅也

上上●土地丨風丨丨產丨俗 圡仝上 䜴豆初出芽也 黈立馬之所也又黃色也

上去●兎獸類望月則孕 吐嘔吐氣逆則丨又揚眉丨氣 兔仝兔 菟草名

上入●箁笄丨也又筍也 篰仝上

下平●塗水中之土也泥丨又污也 涂姓也

下上●飷飲物貌又飣丨也
下去●漇俗食物用水送下曰丨
下入○
貞上平●租收丨田丨地丨邑丨 鄒丨魯地名又姓也 郰孔子之鄉名也 邹仝上 諏寅說也又咨事也 陬丨物丨無丨舟又 阪隅也又聚居也
●爼丨豆祭礼之器也
上上●祖丨考高丨曾丨公丨父之父曰丨 詛讀也又訓也 伹瓜只也 珇丨玉也又美好也
上去●樃木名
上入●筰竹器也又竹索也 嘖皷聲也
下平●咀食物貌又吺咀修藥也又音朱
下上●驟突然而來突然而去曰丨 潥水流急也 騣仝驟 擸手取物也又擊也 覧聞視也曰

下去●馮馬行速也
下入〇
入上平●⿰禾芻禾之徑也
上上●呐口中有小曰丨又嘸之貌⿰口芻田畦也
上去●僿不滑也
上入●⿱髟叟白髮也又白兔之髮也
下平〇
下上●⿰阝⿱巛彐登步也陵仝上又登也升也
下去〇
下入〇

時上平●蘇死而復生曰丨地名江丨丨州甦仝上溲水滾也
●穌舒暢也酥酴丨酒也又浮丨也⿸广穌廧丨草庵也
●捘手折之也物曰丨搜丨查也蒐鬼仔草也⿵几鬼暗魔也
上上●叟老者曰丨釣丨丨廋求也索也傁尊者之稱
●瘦有病之容曰丨溲丨便溺也瞍月無眸也艘小舟也
●擻大澤也淵丨利丨籔十六斗田丨膄柔弱也
上去●瘦病容曰丨又瘦同容貌弱也
上入●剟割也削也
下平●謏丨訓也　下上〇
下去〇　下入●嶭山高也

英上平●烏黑色曰｜死色也　鷗水鳥也　謳愛｜也吟也聲歌也

上上●嘔正音呪｜小兒之聲也　嫗正音曰｜俗曰區老婦之稱也

上去●塢物污曰｜又村｜壁壘也　隝仝上

上入●堊玉｜也　皇仝上　竜老｜水鷄也

下平●湖五｜中國畜水之处也范蠡泛　箶｜江｜竹｜家用也　胡姓也　瓳仝上又甎也

下上●逡走視又古文後字

下去●芋蒣類有紅白之別又名蹲鴟　芌仝上　䉱仝篕

下入●㺯獸名

文上平●𥻗｜粉又瀘取移也　瑦鳥名又石似玉也

上上●牡雄畜｜牝｜又｜丹　畝田｜隴｜畞　畂方里為井井孔百｜仝上　妐俗謂女子曰相｜｜又夫謂妻曰｜　厶仝畝　妐仝妐

上去● 㳍 地名

上入● ⿰彳年 成佪曰丨也

下平● 牟 牛鳴也取也姓 侔 人名又仝上 眸 目童子視也 麰 成佪曰丨又大麦也

下上○

下去● 戊 天干之陽土也中央戊己土

下入○

語上平● ⿰口吳 玉丨也次玉也

上上● 午 日中之時曰丨又支辰之一 迕 仝上又丨丨遇也 吘 和也 偶 匹也又丨然忽曰丨 鰅 仝⿰魚午 伍 隊丨營丨又姓正音 腢 肩頭也

● ⿰牛五 與仵同逆也 ⿰魚午 魚名似鱸 藕 仝上蓮根也蓮丨 仵 偶也敵也 忤 不聽不尊曰丨丨逆 耦 两人仝耕曰丨又匹也配也 ⿺辶五 走也

上去● ⿰衤吾 謬也

上入●噂噍貌

下平●吳大言也又姓東丨 吴地名也仝上 蜈丨蚣百足虫也 茣仝吳

下上●五數之半也丨曰土 伍仝上又姓也

下去●誤失言曰丨差丨相丨丨事 悞不稱意曰丨差丨也 忢悅也

下入○

出上平●麤不幼曰粗精丨 粗仝上 觕物不精也 𥻦獸名又米不精也 麄仝上 𡲑糞也

上上●礎疊石曰丨又柱下之石也 濋水流聲也

上去●醋酒變味曰丨米丨 湊丨集合也 凑仝上 腠丨理皮膚之間也 揍仝上又投也插

上入●疣吐出在外也

下平●愁心中憂悶曰丨不樂也 愀仝上又色變也 忍仝上

下上●蹝 阻滯也行不正也又馬蹄痛也

下去○

下入○

喜上平●戲 以事與交搭得緊曰丨 滹 丨沱江名 苸 草名

上上●虎 獸中之王也 琥 丨珀松香墜地中年久結成為丨珀 否 非也不足也 虓 虫類 虍 仝虎

上去●戽 丨斗撥水器也 ⿰氵戽 仝上又舟中渫水器 ⿸戶干 仝上

上入●霣 似雨將至忽無曰丨

下平●侯 諸丨五丨王丨公丨 矦 仝上 鬍 多鬚曰丨 篌 箜丨樂器也 糇 丨粮干料行軍用也 餱 丨粮干飯也 堠 斤丨望烽火也

●⿰貝侯 贉丨貪財也 鍭 金丨也 鶘 鵜丨鳥名 楜 丨椒也

下上●雨 地氣升而為雲降而為雨 后 帝之妃曰丨重丨天丨丨土丨 户 門丨牖丨粮丨 郈 邑名也 芐 地黃也 ⿱夂雨 仝上雨字

●闋纏綿也 㒳仝雨 逅走也又不期而會也

下去〇

下入●穃違隔也

12 驕部

柳上平●髎骨為膠曰丨 瘷縭也

上上●了萬事終丨曰明白 瞭明也丨潔丨亮 嘹丨嘵聲音也 撩撈也取也挑弄也 褭組馬也以帶 㒟丨腰也僄細 蓼飛也高

●⿱自衣微風吹拂 嫋丨丨細徽也 鷚鳥名也 鄝邑名 ⿰翏巴丨極又仝上 ⿰舟了舟索也小船也 蓼草名

上去●屪男之陰也又屌仝 ⿱穴聊穿也

上入●咶舌尾之聲也 ⿰舌斗仝上又鞋丨

下平●寮明也仝好官丨 翏治病也 僚仝上朋友也 摎高飛也 寥丨落寂丨無丨 璙理也 遼丨東丨西地名遠也 撩玉名國也

下平●尞姓也理也取物也挑弄也　聊戲也　橑丨簷也　膋脂膏也　憭語助辭又無丨　鐐刑具脚丨也　廖放火也　憀悲恨也　鷯鳥名

下上●料誰丨難丨逆丨耿正　嫽好也戲也又女字　笷走也又筳類　炓尉斗牛也又火光也

下去●料凡物取裁而未完全者曰丨物丨色丨裁丨　尥行脛相夾也　寥姓也　尞以火祭天也

下入●撟竹聲以手擊物曰丨乂舉手又屈也

邊上平●鏢練也刀削末銅也　嘌山高也山顛也　瞟目視也見物也

上上●表丨外也丨裏又上丨正音　俵散也　殍困餓而死也　裱衣領巾也　莩麻之有子也　⿸厂表散也　⿸广褱仝上

上去●漂水不適也　褾仝裱婦人衣帶也　⿱票見不見也

上入●⿱艹僄草初出芽也

下平●⿰票見明察也

下上〇

下去○

下入●對木名又末也

求上平●嬌丨姿丨記丨娃丨養 驕以意凌人曰丨丨散丨奢 姣正音美也媚也又狡也 娇仝上 骄仝驕 鳭鳥名 ⿰鳥了惡鳥而食母 ⿰鳥卩仝上

上上●矯丨丨卓爾不群也丨擅也 繳以下奉上曰丨丨項丨數丨餉 徼循也塞也 噭呼也吼也 皦白玉也又明也 攪亂也雅也手動也丨擾小擾祇丨我心

●蹻舉足行也又丨手類足 撟丨門也舉手也正音 ⿰金敫耳之首飾也

上去●窣穴可容身也又靜也深邃也 蹧失足也 ⿰酉夅降也 嘄鳥棲巢也

上入●勪起也又舉足行高也 蕎菜名又葤名大戟 譑多語也多言也

下平●莜菜名 橋木名

下上●撬鑿丨如丨垣入丨門也 撟仝上 ⿰扌井兩牛相門用角相丨又仝上

下去○

下入●嗷不如也又哭聲也 㚁丨丨人名又古文堯字

去上平●敲橫擊曰丨擊丨丨門 塙土高也又堅也 墧仝上 墝土不平也又不毛之地 磽仝上土瘠也 蹺舉足也俗語曰丨蹊丨言事之可疑也

上上●鷮丨丨無丨衣服之新別曰丨又賢鳥也 髜高也又仝上

上去●竅穴也口丨丨如比干公之丨丨心 敲物破則丨 竅人能曰有丨心丨也 窍仝上字 𡗗仝上 髚凡物兩頭高者曰丨生 髚仝上

上入●呦丨丨泉聲也

下平●喬高也又矛之上勾也 僑旅寓曰丨居 嘺不知也 翹雀屏曰丨又首望也 翹仝上望也 蹻足也又舉行 鐈首飾也

●鄗姓也 樛木名 墝不毛之地又 嶠員丨東海之山仙人所居也 𢉭不順也

下上●𡘹柴祭天也 髜干也硬也

下去○

下入●礄堅丨也又硬也 砝堅硬也

地上平● 凋｜寒｜殘 貂｜鼠也 彫｜琢｜鏤 鯛魚名 軺小車｜征 奝大也多也 苕花開也 貂｜鼠｜裘 刁｜斗行軍用也

● 鳭鳥名 髫小兒之髮也垂｜也 齠｜齡也 凋｜物用｜刀 鵰鳥名一箭貫双｜仝雕 雕鷙鳥之大者曰｜又｜翎｜扇

上上● ⿰矢兆矢也 ⿰巾勺巾帶也 ⿰亻鳥｜佻輕也 ⿰禾勺禾無無也又垂穗也

上去● 吊起｜｜開 窵相距之遠也｜遠言不無也 弔喪家請客曰開｜｜祭也 ⿰口窕弄也人相誘也又相呼也 ⿰糸吊綵棉也 ⿸疒豹狂病也 伄儻不常也

上入〇

下平● 条物之成｜如線如索之類也 條小枝也如無如柳 蓧草也論語以杖荷｜ 鰷魚名 ⿰亻條仝條

下上● 召以言呼人曰｜寵｜應｜ 兆事之吉凶有｜ 劭勸勉也 邵高也勉也又姓 旐猶兆也無蛇為｜ 晁日初出也又｜昇

下去● 丟物之棄之者俗曰勿｜ ⿰扌丟擕去空中曰以手｜物也

下入● ⿰土窕地近水涯者凹方土可厓也 墺仝上

頗上平● 標高｜無｜奪｜｜準又無 僄｜浮輕｜耳輕便也 幖旗也幟也 螵｜蛸海中斗木魚之壳也 飄風揚也｜颺 瓢瓠｜木器瓠器可盛水也

上平● 杓木柄也 鑣馬口鋏也 僄輕也又僄仝 飈暴風自下而上也 灬烈火也 驃丨騎也又驍勇也 嘌丨丨無節也

● 麃 飈飈仝 漂浮也又丨布也又有丨女丨母 猋 瘭疾也

上上● 剽末也割也又鑣不大不小也 皫獸名又禽名無潤澤也

上去● 僄功劫也又輕丨也

上入○

下平● 嫖邪淫也宿娼家曰丨 藨草名似萍遂風而丨 瓢仝上丨浪無定

下上● 軖便丨也

下去○

下入● 墂土成圍也又封土為識

他上平● 迢丨丨遠也又迨仝 [illegible]跳也趨也 怊悲也悵也 挑引也丨動丨撥 祧宗丨天子七代以上祖宗則丨之按遷廟也 趒行貌雀之 迨仝迢

上平●佋介行也 辺逃也走也 弨弓弛之貌

上上●窕窈｜幽靜也 誂戲弄以言曰 眺遠望也 [illegible]山路言其不平又山名

上去●超躍也如雀之行也特出也 覞普視也 跳仝上行｜也 趒仝超 颵旋風也又涼風也 聎伶俐也又耳鳴也 頫項也又低頭也

上入●垗壇成塋界皆曰｜

下平●調音律之｜也曲｜詞｜ 鰷｜魚名 鮡仝上

下上●柱屋之橫木曰楹直木曰｜亦有石｜柴柱

下去○

下入●硑石硅也又山田也

貞上平●朝平旦至午飯曰｜｜夕 昭明彰 樵漁｜採薪者曰｜夫採｜正音 昭仝上 僬仝明昭也 檦物縮小也 瞧偷視也 招以手呼人曰｜以言也

●膲三｜無形之腑也 焦火焙至赤曰｜又燋仝 譙呵也責也 憔｜悴憂患也釗遠也勉也 鷦小鳥也 鄡 鉊大鐮也

上上●烏禽類之總名羽族之類也 蔦草名也｜蘿施蔦松也

上去●詔王諭旨曰｜頒｜下｜又告也上命也

上入●唽鳥聲｜｜小鳴也

下平●劁水聲也

下上●噍鳥聲｜｜仝唽 丼雜聲也

下去●空音

下入●𠰌人多衆語曰｜又鷄仔聲 𠰌仝上

入

上平●軺車行也小也小車也

上上●爪脚｜又手足之甲也 沼荷｜池塘也 擾攪｜造｜｜亂｜雜 繞周圍旋轉曰｜又旋｜環｜ 𣏕經｜木名又刺也

上去●𦅗絲織成丈曰｜｜疋紗｜色 遶仝繞圍｜也 襡衣不伸也 皺｜眉愁之貌 皱仝上 抓｜把 𢥞愁也

上入〇

下平●饒丰也餘也盈也富｜｜裕肥｜嬈嬌｜貌美也橈曲木也又楫也襓物欲干也又創衣也⿰舟堯船中之鈎索曰｜蟯虫名腹中之短虫也

●鱙魚名

下上〇

下去●尿小便也正音尾仝上⿸尸淼仝上又俗作溺⿸尸弱仝上

下入●瑤蓋頭為｜形又車飾也

時上平●逍｜遙｜遣簫玉｜鳳｜｜管樂器消｜耗｜息瀟｜｜雨聲也銷｜化｜耗註｜詳｜魈山｜山神也霄｜漢雲｜沖｜干｜

●痟三｜病症也｜瀉宵夜中｜也⿰亻蕭侍人也又查物也硝｜黃塩｜箾竹器可吹也仝簫乃舜所為蛸海螵也綃生絹也

●蕭｜條｜疏又姓

上上●小幼細之物曰｜筱箭屬小竹也篠仝上

上去●數天丨算丨又丨目大丨数仝上肖為子自稱曰不丨少丨年丨女[米肅]府州也又糜也

上入●鉊食物之聲又小飲也

下平●精俗謂男精出淫之汁曰丨原女字用其義[爿召]然也入牀之別名

下上●紹繼絕曰丨介丨丨興地名佋介行也又宗廟之昭穆也肇事之始曰丨如丨基又丨慶府肈仝上韶繼也美也又丨光邵姓也

下去○

下入●[忄少]憂貌𠬪仝上

英上平●夭桃之丨丨謂婚以過又壽丨也訞巧言也喓丨丨草虫也[旦女女]淫也妖丨邪丨怪丨艷丨媚么仝幺偠腰細也

●葽草盛也仸丨僑不伸也祅丨孽姦偽也幺小也俗作么也殀短命即丨壽也

上上●[石夭]石名也[夭夭夭]短壽也

上去●要欲也好也又切也甚也㗊品丨也獟狂犬也

上入●蚐 青丨虫也

下平●遥 丨遠逍丨 媱 美好也又戲也 瑤 玉石也又良玉也 愮 丨丨憂心無告也 傜 役也使也 搖 招丨風丨又丨動丨擺 謠 風丨童丨丨言無真也

●窑 嗂 喜也樂也 飖 儋 上仝 姚 姓也 徭 差役也 颻 風動也又飄丨 䍃 瓦瓶也

下上●耀 火光也 曜 星丨又丨氣日光也 燿 炫丨奪人之目謂物色之美也 䁘 見遠又普視也 覞 上仝 矅 明也白也 㫐 古曜字 尦 行不正也

下去●䌛 稚也又器中不平也

下入●𨗨 足立地不定也如醉行也 𨘋 上仝 𨇤 動搖也又斗旁也

文上平●描 摹書曰丨畫難丨丨 渵 大水貌

上上●藐 遠也小也輕視也 淼 水大也 邈 曠遠也又幽也 緲 縹丨又微也 仯 小也又驚也 妙 佷美貌丨媟丨不順也 眇 獨眼也目丨又丨視

●瞟 遠視也 渺 仝邈又丨茫飄丨 嫖 丨嬝弱也 秒 微芒也又丨枝丨樹 嫋 長之貌 杪 上仝 杳 日將匿也丨冥 窅 目深也

上去●𣫲 也不平

上入〇

下平●苗禾木秀則曰｜ 偁好也｜好 䌛裔也

下上●妙神化不測謂也玄｜｜計｜策也 玅上仝

下去●廟廊｜宮｜佛｜神｜正音 庙上仝

下入●⿺辶查遠也

語上平●猫家豹也能捕鼠 貓上仝

上上●憢心亂也又懼也 撟挽也取也

上去●⿰𠦝刂削也

上入〇

下平●堯唐帝曰｜善行德義 垚嶕｜山高也 蕘芻｜薪草也 襓創衣也 嶢山高也

下上● ⿰豸堯 獸名

下去○

下入● 獢 犬之短尾也

出上平● 拌 原音判按俗以兩色之物要和均曰丨用其義 ⿰扌朝 仝上 掉 仝上 鍫 臿也 鍬 仝上 莜 草也 ⿸广利 割也削也

上上● 稍 不能不勝之貌丨可丨有 偢 丨保不仁也 俏 措好貌又俊丨 愀 丨然變色也 悄 憂也急也靜也 粡 丨丨安也又粉也

● 誚 以事相責也譏丨詘丨 哨 丨小也又多言也 睄 小視也 陗 峻險也 峭 山峻也

上去● 强 俗謂曰丨用其義 嘲 以言語欺人曰丨戲言也 謿 仝嘲

上入● 踥 足行而止也又往外也 筲 竹器也竹丨也

下平● 朝 丨廷丨堂國丨前丨 晁 人名縣名正音 鼂 虫名又朝旦也

下上● 趙 退也走也超也 逴 仝上

下去○

下入●逍立也踿行急迫也

喜上平●僥凡不皆得而得之曰丨悻儌仝上又出意外也邀招也丨客相丨梟丨雄丨首又鳥食母曰丨驍勇也如馬之捷曰丨勇敫招引也又敬也

●徼伺察也求也又要丨丨倖澆沃也薄也憿不正也又掠也

上上●曉清晨曰丨丨起丨日皛顯而易知也明也⿰堯覞見也知也⿱⿰臣火見仝上

上去○

上入○

下平●嬲戲弄也嬈擾也嫐仝上⿱⿰女女男仝上嫖丨嬝細弱也盄滑也

下上●⿱⿰石萬衣人名又山曲也

下去○

下入●訯 强事言語也

13 鷄部

柳上平●陛 不正立曰丨又牢也所以拘罪人也

上上●禮 儀丨行丨丨者敬也丨樂也 礼 仝上又交道接礼也

上去●盭 以手取物丢去曰丨又銳也 ⿱利刀 以刀斧伐物為畔曰丨又剝也 ⿱利力 仝上

上入●⿰禾皮 皮粗也

下平●黎 姓也 犁 丨田丨頭丨壁 犂 仝上丨耙田具也 黧 黑暗也又黑而黄也 瓈 丨玉也乃玻璃寶石也

下上●戾 暴丨性情不美也 ⿰魚戾 魚名暹中謂班魚曰丨 鯬 仝上 黧 仝上 黧 仝上

下去●籬 竹器飯丨也 篱 仝上

下入●笠 盖於首之上也竹丨葵丨簾丨 箬 仝上 ⿴囗立 仝上又企也

邊上平●篦竹丨也　簸仝上　鎞丨鑿也

上上●硫硬也　髀臀脊之毛也又股也　骶仝上

上去〇

上入●八數也文有八股年有八節　捌仝上　〨數碼也

下平●罤次弟也又蒐網也

下上●陛丨下帝位也高堦也帝自稱也正音

下去〇

下入●扳引之使長曰丨幫丨也　拔仝上

求上平●雞丨名曰德禽　街市道之巷曰丨道　堦丨級玉丨堂丨　階仝上　偕俱也强力也　鷄仝雞

上上●改更也換也丨過丨正　解判也支也散也　繲索也丨纜又浣衣也　⿱解土地名　⿸尸目卧息也

上去●計算丨求丨設丨會丨想丨　疥瘡丨皮膚之㽱也　瘭上仝　癬上仝

上入●莢凡豆皆有丨又草實者　袷夾同俗謂衣衫皆单一重者也有重之者曰丨裏中夾有棉曰棉裏　裌衣之無絮也　擢丨物也又爪持也　[illegible]魚名

下平●蛙俗丨字魚丨蝦丨正音娃字　鮭上仝

下上〇

下去●易不難之事曰丨容丨最丨

上入●挾以兩板夾物于中曰丨　夾仝上又左右持也　[illegible]丨禾也丨仔也

去上平●溪水聚川曰丨山丨河丨　谿仝上水之道也丨澗也　磎磎丨也地名　嵠山丨也地名　㨙得利微者曰丨丨微也

上上●繫纏繞也　繋上仝

上去●契紙丨田丨厝丨稅丨又丨丹丨澗勤苦也又姓也　喫獸類銳牙能丨樹

上入●砳丨物丨破丨幼　磩上仝　睯眠精不開也

下平● 傒 心丨也恨走之貌 繄 經丨謂事不了也 騱 野馬也又馬之前足曰丨

下上○

下去○

下入● 持 原音持字俗謂挪物曰丨用其義

地上平● 堤 築以防水曰丨丨岸溪之两岸曰丨 隄 上仝 埞 上仝

上上● 底 質也到丨有丨船丨 ⿱齒皿 盛物之器也

上去● 褅 佊也繈褓也 楴 祭名又整髮也 ⿰口帶 音帝與嚏同 僀 音帝俊也

上入○

下平● 蹄 獸類之脚下有丨 題 標也丨標丨式目丨丨銀 蹏 仝蹄獸甲曰丨 踶 上仝 ⿰𧾷虎 上仝

下上○

上去●綒絲也

下入○

頗 上平●批標判曰丨珠丨明丨丨示又書信回丨 㱟殖也又剖肉也 㓟丨割也仝上

上上●𨠊口嘲人也又酒名 臀股肉也

上去●笓竹丨也篾丨也 紕苧丨也可織布也 𣲎分泉皮也又山名

上入●阰山名 吡聲丨嘲語也又訾也

下平●膍獸名 貔仝上又猛獸也 貏仝上又平也

下上○

下去●稗谷丨也乃草似谷也

下入●𨻶人名又山名

他上平●釵笄蚑曰丨裙丨首飾也

上上●體質丨身丨事丨丨念 骵仝上又丨育丨操圖丨 体仝上 軆仝上 躰仝上

上去●代以己任人以身丨之也 代丨困也 替日出也 髢鬄易再出曰丨益髮也

上入●咤叱丨怒也憤也 裼祖裼也又身底之衫曰衫丨

下平●鞮革履也 瑅玉丨也 禔美也衣原也 鶗鳥名子規也 鵜水鳥也俗呼淘河亦名丨鴣

下上〇

下去〇

下入●岩山挾也又山名

貞上平●嚌誨也歎言也又飲至齒也 ⿰日齊丨晴也 擠呈送曰丨推也排也 ⿰扌斉仝上 齏丨藕也

上上〇

上去●結織麻苧如絲曰丨縩上仝漈祭丨水涯也嗻口語也又遮也

上入●節四時八丨又丨侯丨氣節上仝

下平●齊整也丨整即丨偹又不長斉短曰丨仝上亝上仝蠐虫名臍目合也

下上〇

下去●多俗謂多曰丨事多曰事丨

下入●截止也住也判也切也

入

上平●懠心不正也疑又猜也

上上〇

上去〇

上入●歡痛也

下平○
下上○
下去○
下入○
時 上平● 嘶卑也使也役也 厮上仝 栖 ⿱竹犀竹丨也 樨木丨花名也 ⿱艹犀上仝 茜上仝
上上● 洗丨掃漿丨滌也 洒上雪也仝又 灑以水丨地掃之塵不能起曰丨
上去● 細丨者小也有事欲丨心
上入● 塞支丨也
下平● 囷困乏也
下上○

下去○

下入●褅領丨小兒涎衣也

英上平●挨丨礱丨磨丨起⿰扌俟仝上

上上●矮人身短曰丨子丨人日本人多丨倭仝上又腰仝

上去○

上入●㾀疾也病息也貖野鼠也鼠屬俠峽也又曲也肤皮粗也

下平●鞋履也草丨芒丨綉丨靴仝⿰言萬言壯也

下上●会能者曰丨會仝上

下去○

下入●陜路小曰丨不寬曰丨隘险小曰丨陋也急也狹仝上窄仝上笮仝上箭服也又酒器唷丨口也又聲也

文上平●樒木名
上上●買丨物以財易曰丨賣
上去●簣竹名竹器
上入●阾垣墻也
下平○
下上●袂不會無能曰丨用其義
下去●賣以牧易錢曰丨買丨
下入●詸人名又隱語
語上平●囈口丨之氣也又眾言也　蜺虫名
上上●閱丨閱也

上去○　上入○
下平●睨姓也俾丨不正視也　婗女貌也又人初生又啼聲
●倪姓也仝睨　貎獸名也獅類　麑獸名獅子也又鹿子也
下上○
下去●蓺樹丨天丨種也又草生多也　藝才能也才丨道丨工丨丨文手丨
下入●秇藝古作丨
出上平●啛嘆氣也又先嘗也
上上●杫木名又粗几也　紕絲纏也又串文也　眦仝眦睚眥怒也
●泚水聲也又水名　眦目不明視也目除又睚眥怒也
上去●糍以米拯之如粉曰丨　穄仝上　揙拯也又把也

	上入〇　下平●躐不能行也一曰小步	
	下上〇	
	下去〇	
	下入●⿰牛虛人名又使牛也	
喜	上平●⿰目奚目疾視物不現曰｜⿰日矣日光無出也	
	上上●眭目怒也又目深惡視也	
	上去●嗘｜聲也傜俗謂生沸曰皮｜	
	上入●⿰月害肚中飢曰｜	
	下平●⿰田奚田畦也又徑路也徯仝上又兩人行而相接俗曰相｜	
	下上●蟹無腸公子曰｜有甲八足橫行蠏仝上赤｜｜田｜毛｜水｜之別	

	下去●褉短衣也	
	下入●⿰豸霍獸名賧蠻夷以財贖罪也	
14恭部		
柳	上平●籠竹器也	
	上上〇	
	上去●踜踢又蹶足也躘足｜也仝上	
	上入●忸｜怩又慣習也⿰衤聶｜褶也衣｜也	
	下平●窿穴也又天勢也癃疾痛也又罷病也	
	下上〇	
	下去〇	

下入●磟石|也又平田器也

邊上平●鬃|饞貪食也　㓤|刻也

上上●洗人名

上去●𥽤人名

上入●𥳇竹器也

下平○

下上●𨋢車行之聲也　軯仝上

下去○

下入●恧人名又慙也

求上平●恭敬也發於外曰|謙||敬仝廾|　穹|隆天形也　躬身之別名曰|　𦜐月宮也　芎蒼|天也又川|草名　穹|隆天也

上平●龔給也奉也供也 哄 䢼 [illegible]｜窮山形也 [illegible]憂也 [illegible]多言也又詾問也

上上●拱兩手齊揖曰｜｜手｜立 廾竦手也 龔姓也 廾竦手也 拲仝拱 珙玉｜又人名 栱木｜也 拜頓首也

上去〇

上入●匊兩手捧物曰｜又屈掌也 踘蹴｜今之打毬也 鬻賣也 麴酒母也｜蘖 麯酒德藉枕｜也 諊窮理罪人也｜問也 鞠仝上審也

●掬用兩手捧 [illegible] [illegible]剃去毛發

下平●[illegible]｜米也精米也 偨｜柴也又｜傂不齊也 竆窮也又國名

下上●[illegible]足不能行也

下去〇

下入●侷偏促也 跼屈足不伸也

去上平●跫人行之聲

上上● 恐 心怖也又驚也丨惧也 蛩 固也堅也

上去● 睧 口乾物也

上入● 克 勝也又丨己丨能也 曲 丨肱丨直 伷 小也又倔也倔丨 苣 木似草也茹熱也 笛 竹器也養蠶具

下平● 窮 審察其事理曰丨貧丨困也 竆 仝上又恭也 笻 竹杖也携丨 邛 臨丨地名 拲 推也擁也 蛩 寒丨善鳴虫也人名蚯蚓 藭 芎丨葯名

● 銎 斧斤受柄處曰丨 茾 萓草實也 舼 一種小船 穷 仝窮 竆 仝窮 竉 仝窮 珋 音卭玔也

下上〇

下去〇

下入● 患 人名又恐懼

地上平● 噹 凡物擊物之聲也 噹 仝上

上上〇

上去○	上入●斸 仝斲又劚也	下平○	下上○	下去○	下入○	頗 上平●𢱏 以手擊物曰丨 ⿰石宮 石佳可作烛也又石隕聲也	上上●抔 取物也引取也	上去●偅 人名也儱丨不愚也	上入○

下平●堸 土成圓也 ⿰石龍 人名	下上●諥 人名又言相觸也	下去○	下入○	他 上平●伀 征伀懼也	上上○	上去○	上入●蓄 積丨有餘裕也儲丨 畜 丨牧也六丨即牛馬之類 ⿰亻戉 憂也	下平●爞 虫類也	下上●褈 人名又複也

下去〇
下入〇
貞上平● 漿（正音水天也又水米汁也） 𢡟（心將也） 摏（丨物也又擣也）
上上〇
上去〇
上入● 柷（木名） 瘃（疾篤也） 喌（呼鷄重言之聲也）
● ⿰氵属（水行貌又丨丨恭也） 灟（仝上）
下平● 从（冲突也） 下上〇
下去〇
下入● ⿰口示（口中食物含涎之聲也） ⿰口州（仝上又仝州）

入上平● 粱（粥也）
上上● 宂（雜也又散也） ⿰亻茸（仝茸又眾也）
上去〇
上入● 傉（人名） ⿺走辱（趧也走也）
下平● ⿹戈⿱𠂇廾（趧也） ⿱毛冋（小毛也鳥之小毛也）
下上〇
下去● 耗（毛幼也）
下入〇
時上平● 倯（名木也又隴右人名也）
上上● 傱（冲突也又疾貌） ⿰衤從（山高也又嵱嵷山峯之貌）

上去●慫心愁也丨慂勸也驚也

上入●翽羽翼也又鳥飛之聲 浞行而止也又等也 蹜仝上又足迫也

下平〇

下上〇

下去〇

下入〇

英上平●雍丨容和也 噰聲和也又鳥聲 㒞擁降不伏也 臃肉起也丨疽也 癰丨瘡丨疽疾也 嫞女貌也 饔熟食也 癰丨疽丨瘡

●雝鳥聲又和也 澭水名 廱辟丨天子學名也 邕丨和也 嬴姓也丨秦民 瀛丨海東海也又丨州

上上●永長久也丨年丨安丨遠 勈丨力也又健也猛也 勇果敢曰丨好丨有丨 裓衣丨也又祈也 俑從墓木人曰丨 永長也遠也 悀怒也

●蛹繭虫能化蛾也 筩箭室也 踴丨躍也 踊辟丨哀也又跳丨也 甬草木花丨丨出丨道

上去● 咏｜詩歌｜｜賦吟｜ 詠仝上宓七歲能吟｜ 擁推而進之曰｜齊也 壅河江土淤曰｜塞 墉仝上 雝仝上 廱仝上

上入● 悀心安也樂也又動也

下平● 容形｜｜相｜儀｜貌 傭又役于人曰｜雇等也作也 慵惰懶也 禜祭而除災也 宂平｜也又形｜也 瑢瑽｜佩玉行也

● 嶸崢｜山高也 鏞｜鐘大鐘也 ⿰阝庸城｜畿內地也 邎行走也 傛｜｜便習貌 熒光也又｜惑火星 螢｜火｜光虫腹有光也

● 營經濟也又經｜也 溶｜｜水光貌 滽水名其水出河南 瑩美玉也 鄘附｜畿內地也 鎔｜化冶器法以｜之 槦木名可作箭

● 盈｜科則進｜虧｜滿 莹美玉也 ⿰牛庸牛名 榕樹大蔭十畝枝生根 贏餘利也｜餘也 鱅魚名 庸中｜不易之謂｜也 蓉芙｜花名

● 墉城也壁也 ⿰月容女有貌也 輍車行也 榮｜枯｜發｜華也 ⿰山庸山名在建州 嫆仝上又女字也 瀜水深廣也 荣仝上如花木茂盛

● 濚泉水也又水迴貌 褣衣下也又襩｜也

下上● 俑須中金也凡貨入行必知｜外為併｜也

下去○

下入●慾心之所欲者曰丨情丨貪丨又口鼻耳目四支比從心欲曰丨
●浴沐丨洒身也又借為潔治之意也育養丨大恩也丨子也
文上平●旻人名肱視近而志遠也
上上〇
上去●雖人名
上入● 下平〇
下上●浝水名人無知也
下去〇
下入●鷚鳥名山鳥似鳥而小也
語上平●鉚美金釧也

上上●喁口氣也又喚喁魚口也顒愚劣也又頭大也
上去●岇山名
上入●砡玉丨也又齊頭也厔人名
下平●笻竹器也
下上〇
下去●岬山名峠山名
下入●蚟虫名鈺美玉也又堅金也
出上平〇
上上〇
上去●儱斜丨也

上入● 擉取也拾也又刺泥取物也 艍冲從也 斶重也又人名 頎長之貌

下平○

下上● 趜初行也又邪行也

下去○

下入● 擨隕落之貌 傶仝上

喜上平● 凶不吉曰丨丨吉 兇暴惡 洶水涨猛也又涌也 詾眾言也又訟也 訩仝上又說仝 汹水酒也又水涌也 酗醉怒也

● 哅惡丨之聲 恟心急也懼也

上上○

上去● 趧趧也

上入● 彧文也茂盛也 馥氣味香也 旭日初出時丨日 燠暑熱也 昱仝上又明也 勗仝勖 儥賣也 頊丨玉也

上入● 勖 勉力也 毓 生物也丨秀美也 郁 丨丨文盛也 棫 黍稷盛也

下平● 雄 丨飛雌伏丨鳥文也又英丨也 ⿰厷鳥 仝上又英丨又鳥文也 鴋 仝上

下上● ⿺走鼻 鼻嵩也

下去○

下入● ⿰屬欠 人名又吹氣也

15 歌部

柳上平● ⿰口覶 丨縷委曲也 覶 好視也

上上● 裸 赤身曰丨 ⿰亻𡿺 藥名 蠃 仝上 蓏 草名 婐 女侍也 蠃 蜾丨青蟲也 碯 樟丨藥名 惱 心憂也又繁丨怒也 ⿰口𡿺 口氣也

● 栳 木名

上去● 帤 巾也又弓中稗也 帑 仝上 懦 人情愚魯者俗曰丨用其義者 ⿰镸勞 身高長也 髝 仝上 ⿱高疋 足長也又脛也 ⿰身足 身高長也

上入●駱｜駝似馬而高大也

下平●羅以絲罟鳥曰｜｜網 蘿葛｜籐類葷｜ 儺廊人｜逐稷也 罹遭｜又｜害｜禍 騾驢｜似馬而大也嫘｜ 懦恃弱曰｜一音儒仝

●鑼銅｜器樂也鳴｜ 娜嬝｜美貌也 儸僂｜幹辦能事之稱 蠃仝騾 哰｜叨多言也 蠃仝上

●牢｜獄囚禁人之所曰｜又牛曰太｜ 僆仝上 佧粗也大也 螺旋｜田｜又婦人｜髻 罗仝羅 囉嘍｜聲也 邏巡｜偵也繞｜也

下上●二數曰一二也

下去●怒憤發於聲也曰｜發｜大｜ 梛木名 娜女醜也 耨耒辱也 駑｜駘下乘｜馬之劣也 努｜力言盡其力也

●弩｜箭一｜三箭也弓之有臂也 砮石之可為矢鏃也

下入●落自上而下曰｜失｜下｜落｜ 駱｜駝似馬而高大也 犖竹｜袂｜ 剳割｜也 絡絲｜也

邊上平●波風｜水｜｜紋清｜ 玻｜璃似晶也 菠｜蘿麻苧也 岥山｜也 坡船上兩傍曰｜又地｜ 磻海中石高受湧曰｜

●舥船｜也 鄱姓也 僠人名又仝番

上上● 寶 珍|惟善為| 保 |輔|障|家|人 堡 都|區別也地| 宝 仝寶小寫也 褓 小女衣也 葆 草名

上去● 報 告之使知曰|捷|塘|知也 报 仝上|本|恩|荅

上入● 駁 以言相貿曰||問辨|以船移貨曰船| 蕔 人名

下平● 婆 俗稱老婦曰|原婆字 嶓 山大而平之貌 皤 素白也又腹也

下上● ⿰足暴 急行也

下去● ⿰足虎 猛虎也

下入● 薄 輕|浮|淺|金|厚| 泊 船附於岸曰|停宿也 萡 簾幕也 鉑 金|也

求上平● 哥 弟稱兄曰|餅| 歌 長吟曰|行|長| 膏 脂|藥||澤也 糕 |餅|鹿又餻同 篙 竹|持|揭| 謌 仝歌 餻 仝糕

● 羔 仝糕 竿 竹|也

上上● 稿 起|信|文|呈|草| 犒 賞也勞也|軍|勞 縞 白色布帛也|衣|素也 蜾 |蠃蜂負之以為子 藁 枯木也又草為|枝|枯|

上上●槁枯木也 餜丨飲也又餅也

上去●告以事稟官曰丨告狀也 塊大丨大地也物成片曰成丨 凷俗作塊非

上入●閣樓丨內丨台丨殿丨 擱事有阻隔曰丨延丨被丨湛丨 㦢心丨念而不忘也 袼衣丨也又袖與衣接處 胳丨下即手下也又腋下也

下平●笴竹丨捕魚鰕也 簻仝上 翗高飛也

下上●個正音曰丨物之數也正音 箇竹器正音 哥俗曰丨丨言好也

下去○

下入●[illegible]鷄兒去㲉之聲也

去上平●戈干丨丨矛 訶丨責也 苛丨刻丨求丨政 柯枝也斧柄又執丨伐丨 軻車接軸也又姓 [illegible]美也 架可也 珂次玉也

●坷坎丨不利也 撾打也丨門也

上上●可許之之辭丨否

上去	●顆 小頭也如珠一粒即謂一丨
上入	〇
下平	〇
下上	〇
下去	〇
下入	〇
地 上平	●多 眾丨幾丨丨少三丨 刂 刪丨剖丨 刀 切物用丨劍丨剛丨 侈 姓也 茤 草名 哆 言多也 魛 魚名 舠 船眾也又小船形如刀
	●[illegible] 雜貌 [illegible] 仝上
上上	●倒 仆地曰丨丨眼跌丨 短 不長也分寸曰丨日丨夜丨 陊 仝倒
上去	●戴 姓也 處 說文曰何丨又治丨掃丨 [illegible] 不直立曰丨

上入●卓獨出其類曰丨丨立丨見 硺凋丨如丨如磨 桌几案之總名也椅丨 琢凋丨丨玉如丨如磨 棹椅類也 啄禽食物曰丨 倬着也大也

下平●逃走匿也 逃上仝 萄楊丨果名 朶丨雲丨花成片成丨 垜射丨也堂塾也 朵朶仝 垛垜仝

下上●在無他往曰丨丨家丨國丨世 惰不務事業曰好閒也 婷量也美好也

下去●代世丨一世為一丨又朝丨有前五丨後五丨 袋布丨麻丨草盛物也 帒上仝

下入●擇丨其善者而從之丨及丨師丨言 奪爭丨搶丨元丨錦丨

頗上平●陂面測也陀丨丨難丨 坡丨山丨塘又地名新加丨正音

上上●跛丨足行履不正也 蹞上仝 尀丨耐也仝上 叵不可也人心難料曰丨測

上去●桴漁網在水面之木曰丨釣魚亦用丨

上入●粕糟丨渣滓也 料上仝

下平●婆正音曰公丨也 吥口丨又吸也

下上●抱兩手齊合曰丨　褒仝上又丨衣也

下去〇

下入●鉋人名又平木器也

他上平●胎在腹為丨三月成丨胚丨也

上上●討治有罪者曰丨征丨又索也　妥安置得穩曰丨丨當　唾口液吐之曰丨　媠艷美也

上去●退進丨在前曰進在後曰丨　蛻蛇蟬所脫衣曰丨

上入●託任曰丨囑丨信之丨人　托丨丨事寄付丨　仛丨倚　⿰亻席寄也毀也　⿰王乇頭丨首飾　侂仝上又馬腳行欲先也　⿰土席土泥也　拓仝托

下平●桃丨李果名有實也　牠牛無角也　它長蟲也　跎蹉丨失足也　佗負荷而行又委丨美也　鮀魚名　迱透丨行之貌

●鼉介蟲也似鱉　陀陂丨險阻　沱滂丨大雨也

下上〇

下去〇

下入●駝駱｜似馬頸長身高背有三峰貎獸名鱑魚名

貞上平●傞｜｜醉舞之貌侳辱也安也傮仝上又終也

上上●左仝坐之人長邊曰｜事右之不正曰左阻窒碍曰｜｜爭｜路｜隔棗木名有實大｜紅｜黑｜枣仝上俎｜豆祭禮之器也𠂇仝左

上去●做凡所為之事曰｜｜事｜親｜戲也作說文曰｜

上入●作俗謂傭工曰｜｜工｜堤

下平●糟豬｜馬｜鷄大豕之｜｜䐬豬首圈曰｜頭𥕢石｜木｜皆飼畜之器艚｜船艙底也

下上●坐｜位叙｜正｜傍｜佐輔｜尤｜孔明有王｜之才助以力相｜以財相｜扶｜袏以衣包裹也麆獸名

下去●座屋之一落曰一｜又｜山｜主｜客

下入●絕物之盡處曰｜斷｜盡｜

入上平●貅 獸名 屄 人名又脊櫟盡處也

上上●欆 木名

上去●跢 小兒初行也

上入●喞 衆聲又人名也

下平〇

下上●濐 口食物而言曰|

下去〇

下入●硞 人名又山大石也

時上平●梭 金||以擲行|緯也 唆 問|枉也教|也 疏 親||密通也達也 糉 |裸成團也 疎 仝上又稀| 篓 竹器也

●娑 ||舞容也 鮻 僧謂魚曰水|花 蔬 菜|果| 趖 足行也又走也 仯 行也又舞不止也

上上● 所確指其所曰｜公｜寓｜ 所仝所 昕仝上 鎖管約得緊曰｜關｜鉄｜ 肖｜屑細小也 鏁仝鎖 瑣繁碎曰｜又仝上

● 璅仝瑣又石次玉 惢疑也心不一曰｜不則疑矣 瑣仝上 嫂俗呼兄之妻曰｜ 謏妄言也

上去● 疏正音曰｜｜書｜又上｜相｜

上入● 索繩｜草｜麻｜苧｜ 雪雨凍而為｜落｜埽｜ 鎍綠｜牙

下平● ⿰女㐬無容也容也又女字貌

下上● 趖走也又行速也 撥以手持物搖之曰｜

下去○

下入● 鍊手飾也又金也

英上平● 窩｜藏燕｜曹｜盜｜ 痾沉｜病也 妿女子師也 呵呼聲也 媧女｜氏煉石補天 婀仝媧 漪水波紋也 呵呼聲也

● 猗歎辭也 ⿱呵女同妿 ⿱上可止｜也 猗仝猗

上上●襖長袍曰｜女｜也

上去●澳海邊之港曰｜有四｜有七｜奧書之｜南｜地名深｜隩｜阻也又水限崖也

上入●呃氣逆風上升曰｜難說文事之不易曰｜

下平●蠔海中石所生也｜珠｜鏡蚵仝上

下上●卧掩息也小｜斜｜匿｜睡也荷負物也｜鋤｜蕢臥仝卧

下去●呵欸氣也嗬厷聲也

下入●學凡所習之事皆曰｜｜堂進｜出｜个｜學仝上学仝上効學習效俗曰｜皆試驗之義

文上平●胟人名又將指也芼草｜也

上上●母稱生身者曰｜父｜又｜母也拇大手指也𣅳仝上嬤仝母俗呼母為｜｜踇足大指也

上去●餢人名

上入〇

下平● 無 有|空曰||事 无 上仝 旡 上仝 謨 良|楷|嘉| 謩 同謨謀也禹|陶| 摩 接觸切磋 毛 首髮身毛在曰在曰 魔 鬼從人生曰|妖|

● 酕 酒|也又酩醉也 模 仝謨樣也式也範也 摹 有所規倣曰|倣也寫也 摸 上仝 嫫 |母醜婦黃帝妃也 毋 禁止之詞又言莫也又姓

● 漠 沙漠地名 麼 么|甚小也 尛 上仝 示 小也 蟇 蝦|濕虫也

下上● 暮 日入時也薄|日| 墓 古|祖|坟|塚| 慕 思|仰|揣| 幕 凡蔽障者曰|幃|帳| 慕 仝慕 冃 車覆也

下去● 望 舉首觀之曰|瞻| 磨 石|牛|挨| 帽 首衣也冠也紗|緞| 磑 仝磨通書每有|字 瑁 玳|似亀之殼也

下入● 冪 以中覆物也 膜 肌|隔| 募 廣求也|化|勇|軍 幕 凡蔽障者曰|幃|帳|屏| 瘼 疾貌 皌 皮殼也薄皮也

語上平● 哦 言聲也又吟也 齵 齒|也 餓 不得食曰|飢|也

上上● 我 正音曰| 姽 婐|女侍態也

上去● 驁 駿馬也 驁 上仝 睋 目仰視而轉也

上入〇

下平● 莪丨丨蒿也菁蓼蘿 愚不慧之謂也丨魯也 娥嫦丨嬌丨又丨眉也 虞涉也犯也防也 峩巍丨山之高也 梧丨桐木名 蛾蠡丨虫也能化蝶

● 䮪仁獸也 俄丨頃須臾也 鵞畜名又名舒雁 鵝仝上 禺區丨又潘丨縣名 隅邊地也角也荒也海丨 㐺乃虞人之虞

下上● 遇不期而丨相丨路丨 寓丨所寄房曰丨 晤丨昧醒丨丨知 悟知也覺也 寤仝上知也 苁草名 𢙣古文悟字

下去● 䮞馳不齊也

下入● 憒心丨忽刻不省變也

出上平● 初凡物之起始曰丨 葷魚鮮皆丨丨辛菜也 瑳丨玉也人玉白也 嗟丨丨言之貌

上上● 楚叢木也又荊棘也長丨丨國清丨 礎基丨基石丨潤則兩 儊不滑也 憷痛丨也 草正音曰丨有丨字丨書 𣛧仝楚 𧺆行之貌

上去● 銼鈇丨而利可丨鈇也 錯凡事之悞曰丨差丨作丨行丨 磋如切如丨丨磨也 脞小也 剉丨仔丨物也 莝草名

上入● 撮揀其要者曰丨又小許曰丨又以手擇切要也 蕞小許曰丨 𣯍姦淫曰丨

下平●鋤農具也又丨月種梅也耡耕丨農具也磋以石磨之曰丨挫折也頡丨大丨又丨其銳氣也峑山高而大也

下上●⿺辶草兌草也⿺辶劳仝上

下去●盛俗以器皿盛物曰丨用其義也原盛字

下入●鷄丨丨眾鳥之聲也儊欲進不敢進退而不退曰丨不央也

喜

上平●呵丨丨笑貌又怒色⿱艹好丨草也⿰口靴叱氣也又吐氣之聲

上上●好和丨順丨相丨善也美也孜仝上傐地土之方也

上去●訛不實曰丨音丨傳丨虛丨耗凡事銷鑠曰丨大丨小毛吪動也化也⿰口苛慢應曰丨蝠蝙丨俗曰丨原北字訶丨叱怒言也荷俗曰菪丨原音荷

上入●熇柊帆也又火熱貌

下平●何無所定指也丨人丨事丨故河江丨水之流也黃丨澄清⿱言曾仝何咊呼聲也和俗謂僧曰和尚原和字

下上●⿰亻和倡丨也又和

下去●賀與人誌喜曰丨慶丨號以之名物曰名丨別丨字丨号仝上⿰号虒仝上⿱號土土釜也⿰号直仝上

下入●鶴白丨化丨騎丨丨冠隺仝上鶮仝上⿰口好心痴也愛也好色也

16皆部

柳上平●⿰齒來齒丨嚼齒也獀使丨也又獸名櫳木名又養獸所也

上上●奶俗稱縉紳之妻曰亞丨鼐絕大之鼎也迺汝也始也硋丨磨也唻歌之聲也⿴囗乳乳也柰木名

上去●睞考視也傍視也賚賞賜曰大丨子也⿰魚卯魚名丨鰳鱱仝上騋駿馬也馬高七尺以上者丨馬賫賚同

上入○

下平●來往古今未有者丨后丨萊草名人荒田也来仝上未經事曰將丨騋北馬也又馬七尺高也倈答其勤撫其勞也⿰貝來賞賜也又賜也予也

●徠仝上勑勞也撫其至曰丨倈仝上郲姓也地名山也⿰禾來小丨麥也⿰田來耕丨塲也梨果名沙丨雪丨唻囉丨謌聲也

●崍山名也其陽多出金

下上● 內 有別內外裏也深藏也 賴 依丨托丨仝丨又無丨浪蕩也 耐 忍丨久丨丨寒丨凍 柰 無可如何也又果名 奈 無可如何也又丨何無丨

● 籟 凡竅數之則鳴曰丨萬丨 乃 仝奈

下去● 利 俗以銀息曰丨丨又廿四造作有丨 俐 無丨二字仝音也 莉 藥名 睞 日耀也

下入● 啟 上言也教也開也

邊

上平● ⿱⺮能 竹丨也又竹名 䚡 念也又角中之骨也

上上● 擺 丨設丨來丨弄布丨敢丨 扒 拔也擊也剖分也 ⿰扌⿱罒去 仝擺 襬 衣丨裙也 ⿰亻罷 停也

上去● 拜 首俯至地丨又載丨曰 湃 澎丨波浪之貌 ⿰歹丰 仝拜 ⿸厂斤 倒也到別也 撓 古文拜字 捧 仝拜

上入○

下平● 排 安丨推丨丨列 牌 丨丨丨丨火招石牙 ⿰片畢 仝上 俳 丨優丨戲 箄 大桴也

下上○

下去● 敗 物丨則壞事丨則散兵丨則走回危矣 墩 丨壞也又小堤也 唄 丨言也又梵音 贁 仝敗 稗 草禾也

下入● 箅 竹器又竹尾也

求上平● 皆 無分彼此之謂丨是也 偕 併也具也強力也 該 如此之謂丨事丨件 喈 鳥鳴也 賅 贍也具也非常也 揩 丨擇也

● 垓 界也守也 堦 丨下與簷齊也 侅 非常也奇也 皚 明也白也 胲 頰下也 湝 屋井之水曰丨水 荄 草根也

● 鍇 金丨王宮之堦曰金丨 𥓍 丨石也

上上○

上去● 蓋 發端語也又覆也掩也 丐 乞丨也取也 葢 仝上遮也蔽也 芥 辛菜也丨薑 界 邊丨基丨地丨監丨 屆 以至曰丨弗期丨

● 介 取與不句也又鱗丨丨胄 妎 妒忌也 戒 警丨受丨齊丨 夰 獨也 盖 與葢又仝蓋 蚧 蛤丨似蝦蟇有尾 价 大也善也又伻也

● 誡 命也告也又警也 悈 仝上役丨使也 匄 丨魂也 玠 大圭也

上入● 宏 力盡也困乏也

下平● 個 丨枚也每丨幾丨 个 仝上又竹葉似丨字之形 箇 仝上 𢡆 怨恨也

下上● 䉏 竹器也竹名也

下去● 燹 蒸也

下入● 恩 心急也又人名 穵 穴窄也

去上平● 開 丨基丨國丨學丨荒丨闢丨端也 鐦 丨鎖丨禁 閄 火盛之貌 奓 大也

上上● 楷 字之正體者曰丨丨書丨模丨端 顗 靜也靖也欒也 愷 丨悌懷也力也 剴 丨切也 鎧 鐵甲也 獃 丨子痴也 闓 開也闢也解也

● 凱 丨旋也 覬 丨覦希望也 敳 仝剴 鍇 鐵之精也 塏 丨切也

上去● 慨 感不絕於心曰丨又感丨丨然 概 一平曰丨大丨持丨丨見也 槩 平斗解木也 㒅 假玉也 嘅 嘆氣也 愾 丨歎太息也

● 㒅 仝㒅 漑 田園必用水灌丨 溉 暨 總也

上入● 炏 火盛也

下平●⿰齒豈齒｜也又⿰齒盍牙也

下上●硋石｜也

下去○

下入○

地

上平●懛痴 襶｜衣也又不晓事也 秖｜五谷之稼穡也 ⿰魚氐魚名

上上●歺物之惡醜者｜好｜也 夌不善也 户古文夌字

上去●戴｜恩｜德頂｜ 玳｜玉又｜瑁似龜殼也 岱東獄曰｜泰｜ 埭土堰水也 貸以物假人曰｜出｜交｜也 黛可代黑色曰｜又青｜眉｜也

●伏地名 帒｜袋也又囊也 貰賒也又寬｜ 靆｜雲也

上入○

下平●⿰石臺｜石也大柱也 ⿰石台仝上 籉笠｜也 ⿰虫台鷄｜小虫也

下上●大首也尊也高大老丨也 迨及也又安和也丨今也 逮遞下之詞又仝上 怠惰也懈也慢也 殆舉其大概之詞危也 隶及也本也

●它丨船丨主行小舟之事主也 默暗也又靜也幽也不語也

下去〇

下入●軩車聲也

頗上平●崑山崩也又人名

上上●痱蕩脂病丨浪好之曰 搻仝拿也

上去●庍分丨一丨交丨 霈雨澤多曰大丨 派仝上又萬丨朝宗 旆旗邊白如燕尾者曰丨旗丨道丨 伂沛仝 湃仝派 怖恨怒也

●汖瀑布也 沛水勢湍急 派仝派

上入〇

下平●徘丨徊不忍去之野 琲珠十貫成丨 䣫醉飽也 ⿰非頁低頭曲頭也

下上〇

下去〇

下入〇

他 上平● 苔堦前久雨上｜蒼｜青｜舌｜綠｜｜痕 篩竹｜去粗取細用｜｜米 筩仝上 笞仝上 胎懷｜十個月而生也 鮐魚名 孡懷｜也

上上● 癲瘋｜惡疾也俗謂｜哥 ⿸疒台仝上 ⿸疒來仝上 噎殺聲也

上去● 太人也太平太王｜上 ●泰安舒也康｜ 態度也體｜驕｜ 能仝上婦容也 汰沙｜又仝泰 焱交｜廣也

上入〇

下平● 台遠觀四方者曰｜高｜ 檯木名 臺樓｜高｜可以摘星也 枱仝上又床｜ 臺稱人之詞也如老｜仁｜ 邰仝抬又始國名

● 駘駑馬銜服也 刣人特而｜｜人｜盍 抬舉也 臺仝臺 笞捶擊也 ⿱日炎日初出也 鮐魚名

下上● 待久｜相｜｜貸｜售｜聘 ⿰虫寺蟲名 ⿱竹炭竹名

下去○

下入●揩竹器也又俗字

貞上平●知心能会曰丨心丨事　災天丨禍丨丨害丨缺　灾仝上又仝烖　栽丨種丨花　烖仝上　菑丨草也　烖仝烖　巛天反丨為灾也　𢦏傷也

上上●宰主其事曰丨罷丨官丨主丨又丨割也　滓渣丨糟粕也　載十二個月為一丨即一年也　崽爛丨惡人也　宰仝宰

上去●再重也復也又也　載丨拜承丨來也　俩丨物用船車丨　𢧐仝載　冄仝再

上入○

下平●臍肚丨深者可納丨心腎之間也

下上●豸無足之蟲也又群丨也　在正音曰現丨所丨　⿰虫豸蟲名　⿰虫昏仝上　廌仝豸　⿰豸豸仝豸

下去●儎大船中之貨曰丨貨足曰滿丨　哉始也又語辭又歎聲又疑辭也

下入○

入上平●媌還中俗稱老婦呼曰亞丨老丨也 [illegible]丨卜泉語也 [illegible]有骨醘也

上上●祡人名

上去●[illegible]動心也又得也映也

上入○

下平●瑎人名又在似玉也

下上○

下去○

下入●[illegible]杀丨也

時上平●西日入於丨山又丨洋丨國也 獅猛獸也善走日行千里 卤西寘也 腮胸前曰丨 犀形如豬有獨角兩角三角之異曰水丨

●私丨議丨奔隱丨竊竊丨語 䰄胸前之毛也 [illegible]疾之貌

上上● 使 廝役為人所|用|喚也 | 駛 馬疾行曰|又|舟船行快也 屎 人之糞穢曰| [illegible] 殺|宰也

上去● 賽 |寶|玉又猶較也 塞 出||外猶邊界也 壻 女之夫曰女|子| 使 聘問鄰國曰出|又|臣聖人四時曰| 婿 仝壻 晒 映日曰||干不濕也

● 曬 上仝

上入○

下平● 儕 侍立也又等也背也 擳 以手持物也又揩|摩拭也

下上● 柹 果名宵||紅|元青|

下去● 窒 祀神曰|神也 梩 俗謂木材曰梩柳

下入● 狭 獸名似犬

英上平● 哀 痛甚|死|子悲之曰母曰 埌 塵|也 哎 歎氣之聲也 涘 水涯也 埃 仝埌 唲 仝唉 欸 小也

上上● 藹 容止可觀曰|和| 靄 雲霧五色曰|雲|瑞|門開瑞| 靉 海中之雲也 毐 嫪|人名趙姬之奸也 醘 以肉為將曰| 餲 飢|也 醓 飲具也

上去● 欲 貪|最||財|命 愛 心之所好者曰|變||子女也 曖 ||明也昧昏也 爱 仝愛 㤅 仝上 𢖻 仝上 璦 |玉名也

● 僾 仿佛也 塧 凸也

上入〇

下平● 嫒 俗呼母有者呼曰|父|也 㖸 痛疾之聲也

下上● 噫 挑擔急者口氣曰||

下去● 欸 |炙之貌也

下入● 唔 仝噫急聲也

文上平● 毴 兩人行船之水路曰|或長曰幾|或短曰幾|準行也 肊 婦人之陰聲曰|

上上● 䰡 |鬼似魔類 炑 火色之不亮也

上去● 勿 禁止之詞曰勿不貪曰||為 簣 竹器也

上入〇

下平●眉眼｜目｜畫｜柳｜ 堳地名 楣門上橫樑曰門｜ 郿地名 嵋山名西蜀有峨｜山

下上●邁遠行也又老也又過也｜也 勱仝上

下去●眢眼不明而濁也

下入●䁲人名

語上平●嵦山名

上上●娾語言不同音曰｜又喜樂也 豛豕｜猳也

上去●㤥心不定曰｜又恨也

上入〇

下平●涯水邊曰｜水｜無｜ 啀山上或凸或凹曰｜ 崖高港也又海中有地產珠曰珠｜ 睚天違不和也｜眦忤視也 呆痴呆也 啀口舒言徐徐也

下平●痓｜痘成個曰｜身生｜

下上●嵦堤｜山｜高｜水邊堤也岸仝上犴狴｜獸名豻野獸也刈佛殿也

下去●碍政治不行｜窒｜防｜｜掛中｜礙仝上又阻也

下入〇

出上平●猜歎謎事也恨也｜｜｜料又蠆名蟲

上上●采｜彰｜雲｜者錦繡之色也彩｜色五｜華｜綵錦｜擺｜採取｜｜藥｜蓮保不｜人也挆仝採睬目｜

●啋｜也也喚喧大寀仝保又悉諟也

上去●菜園荒曰｜｜根魚｜埰百來之家有｜地

上入〇

下平●纔和也曰方｜暫也曰｜｜紾仝上又言謹也才質美可造者曰｜天｜人｜高｜財世人通用之資曰｜則人聚｜材大木曰｜｜棟樑之｜大｜｜料

下平●裁剪|凡事多須|酌 豺|狼猛獸也 栽|種也

下上●砦石|也水柵也又疊也 堦俗仝上

下去●睞目神活也

下入●砌石|也

喜上平●⿱山夫大也 ⿱山夫仝上 咍微笑之貌 ⿱殹言仝上又|之聲也

上上●海百川滙一眾流歸於|四|湖|能潤也 ⿰酉盍飲具 ⿱酉皿仝上 ⿱亼皿仝上 ⿰口⿱亼皿仝上

上去●⿰豕欠逐豬叱豬之聲 烗火盛也

上入●⿰白兆明朗也

下平●孩嬰|小|孩兒也 骸尸|人死之身也 諧和|耦也男女和合也 胚胎之始也又|胎也 駭馬驚曰||異甚| 頦下|口下曰|

●垓塵| 陔仝上

下上● 亥十二支辰之一曰丨 閡閉也止也塞也 欬丨嗽氣曲也 侅奇也非常也 咳仝上又嘔吐也 薤葷菜也 懈丨逅相遇也

● 懈追惰也 械丨器具罩軍形 㑰偪丨豪強貌 獬丨豸 邂丨逅相遇也

下去● 害災丨貽丨禍丨又嫁丨于人曰陷丨 嗐以言唆人曰丨 丰相遮要丨也 夆相丨仝上

下入● 嗐恐懼之貌 噭仝上

卷二終

潮語十五音卷三

君 薑 甘 柯 兼

交 家 瓜 膠 亀

17 君部

柳上平● 瞵目｜言其活也 嗹人名又言語煩素也 槤紗｜又連非也 鏊金｜又皷聲 鐅仝上又高步也

上上● 輦輪助行曰車也車者｜ 鵉仝上 僯侍也

上去● 軠善轉曰｜｜｜猛也

上入● 抳止也

下平● 聯假合曰｜對｜蟾｜ 磷薄石也又車聲也 璘｜玉文也 粦鬼火也 蹸｜踏蹂也又仝鄰 遴行難也 連｜合又相｜牽｜續也

● 轔車之聲也 鄰｜國｜鄰｜里｜近｜比也 鰱｜魚也 麟麒｜祥｜仁獸也｜吐玉書孔子獲｜而絕筆 燐人血為｜又鬼火也 潾水清之貌

● 粦鬼火也又兵死及半馬之血為｜ 鱗魚之甲也魚｜龍｜正音 繗｜綿又紹也 隣｜近也｜里也

下上● 屫陽物也 ⿰亻臨｜俘頭向前也

下去○

下入●勓鳥鳴而鬼　紡丨索又功績也

邊上平●賓師傅曰西丨丨客丨主　蠙蚌別名也　賔仝上　繽丨紛亂也　儐尊也恭也　檳仝檳　嬪女官也　彬文雅文質丨丨而後君子

●虨仝上　斌上仝　濵水際也溪丨海丨水丨　獱獺之類也　矉恨也張目視也　豳詩丨風商名　檳丨榔產自南方　霦玉之光彩

●邠古同豳古地名　攽古同頒发布　豩兩頭豬　⿰魚賓魚名似魴

上上●品丨賓丨物丨級丨行　匾牌丨丨頌　稟告丨敢丨致丨丨帖　⿱亠品丨置又眾聲　箳竹器也　箅蔽甑之底也

上去●遍丨山丨野丨地言其廣且週也　徧仝上又布也　娦古同嬪　⿰石賓石丨也　臏膝耑也又鬼谷之徒人名孫丨善用兵也　擯排除拋棄

●殯停柩于堂曰丨移去曰去丨　髕膝耑又刖形也　髩仝鬢　鬂兩丨鬢丨也　篦虱丨竹器　窆下棺曰丨　⿱⺮业竹丨也　鬢仝鬂兩丨

上入●必決也定足也丨是丨然丨得　筆別名毛錐丨鐸丨陣　⿱艹聿聿頭加竹曰丨紙丨毛丨仝上　觱風寒也又名笳羌　笔仝筆丨乃豪恬所為　箭仝上

●⿰氵皁水名　⿰月必肉赤也

下平●嚬又丨丨小聲也眉蹙也

下上● 㖰 土語曰哭｜又巧言也

下去● 便 正音也俗物件齊備曰錢｜菜｜物｜ ⿱馬几 ｜然｜套

下入● 畢 事終曰｜事｜禮｜ 弼 左輔右｜斗柄星也又人名 蹕 清道曰｜｜駐｜ 蓽 篷｜也 ⿰亻畢 仝上清止行人也 弻 仝弼 嗶 語｜也

● 篳 籬藩也｜門客篷戶又篷｜生光 佖 停｜完｜ 韠 裘｜古同鞸 ⿰必攵 仝上 苾 草｜也

求上平● 君 聞也用也 斤 正音曰｜十六兩為一｜又斧｜也 ⿰扌巾 又手手巾色也 ⿰車皮 車｜褥也

上上● 緊 凡事不可延緩｜｜安｜急 緊 仝上

上去● 絹 白｜畫｜練也賜｜贈｜也

上入● 吉 祥瑞曰｜兆｜祥貞｜安｜ 佶 壯也又健也正也 橘 形似柑而小有甘｜甜｜大｜ 桔 梗｜藥名 結 實｜｜子 揭 陽｜邑名

● 姞 女貌也 扟 手持物也

下平● 菦 菜名

下上● 夯 用力舉物也 肣 鴨|鵝|鷄| 𦡆 全上 腱 全上 肯 止也又近字 𡶑 溪岸也

下去● 㨷 去取物也又拭也

下入● 糮 厚粥也 𥹉 乾也

去上平● 輕 |薄|重|浮 軽 全上 欦 少也又噓也

上上● 赾 退也返也又跛行也 螼 蟲名蚯蚓

上去● 趣 走貌

上入● 詰 考問曰|細|盤| 袺 以衣貯物曰| 喆 明朝曰|朝又哲也 譎 權詐也欺也偽也奸|也 頡 直項也又姓也 襭 全袺 擷 採|也將取也

● 挈 東而持之|又懸持 扟 手持物也

下平● 䉐 人名又竹器也 𥲤 竹名

下上● 薣 草名香蒿也

下去●牽迎牽也

下入●楖木名又代也 茇草名藥名

地上平●叮｜｜五金之聲也又｜嚀也 ⿰革頁｜革頁又面大也 玎｜璫似玉之聲

上上〇

上去●鎮天下四大｜又市｜｜台坐｜也 鎭上仝 凳｜車

上入●得找自獲曰｜甚｜皆｜ 淂俗｜字又取也 得得仝 淂淂仝 㝵｜見面也 㝵上仝 ⿰貝寸上仝

下平●籐葛｜草｜瓜｜ 塵紅｜世｜｜埃 藤籐仝 ⿰土鹿塵仝 ⿰土塵塵仝 軷古代祭路神称軷 籘籐仝

下上〇

下去●陣兩罩對｜行｜列｜ 旃對陣交兵之旗也

下入●直不曲曰｜具｜如天臣忠曰｜忠｜道｜ ⿱七目上仝 ⿴囗仌｜聞也 蟄蟲名

頻上平●砒|礵藥也 繽開也分也

上上●貶降官曰|謫也黜也褒|春秋一字之| 窆窀|下棺也 砭針|以石針病也又平聲仝義 牝母畜也慈鷄曰|鷄|牛| ⿱彐乏仝貶

上去●諞詐偽也 ⿱宀覞人名又圓暫一見也

上入●疋布|成|又四丈為一| 匹|配|耦又仝疋 㚰女嫁曰| ⿰月八足之上腿也又吹肉也

下平●貧家計不足曰|財乏也 頻屢上曰||年|仍 蘋水中|草也|藻采| 屏玉|圍|雀|幃| 瀕水涯也 顰東施效|效雅也

●⿱穴分仝貧 姘姘|也又妾也 屛古字

下上●⿱北女另也再也又老人之稱

下去〇

下入●⿺乏鳥名鳥也又呼戴勝

他上平〇

上上	●	婝美色也容貌也 娗上仝
上去	●	趚走之貌自復及之也 趂逐也
上入	●	遬行走之貌又張 節竹器也 ⿰食分食不飽也
下平	●	陳表其心事曰｜｜情｜說 迧走遠也又人名 謄言物之撰美者另譯而撰曰｜ 蔯｜皮即柑皮也又草名 ⿱麤土鹿行揚土也
下上	○	
下去	●	伨使之星也又流均也
下入	●	⿰言直言辨而直也
貞上平	●	真事雖錯而不言錯曰認｜不偽曰｜｜偽也 薪柴者取柴曰採｜ 津江｜溪｜問｜又地名天｜ 瞋張目怒視曰｜ 臻至也及也聚也
	●	溱水名也又眾也盛也 榛木名｜莽 蓁草盛之貌其葉｜｜ 璡｜玉也 嗔言實曰｜ ⿸疒秦骨疾也
上上	●	振舉救也又整也奮也動也作也 蜃海中氣結為樓市曰｜氣又曰｜樓海市 侲童子也 賑以富救貧曰｜｜濟也 震卦名又雷從地曰｜地｜俗曰地牛換肩

上上●戢｜穀富也福也又盡也　脤腹中作動曰｜　胗仝上又唇瘍也　脉仝胗　縝絡繞也　㐱綢髮也

上去●進｜退上｜求｜｜爵｜祿｜福　荐聚也仍也席也　薦引｜舉｜待｜仝上　洊水重複也　晋｜國日出萬物曰進｜也又｜朝

●縉｜紳士官之家也　搢挿也又｜笏也　晉仝晋又進也　⿰忄晋　⿰忄存　⿱臸日猶進也

上入●織經緯而成布曰｜｜布｜麻｜女　淛｜江地名又閩｜閩｜　鯽｜魚似鯉而小其色黑　脊腰｜能｜人之背中也　鶺｜鴒鳥甚相親愛比之兄弟

●瘠不豐曰｜｜土　蹐踏｜小步也　蜇蟲螫行毒也　晰目｜也

下平●螓小蟬也

下上●盡物理之亞極處曰｜｜力｜心｜忠　儘仝上又皆也　尽仝盡　侭仝儘

下去○

下入●疾｜病又急也　蒺草名　嫉｜妒也害賢曰｜害色曰妒　⿰亻疾兒疾也　⿰言疾疾魚也　螏蟲名蝍蛆似蝗而大腹長首能食蛇腦也

入上平●彄人名又矢弓也耑弦所居也　⿰足長足長也又拜跪也

上上● 涊 惡｜酒也 涊 垢濁也又汗出也 恁 能奈曰｜又思也念也 痆 疾也	上去● 靭 柔堅難斷也	上入● 銍 到也	下平● 仁 博愛之謂｜心｜德｜慈愊惻也 人 君子小人又｜君仁｜ 忈 古｜ 忎 古｜ 几 端立之形也 [illegible] 雜也	下上○	下去● 認 視物者得定曰｜｜人｜物｜數代｜也	下入● 日 太陽曰日東升西沉今｜明｜ 趁 抵首疾趨也 馹 馬停足 衵 婦人之底衣 囸 全日古字 [illegible] 古文日字 銍 到也 囟 薛首也古字	時上平● 新 ｜舊｜鮮｜日｜｜也 甡 眾多也 辛 苦｜金｜味｜庚｜ 莘 細｜又姓又眾多也 身 人之體曰｜｜分｜家 騂 馬赤也剛壯也	● 申 明｜究又地支之｜一 詵 致言也問也眾多也 伸 能屈能｜｜縮也 [illegible] 神名 紳 ｜耆鄉｜｜衿｜士 呻 吟詠之聲 㑗 神名	● 屾 二山並立 鋅 白鉛曰｜俗曰亞鉛也 柛 木斃也 兟 進也

上上 ● ⿸广先 屋料也 瘁 寒疾也 ⿰歹先 欲死而不死之貌

上去 ● 信 言之必践曰｜有｜守｜ 迅 言其速也｜速如雷 訊 以上問下曰｜｜案 汛 地港之曰｜又｜官 訒 仝訊 訫 仝上 誶 仝上

● 侁 ｜化也 德 德澤也 㐰 ｜言又仝信

上入 ● 室 宮內｜家｜屋曰｜ 失 得｜遺｜自述我而棄之曰｜

下平 ● 辰 每日十二時｜日｜時｜星｜ 娠 女人有妊身動也 晨 昧爽曰｜清｜｜昏 ⿸疒辰 腹中痛病也 神 ｜仙｜鬼喜｜精｜ ⿸疒冗 疣字之偽

● 繩 頭｜準｜結｜索也 鷐 鳥名鷐也 蠅 利薄曰｜頭蚊｜蒼｜｜ 宸 帝居之所曰紫｜ 澠 水名其味濁也 譝 譽也稱也舉也

下上 ○

下去 ● 剩 物之有餘者曰｜食｜分｜相｜也 賸 仝上送物而加以物曰｜

下入 ● 實 不虛曰｜有物亦曰｜果木結｜又信｜ 寔 仝上 植 種｜物｜又栽也 趐 鳥有兩｜魚亦有｜翼也 埴 培｜培蘭｜桂也

● 殖 貨｜興利生財也 实 仝實

英上平● 因 事有所由曰丨緣丨 胭 丨脂又喉也 茵 綿丨草名丨蓐 臙 丨脂又喉也 烟 火未起則先丨火丨雲丨 姻 婚丨丨親丨緣 煙 仝上俗之財破有三丨

● 堙 仝垔 垔 寒也仝堙 嫺 仝姻 闉 城門也重門也 裀 近身衣也 甄 丨別丨陶又姓 絪 丨縕元氣也 湮 水名又丨沒沉也

● [illegible] 仝煙 氤 丨蘊 咽 身之要者在丨喉 駰 馬止 [illegible] 仝上

上上● 引 伸丨牽也道也 蚓 蚯丨即寒蛩 癮 凡有癖曰丨煙丨 弘 仝引 廴 長行之貌

上去● 印 符璽也又地名丨度國丨 應 正音曰丨答丨丨言俗語也 茚 草名

上入● 一 數之始也第一惟丨 壹 仝上 弌 仝上 乙 十天干之名甲乙木東方也 鳦 鳥名 肊 胞骨也

下平● 寅 十二地支之一又恭也 演 丨義丨說丨戲佈也 夤 恭也敬也又丨緣 沿 相丨丨江丨河 鉛 五金之媒也 宎 仝寅 戭 丨戲也

● [illegible] 丨媱也

下上● 胤 人名

下去● 暈 如卯截望則有丨又如杉截斷則有丨又日丨月丨正音 [illegible] 仝上

下入● 逸隱丨勞丨安丨 誄忘也悮也 佚仝上 隘仝嗌滿也 泆浮放也 饁饋餉也 佾八丨丨生舞行列也 妷婬丨 縊絞也自丨而死

● 噎氣不通 嗌險也丨 鎰金每廿兩為一丨 溢滿則丨充丨洋丨 軼均見軼 昳日偏西 颶大風

文上平● 罠罵人以小語也又釣也 鴖鳥名似翠赤喙也

上上● 免不用也俗曰丨 浼仝上 刡刨貌又削也

上去● 抿手丨也

上入● 搖打也

下平● 民百姓曰庶丨四丨官丨 眠睡曰丨夜而丨安丨 緍丨鸞鳥聲也 岷蜀山曰丨山又丨嶓也 泯水之貌又盡也茫也 旻秋天曰丨天

● 珉石之美者曰丨 苠草名 氓流丨也

下上● 𤖹𠂢分也

下去● 面眉目口鼻生于丨又人心之不同有如人之丨 面仝上 靣仝上 圙作面非 靣冥合也 宀山冥合也

下入●宻深藏不露曰丨松丨机丨　蜜仝上　滅歿丨絕也況丨掩丨　宓安也又姓也　㣙丨儕律貌　謐靜語也安也　威丨息樸丨丨亡

●峚山雜也　𥁑器械也　滵水流也　蔑無也甚微也　覔探丨也　蔑仝蔑　蠛污血也　蜜蜂吐丨甘飴也

語上平●垽地名　𣙜斗名又末木斛也

上上●𥕐大唇也

上去○

上入●𥩂立著也　屹山名

下平●𣲢丨淪水面旋也　𡾃仝上山名　銀正音丨俗曰艮　嚚語聲也言不忠曰丨

下上○

下去●憖向也謹也

下入○

出上平●親服內為至丨又丨疏丨戚姻丨成丨 ⿰女亲姻丨成之貌仝上 ⿰女亲仝上 ⿱亲見仝親 皴皮粗曰丨

上上●⿱竹盡小竹也 吲笑之貌

上去●秤權也柴丨錘丨厘 ⿰賏見丨錢也 ⿰子人川也 ⿲氵青色冷也 寒原寒字俗天氣嚴冷俗曰丨畏丨 襯著身之衣曰丨陪丨 戥仝秤

上入●七數也星政也 柒數之一二名也 拭丨掉丨椅丨物 ⿱亠一數碼仔也

下平●臣君丨人丨家丨 秦丨國又嬴丨氏姓也 蓁丨莽草盛也 恧正心也

下上〇

下去〇

下入〇

喜上平●昕日出也

上上●⿸疒希瘡肉腫也

上去〇

上入●肸〔振也又響布也〕盻〔視也〕矞〔仝上〕肐〔胸骨也〕

下平●眩〔坐臥不安靈視不定曰｜乘船波浪亦有｜｜船〕暈〔仝上〕痃〔仝上〕

下上〇

下去●現〔凡眼前之所見者曰｜又｜錢｜物〕

下入〇

18 薑部

柳上平〇

上上●両〔斤｜｜錢為｜十六十為斤〕刄〔仝上俗寫也〕

上去〇

上入〇

下平●糧〔米｜｜食｜穀｜錢納｜完｜〕粮〔仝上〕量〔穀米用斗｜〕

●娘〔稱母曰｜女子曰婆｜〕梁〔橋｜棟｜又姓也〕

下上〇下去●讓〔原讓字俗曰相｜〕

下入〇

求上平●薑〔其味辛其性散｜母南｜稚｜〕姜〔仝上其性老而益辛〕

上上〇

上去〇

上入〇

下平〇

下上〇

下去●譻言不調也又詞不屈也

下入〇

去上平●腔詞調也曲｜詞｜ 𧩭仝上

上上●𩙪亂風也

上去●唴口阻之貌

上入●挈手拮也 皷破鼓也

下平〇

下上〇

下去〇

下入●壆土堅也

地上平●張清河墟派｜姓也 粻米穀也米糧也 粻仝上

上上●長正音曰｜俗以眾之酋者曰｜族｜邦｜家｜鋪｜也

上去●帳前曰屏后曰｜又蚊｜也 脹仝上 賬以物與人收息曰收｜放｜

●嶂山成列也山名 漲水浮曰｜｜貨價起曰｜ 涱仝漲

●釣用餌取魚曰｜太公｜渭 𡑢精土曰｜ 瘬滿｜腹｜肚｜

上入〇

下平●場疆｜市｜墟｜戰｜厝｜ 塲仝上又祭神道也

下上●丈姑母之夫曰故｜姨母之夫曰姨｜又同門｜

下去〇 下入〇

頗上平●脝膨|腹脹也删斫也	上上○	上去○	上入○	下平○	下上○	下去○	下入○	他上平●膷牛菜也	上上○
上去○	上入○	下平○	下上○	下去○ 下入○	貞上平●章文|詞|又姓也樟樹名其升為|碯⿰米章米|也	●漿粉|米|豆|	上上●掌手|腳|熊|槳行船之具也木||砧撐以柱|物也	●蔣|名青蘋也又山名又姓	上去●醬豆|米||又賣鹹料曰|園

上入〇　下平●螿蟲名也

下上●癢原羨字俗曰｜搔｜脫朓也

下去●上在高則為｜如｜輩｜祖在｜

下入〇

入上平●鈌器具也又鈴聲也

上上〇

上去〇

上入〇

下平●瀼水名

下上〇

下去〇

下入〇

時 上平● 箱 木丨皮丨書丨竹丨衣丨 廂 環堂之廬也丨廊廡也 傷 打丨損丨受丨丨心丨情 逿 仝傷 鑲 以原質入以他質曰丨如丨牙丨金也

上上● 賞 遊丨有功則曰獎丨丨賜乞丨 晌 片丨即片時也午也 鯗 魚丨鴨丨 扄 戶耳也

上去● 相 善觀人之氣色曰丨五刑又十二生丨正音 像 物形影曰丨又畫丨

上入〇

下平● 常 時丨又屢見之物曰尋丨 尝 仝上 鯧 魚名 冂 坰同空也 嘗 蒸丨又神農氏丨百草以療疾又丨味丨丨新 償 賠丨相丨賠人以物曰丨 滒 水名

下上● 想 思丨夢丨又眷戀不忘曰丨 楒 仝上

下去● 尚 和尚俗曰橫丨 [illegible] 獸名

下入〇

英上平●殃原音央俗曰丨害人之物也又妖怪丨也　鴦鴛丨鳥也雌雄相匹和好不相離開也

上上〇

上去〇

上入〇

下平●羊山丨嶺丨牧丨牽羔丨也　洋大海曰丨南丨北丨東丨西丨　楊姓也又果名也　融和也又人和

下上〇

下去●樣式丨謨範也好丨照丨　樣上仝

下入〇

出上平●鎗戰具也刀丨抬丨洋丨　槍仝上馬上丨

上上●搶丨劫丨物丨掠抄丨

上去〇

上入●⿱將鳥鳥名

下平●牆丨垣垣蔽曰丨夫子之丨數仞屋丨墻仝上天子貢之丨雨及肩⿰魚嗇魚名颺丨谷丨麥

下上●象獸之大也其力無比雄有牙雌無身似水牛鼻長而軟目凹耳大也牙

下去●匠五工之人曰丨人工丨木丨趟鷄腳也又行之貌⿺走虎仝上又行也

下入〇

喜上平●鄉居民之處也小曰村大曰丨丨里丨府鄉仝上香祀神用丨焚丨丨火

上上〇

上去〇

上入〇

下平●礓石|礫石也

下上○

下去●痌疾憂也稆谷禾穅也

下入○

19甘部

柳上平●簕豬|鷄|皆竹作也喃呢|燕語也坍水衝岸壞曰|㭷仝上

上上●檻曲|欄|擶抱|也持也覽周視曰|觀|遍|擥仝上又撮持也欖鳥|果|腩不美曰|繿船堂也解|也纜仝上

●艦戰|也擥撮取也攬仝上

上去●湳染布也|鳥半|仝|畓田肥曰|又物朽曰|求仝上坔仝上灆仝湳

上入●凾稴也盛稴也碯仝上佡貶|也拉俗謂掠人曰||袋也食寬也刣入也

下平● 南於形屬火於時為夏與他相對也 男剛強為男柔順為女丨子又公侯伯子丨也 侽上仝 楠丨木良木也古時潮轉山多丨木 嵐山氣也山丨也

● 藍似青色深者曰丨丨縷 婪貪丨 懢上仝 襤衣丨也褸敝 諵丨丨多言之貌 䍀南仝

下上● 灆洪水橫流曰丨泛丨 嚂猶貪也 㜮差也 灠灆仝 灠上仝

下去● 皶女之陰戶也 贉買丨也

下入● 諾聞命答應曰丨丨丨應丨許丨允丨 納物相收付曰丨丨稅丨租 衲僧之衣也 訥諾仝 軜車也 躐踏也 擸持也

邊上平● 玵古丨耳漫輪也

上上● 顑頭面不平也 吭口丨

上去○

上入● 甝虎足之爪也

下平● 谽言語調和也 谹握捉也 谽上仝

下上●聯人名又面長之貌

下去〇

下入●姶丨名又美好也

求上平●甘飲食皆足曰丨丨旨仝丨味丨 泔米水曰米丨 疳小兒病症有甘積又五丨心肝脾肺腎之別 邯丨鄲縣名呂仙丨鄲一夢也 粓米丨也

●紺纏也 㤌伏也

上上●感心動曰丨丨思丨德 箃竹器也 𦪈小船也

上去●監丨臨丨督丨察丨生 鑒丨鏡也以古丨今丨丨察明丨台丨 贛丨州地名也 璼玉丨 灨仝上 鑑仝鑒 艦舡丨大船 監仝監

上入●合十丨為升十升為斗又鉄箱曰丨萬正音也 蛤丨蜊丨粉 鴿白丨俗謂粉鳥也 佮仝合 蛤蛤聲也 䑪小舟也 頜項伸也

下平●頷口中含物曰丨又嘐同 咁仝上 唅仝上 莟草名

下上〇

下去● 鑑魚名

下入● 呞魚食之聲口丨也 哈魚多眾口之聲也 呷吸而飲之曰丨

去上平● 堪凡事能勝其任曰丨克也能也勝也無忍曰不丨 龕安神之位也曰安丨大丨神丨 嵁山名又岩不平 嵚仝上 疳丨痾疾也 坩土器也

上上● 坎卦名丨居正北之位丨丨為水 瞰視也 砍丨斫不平也 顑丨項 凵張口也 闞門丨又姓 嵌岸敧峻也 崁仝嵌

● 斫仝砍 欿仝砍

上去● 勘丨岸丨地丨屋官下鄉丨視 磡凡地上下交低曰丨高丨田丨圖丨 䃔崖下曰丨 墈險岸也 㙳仝上

上入● 盍覆也合也何不也 閤山門在內曰丨 蓋仝上 嗑多言也 闔閉門也 恰商可也如丨合丨當丨好丨遇也 閘仝上

● 䐧仝盍 佮合取也 郃丨却

下平● 黬黃黑色也 痷苦病未安也

下上● 硆兩物相撰曰丨

下去〇

下入● 磕 俗謂叩頭曰｜｜ 𨂿 行不進也

地上平● 湛 露盛之貌又澄也 躭 ｜擱事有阻撓也延也 聃 老｜佛祖也 姏 老女自稱曰｜ 𣅜 聃仝 耽 耳大壽也 眈 光也 髧 ｜毛也

上上● 啗 ｜語不純也又食也餌也 窞 陷穽也又傍入也 弇 仝上

上去● 㾹 癡也

上入● 答 應｜直｜相｜報｜｜恩 袷 衣｜也 𨃅 跳｜也 沓 著｜也 嗒 忘懷也又解體也 墖 足著地曰｜ 荅 合答 𧋍 蟲名

● 㒆 答毆忽觸也 畣 急逼也

下平● 濕 俗謂｜不干也用其義也 㵐 仝上 溼 仝上 涾 仝上

下上● 倓 恬靜也安也 啖 食也倒｜蔗又俗以利｜也 噉 仝上 臽 猶穴也 萏 菡｜即芙蓉也 髧 ｜髮垂也

下去● 惔 延也

下入●遝行相反也譶疾言也

頗上平●甂人名又甂也

上上●靀人名又雲繁之貌

上去●淜水名

上入●函農具也庣山屋也

下平●𩅈丨泥也大雨丨淖也

下上〇

下去〇

下入〇

他上平●貪見人之物而心欲之曰丨丨財丨食贪仝上

上上●毯丨毡又毛席也 縛正音曰丨俗以結繩曰丨用其義

上去●探偵丨打丨丨問 儋堪丨也 澹水名又姓

上入●凹陷而不平曰丨又凸丨 榻臥床曰丨掃丨下丨 塌地低曰丨 踏踐丨也 溻水名 傝丨[illegible]也

下平●談言論曰丨如丨笑丨語丨話 壜酒丨盛酒之器又丨壺 覃及也延也深廣也 郯國名又姓也 潭溪之深處曰丨溪丨深丨 餤餌也又進也

●譚仝談又大也姓也 曇雲布也 嘾貪也 賧買物先付錢曰丨 禫除服之器也服滿曰丨服 墰仝壜 痰丨液病也又丨涎

下上●琰土泥也又鹽壁之美也

下去●[illegible]陷也

下入●褟丨衣也 塌地之陷處曰丨 [illegible]大船也

貞上平●針以之引線也有丨黹丨線丨灸 箴丨規良言也 簪首飾也有金丨玉蟹丨 瑊美玉也 鍼金丨也 撍持也又手動也 簪首笄也

●臢骯髒 鐕釘子綴物釜類烹器 鈙丨物也

上上●斬|閔|將|首⿱漸見鬼名也又辟邪也又符咒也

上去●譖毀人之言曰|讒言也⿱小人聲銳也

上入●汁液也椰|蔗|湯曰||札信|書|劄用以奏事者曰|紮纏束也匝用也又繞也又帀也扎仝札乁玄鳥也

●啑水鳥或魚類吃食⿰口帀同匝環繞一周也帀仝咂

下平○

下上●塹路之界趾曰路|一|二|站仝上又欠立頁又趈坐立不動也鏨小鏨曰|鉄|也⿱丐立仝站又佔詀義仝嶄仝塹又山名

下去●藂聚集貌劖割|也

下入●十小數之滿也由一而|什十人曰|又不等也|物|用雜五色相合曰|不絕也駁也襍仝上又集也卡關|立以收稅也拾仝十

●諈眾聲也驫馬群也

入上平●⿰谷甘人名又陵谷之形也⿰面含俯首也面紅也

上上●⿰鹵占 人名又鹽多也

上去●⿰米彡 人名

上入●⿺走合 走丨又跛也

下平●𧽭 行走也

下上●撍 人名

下去○

下入●函 亂雜也又米皮也

時

上平●三 數目也 杉 木名性直而丨 ⿰巾彡 衣敝曰襤丨 彡 仝三正音 弎 仝三正音 叁 仝三正音

上上●滲 漏丨涉丨 糝 米末也 糂 仝上 摻 丨打也 摎 仝上 醦 醋味

上去●⿱艹秡 草名 釤 金器也 ⿰占彡 物相接也又利也

上入● ⿰虫習產自海邊取之燒為灰也 颯丨丨風聲也 ⿰扌壅擾丨熏土穢雜之類 霫雨丨 靸小兒之履也

下平● 潛丨丨淚流也 濳丨丨小雨也 儳丨互不齊又惡貌

下上● ⿰泉彡流水也

下去○

下入● 嚍醜也 卅數也

英上平● 庵佛堂也丨堂丨院 㢛仝上 庵廟堂曰丨 盦丨所以祀佛也僧老尼丨 菴茅舍也 蓭仝上 葊仝上

上上● 諳遠也晚也丨練 闇幽丨蒙昧也 湆米飯之汁曰丨 黯黑色也

上去● 暗無光曰丨日丨即夜也黑丨 闇冥丨幽丨 堷不見地曰丨 ⿰女音婦名 罯仝暗

上入● 押當丨小丨找丨 狎戲丨侮丨褻習也 唈蛤聲也

下平● ⿰甚瓦瓦屋也 ⿱竹函竹器也 頷口頁耳下骨也

下上●頸原音徑即頭丨也俗曰丨 領仝上又面黃也 頷仝上

下去●唬虎吼也

下入●匣所以收藏細物也有金銀玉等丨月滿曰丨月木丨 盒仝上 匼仝上 柙仝上又藏獸檻

文上平●明日初出也又人名 [illegible]丨淡

上上●餡俗呼哂兒之貌 [illegible]蟲名

上去●診人名

上入○

下平●嚀寢中言語

下上●嗎俗謂之丨 [illegible]人名

下去○

下入●目丨乃鑒察之官也頭丨耳丨眼丨⿰木菴木名又或省作⿰木奄	語上平●⿰亻縣不慧也	上上●厰符合曰丨又人名壧俗地高低曰丨又砌灰曰路頭丨⿰土岩仝上	上去●頼搖頭也	上入●⿰口嚴好喜弄曰丨笑	下平●岩巉丨山石多眾曰丨巖仝上又疊石成丨丨頭丨穴壧地穴曰丨閻閻丨里門也又丨君也嵒仝岩喦碞仝上	下上●⿰魚朋魚名	下去●戇不慧也	下入●砐吞合頁	出上平●參丨天又與天地丨傪好之貌驂駕三馬曰丨叅仝參叅仝上滲水名醦兩相洽也

上上● 慘 苦之以極曰悽丨 傪 仝上 憯 仝上 磣 食又砂也

上去● 懺 自陳悔也經丨拜丨 讖 丨言驗也又讖仝 釤 鉦刀也

上入● 揷 好歹相間曰丨相丨 扱 仝上 插 仝上 偛 待也 [臿刂] 丨割也 歃 盟者以血塗口也

下平● 讒 雜間之言也丨言丨口丨臣 慚 羞恥也羞丨懷丨丨愧 饞 不廉也又食也 嚵 仝讒 巉 山多石曰丨丨岩也 鑱 銳器也 斬 丨岩也

● [石毚] 丨丨石之形不美也 慙 羞恥也 [芻刂] 馬搔饞也 毚 完也

下上● [魚斬] 魚名

下去○

下入● [石雜] 石多皃

喜上平● 酣 丨醉也酒醉曰丨 蚶 蚌類也 佄 仝酣 魽 仝蚶 崡 山名 憨 忻也

上上● 瞰 俯視也 闞 望也仝上又人名 矙 竊視也 撼 搬動 撖 丟也去也 [足臽] 喊 吼也 [敢食] 食無味 嗿 眾人吃東西之聲

上去●喊呼人曰｜｜又仝喊｜聲｜人 喚原音喚俗曰｜人也 譀仝上

上入●呷口開也又吸而食也 姶美也 匌睡｜也

下平●咸與眾共之也｜知｜宜｜豐 琀殯殮物有也 函書｜對｜色｜ 含以口｜物也仝 銜廣容曰海｜｜色｜冰 涵水名地名

●諴和也諴也 蝛蟲名 畣以口含領物曰｜｜嘴｜笑｜容 晗 啣以口｜物也結草｜環 䀏 菡未吐之意也｜菡｜萏 䈄竹器也

下上●䧟｜坑也｜穿 陷仝上又地崩也 憾恨也無｜遺｜ 臽仝陷又阱也 𠯆嘽也

下去●𦢊餅中之肉也 啗｜物於口也又食也

下入●合俗謂加倍曰｜又物開而復｜也 迨走也

20柯部

柳上平●𡊅引也擊也 𤈦銼仔也

上上●囍草名

上去● 捺俗曰工人上屋排瓦曰丨瓦 瀨水落也

上入● 烙丨膀丨魚又魚煎粿曰丨粿 揦手接物也 捺仝上

下平● 籮竹丨所以盛米穀也 箩仝上

下上● 涎口中之津液也

下去○

下入● 辣味辛也 捋以物擦傷處俗曰丨 埒土泥也 𤱈田畦也

邊上平● 柧木名又棱也又三棱為 崋人名 捼持物之貌也又兩手相切磨也

上上○

上去● 播傳丨丨揚丨種丨穀 簸竹器也可颺未則去糠丨也 㤓仆也

上入● 缽陶器也腳丨飯丨衣丨粿丨又傳道曰衣丨 鉢仝上 砵仝上 癶足剝癶也 盋仝上又食器也

下平●橃木名 拚丨命也又掃席前曰丨

下上●⿰舟犮短船也又深也

下去○

下入●跌原夫字俗以失足曰丨 鈸鐃丨也

求上平●柯木名又姓也 敧丨曲也 攲仝上 戓仝上

上上●⿰金寬寬也大也 鑏安也又刀柄也

上去●褂衣外之衣襖丨袍丨 ⿰衤盍仝上 課丨言不純之語也 盇原盖字俗以覆物之器曰丨 葢仝盇

上入●葛蓀丨番丨丨籐也 渴口丨則飲茶 割丨稻丨草丨麥宰丨 轕轇丨事之多不易了也 捆批丨也 搋仝上

下平●抲拙重曰丨又丨物之淨也

下上●凹口氣也

下去●⿰犭丞獸名

下入●⿰齒截磨牙也又齒利也　砉人名又皮骨相離也

去上平●夸矜張自大曰丨　牛仝跨　誇丨言自是也又意美也　干跨步也　侉仝上又臭也　恗心臭也　胯腰丨受丨也兩股間也

●刳丨割　姱好也美也　奢仝誇　跨丨步也又乘也又丨馬也

上上●銙帶臭也

上去●掛如船之丨淺也又人之丨物即賈也　恚恨也怒也　挂倒懸也　罣慮丨憂也　絓仝掛丨猶碍也

上入●濶廣大曰寬丨又丨狹廣也　闊仝上

下平●桍木名

下上○

下去○

下入●⿰衤厥衣短也又渡水也　揭衣渡水也

地上平●摕扒也又人名

上上●炨煎物也　埵磧地也　磋石名

上去●帶衣丨腰丨羅丨又連絡曰一丨　蔕仝上　𤺄婦人赤白病曰丨也

上入●吒狂呼曰丨丨名丨吒也　喝仝上　霻大雨之聲也　剟割丨也又削也　⿰乜鳥鳥聲也

下平●沱滂丨水名也　拕以物好歹相雜欲攪淨用丨

下上●舵船丨惡船之前用撐船後用丨　柁仝上

下去●大小丨又廣曰丨

下入●圖鷲鳴也

頗上平●鯊丨蜋也又魚名

上上●頗凡事之未上則自謙曰｜｜能｜也叵｜測難測也難料也洰水名又水中物也

上去●破｜敗物之不完全曰｜壞如｜家又衣｜則補也

上入●撥活｜｜采｜田潑仝上又澆也散也𣎵草木盛也

下平●婆祖之妻俗呼曰阿｜又夫謂妻曰老｜子

下上●䙶｜襖也

下去○

下入●襏｜衣也

他上平●拖｜欠｜拔｜地｜鎗拕仝上又拖拉也迤布｜也又走也筬仝上又竹器

上上●㖪口｜也

上去○

上入●獺為測毆魚者曰丨能入水捕魚丨犍仝上水丨似鼠而加足汏簡淅也陶地名擦原擦字俗字擦又曰丨丨番葛

下平●[illegible]竹器

下上●[illegible]蟲名捶丨撰也又推繫也

下去●浼再洗也

下入●濤水貌

貞上平●鶇鴨名也掣丨籤也

上上●紙上古無丨蔡倫以竹制丨列號為楮帋仝上

上去●漈水名[illegible]人名

上入〇口滿食也泏水丨出也水丟也𣏟木丨

下平●蛇長魚也身有鱗牙有毒口有針者曰丨[illegible]凡物以箕播淨曰丨[illegible]仝上

下上●𤳉田溝也

下去●畷田畦也

下入●蠋夜遊蟲也俗曰膠丨蟞仝上又蝪丨蟲也

入上平●鯖魚名又人名髿沙壩也

上上●弗人名㼝丨截也

上去●惹人名心黑也

上入○

下平●氽人名又水推物也

下上●漘人名

下去○

下入● 熱原熱字俗曰涼｜暑氣炎蒸曰｜ 热上仝 𤍠上仝

時上平● 沙泥｜溪｜｜｜塗 砂｜乃石木結時為｜ 鯊名魚曰｜魚其皮有鯊 痧｜病病癥也

上上● 徙范公三｜移它遷｜改移也 𢓊上仝 𨑢上仝 挲抄｜也

上去● 續原係續字俗以相接曰｜相｜也

上入● 煞神｜有三｜七｜曜也 𤎖上仝 殺宰｜｜人｜豬｜羊 剎仝上又｜戮也又古｜佛廟也 杀古｜佛廟也仝上 宿｜夜投｜｜借｜

● 漱食畢則｜口 敉位｜｜坐 敳上仝 𣀈上仝

下平● 饠饆｜食具也

下上● 溛水落也又注下也 潟水｜也水門也 閰出入之貌也

下去〇

下入● 蕯草名又行不正也 𢢛杀｜也又剔也 𢤏巾三幅謂之｜

英上平●蝸丨牛丨角　蛙丨似蝦蟇其股長者曰青丨　娃小女曰少丨丨美女也　鼃仝蛙又丨灶也　洼水丨水名也　哌丨丨小兒呼哺也

●哇仝上又滛聲也　騧馬角之蟲曰丨

上上●我人之自稱曰丨相對曰爾丨　戓戈名　吾仝上　倚慈母望子曰丨門丨閭正音也　犄仝上又丨犄

上去●擨丨振也

上入●𦢊曲衿中也　喝大聲也

下平●㓾刺也割也

下上●啫婦人呼豬之聲曰丨丨　𠿰仝上　𡃁仝上　哦仝上

上去〇

下入●活萬物在生則曰丨　䣷丨酒又沖酒也　𡰶尷丨行之貌

文上平●𦊆人名又網也　嫲美女也

上上●梚木名	上去●⿰文攵俊雅也⿰忄未人名又忘也	上入●抹丨粉丨物塗丨借丨	下平●磨如琢如丨丨刀丨石	下上●⿰黹色色欺丨也	下去○	下入●末幼丨細丨薘蒼丨菜名也又厚丨菜名也	語 上平●漥水流之聲絅丨縷也	上上●⿱宀瓦口氣也又泥屋丨也	上去○

上入●砐山名又高也	下平○	下上○	下去●嚄大呼	下入○	出 上平●髽髻丨喪服也	上上●歪曲也灣也不直也斜也⿱不直仝上⿱不好仝上繟紗丨也	上去●蔡姓也⿰氵蔡水名縩絲丨也⿱艹齒茂林翳也	上入●撮挽丨取物也	下平●禍追也惰則哌丨

下上〇

下去●學取親俗曰｜妐⿱毛灬相卒｜也

下入●蔡草名毒可殺魚也

喜上平●花正音曰｜俗曰花

上上●倮｜侍也觟牝羊角也

上去●⿰亻和安也和也

上入●哅｜喝也

下平●和｜睦｜平｜約｜順龢仝味禾嘉｜秀秀曰｜華花間曰繁｜划割｜也⿱夸亏仝上華中｜｜彩又花開曰｜咊言｜｜合也

●譁諠｜聲眾雜也嘩喧｜仝上崋兩岳曰｜山驊｜騮良馬也

下上●禍｜福｜災作惡則｜至起｜⿰衤咼仝上祻仝上⿰衤戈仝上衬仝上旤仝上

下去●擭捕獸也　喧｜吼也又和鳴也

下入●跬舉足必｜腳｜也　趺仝上　頍限｜也又舉頭也

21兼部

柳上平●粘｜單｜呈附之之意也　黏仝上俗搭綴曰｜附也

上上●歛聚而藏之曰｜　瀲小滿貌　斂仝歛　蘞草名　昆日晦也又日光照也

上去●括俗謂以指攝人之皮曰｜

上入●聶附語小聲曰｜又姓　攝總持其事曰｜｜政｜理｜位　捏重然曰｜指｜強｜　躡登也蹈也　鑷｜仔以鉗物也　涅岳武穆背｜盡忠報國又染皂物也

●卒驚人也　囁｜嚅口將言而難去　疌｜足也　嵒｜｜多言也

下平●廉不貪曰｜清｜｜潔孝｜　賺賣也市物失貿也　簾垂｜竹｜珠｜　帘青｜酒家之旗也　匳盛香粉之具曰｜　帘仝上

●匲女子行嫁之物曰妝｜　灭小熱也　鐮月眉刀也又彎｜　濂　㦓　臁小腿兩側　鰜魚名

下上●念心不能忘想｜思｜殮收｜人死則曰｜入棺也殮仝上捻指｜控也意仝念

下去●唸口裏語曰｜又｜咒｜經

下入●囡手取物而指捏重曰｜粒穀類也皆成粒[illegible]仝上又｜食

邊上平●黴黑黴也

上上●𡬶人名

上去●闇門門也又視也

上入○

下平○

下上●鐱鎖｜也

下去○

下入〇

求上平● 兼以一人任兩事曰丨丨理 縑絲繒也 蒹丨葭蒼蒼

上上● 捡丨點丨防丨收 撿上仝 検丨討也 檢上仝 減意不安也又不多也 減上仝

上去● 劍兩面有鋒之刀曰丨寶丨求丨 劎上仝

上入● 刼數也遭也被丨逃丨 愜心快曰丨丨心丨當 刼傷奪曰丨浩丨 鋏劍也馬驢彈丨也 ⿰亻劫強取也搶丨賊丨 刦刼仝 頰面傍曰丨兩丨批丨

● 筴篋仝 峽兩山過脈之處曰丨 郟地名又姓 篋竹丨竹箱也負丨也

下平● 鹹盐味也丨菜丨淡

下上● 傔人名又從使也

下去〇

下入● 唊妄語也又多言也

去上平● 謙 不自滿曰｜｜讓｜細 慊 厭也足也謂誠意自足曰｜

上上● 歉 抱｜不足也 慊 切齒恨也意不滿也 傶 意不安也

上去● 欠 負人之財物曰｜債｜錢

上入● 蹇 原音搴俗謂物不好曰｜歹也又人之苦命曰｜命

下平● 鹹 佩胸之飾也玉｜也 緘 封也｜書｜口三｜ 箝 鎖項也 鉗 結束也 鈐 鋤也 柑 ｜口不敢復言

下上● 倹 節用曰｜恭｜勤｜ 儉 仝上 芡 似蓮而小曰｜實

下去○

下入● 跲 行不前也又躓也 衱 ｜衣

地上平● 玷 玉又疵也 痁 瘧疾也 砧 搗石也鉄｜刀｜ 鉆 打金銀亦用｜ 碪 仝上又播繒也 沾 ｜恩｜光｜雨露也 聑 耳小重貌

● 霑 濕濡清也仝沾 覘 視也窺也

上上●点性慧曰丨又指丨也點仝上奢老人面上黑子也

上去●店行人寄宿之所曰丨野丨草丨客丨坫蟲類丨穴也埝仝上又益也

上入●聑安丨也疒疾也倚也

下平●甜甘也糖味也

下上●笘所以儲五谷也米丨谷丨簟竹席也枕丨仝上苫白茅也又兕服也坫邦君反爵之丨

下去●竫俗謂寂靜曰丨

下入●堞城丨也跕墮落也蝶蝴丨也牒帝譜曰玉丨弽弓也諜反間也惵懼也韘偞卑也美也

●蹀履也又行不穩也枼丨丨多言也

頗

上平●黬黑丨又人名又釜底黑

上上●黭黑簽也

上去〇

上入● 殎 殞｜又枯也

下平〇

下上● 点 義氣也

下去〇

下入● 鰈 魚名

他

上平● 添 物以物加之曰｜加｜也 呫 嘗也 黇 仝上 婖 ｜立也 [illegible] 美女也

上上● 諂 好順人意曰｜也 忝 愧不敢當曰｜又辱也 忝 仝上 [illegible] 見富貴而喜并順人意者曰｜

上去● 㐁 ｜滅也 [illegible] 仝上 [illegible] ｜足｜腳也

上入● 帖 簡｜請人用｜東｜也 貼 加補曰｜補｜賠｜ 呫 ｜囁耳語也 跕 無跟履也 怗 ｜念

下平●恬靜也安也湉光緒皇帝諱也謄丨錄代書也銛利也黏多及也

下上●栝松杜之木也栖仝上又炊灶之木也㮇仝上

下去○

下入●疊層疊曰丨重複也謵密語也言不正也揲以手丨物也

貞上平●詹姓也嶦山名瞻丨光丨仰山斗望也尖利也鋒也憺棹幃也襜衣丨也又衣如也趈生立不安也⿵門占立待也

●詀多言也鮎魚名

上上●⿱漸食食不飽也

上去●占視兆而知吉凶曰丨丨卦丨夢佔侵人之權限曰丨丨踞丨地袩仝上

上入●接物與物續曰丨丨木丨物相丨⿰巾耴衣衿也椄丨木丨眾丨枝也⿰糸妾續纏也艥船具也

下平●⿰木帚木名⿰衤帚衣丨也潛水底丨魚丨蟹丨蝦也

下上● 漸浸潤之曰丨 嘶不久之意曰丨 塹仝上又積丨也 暫仝上 蹔 ⿱雨漸 ⿱漸西

下去○

下入● 洽濡也合也 緁逢也緝也 捷急報也丨讀言也 袷合祭也 倢仝上利也 浹潤澤周偏也 睫目旁毛也 擑仝捷

● 婕美好也 睞仝睫 箑扇也 ⿰言疌多言也

入上平● 枏木名仝枬

上上● 染點丨丨布丨指 冉行也進也又姓 冄仝上又毛丨丨 髯丨翁多鬚也在頰曰丨 苒荏丨展轉也 苒草名 姌老婦曰老丨 髥仝髯

上去● ⿰阝冉阻隔也又亭名

上入● ⿰⿱日炎頁炎日也 顳竊聽也又鬢骨也

下平● ⿰糸冄繞丨 ⿰冄頁舉首也

下上● 媣曰淮南子呼母丨昔天也

下去○

下入● 㲺毛弱也又仝毶

時 上平● 森||林木也茂也 曑星名 参草類之至貴者曰|洋|高麗| 纖||言其柔嫩也|細|巧|指 孅細小|趨 瀸水名又沒也

● 殲|滅又盡也 葠草名又通作參也

上上● 閃偏則曰|又|電曰雷鞭 陜地之偏僻曰|又地名|西 剡紙曰|籐 广仝閃 覢避勢曰|

上去● 贍饒富曰|||足也|家也 滲漏也洩也 瀸仝上泉水名又沒也

上入● 燮和也又火熱也 澀不滑曰|滯也 澁仝上又澀仝 嗇儉|吝也 倏|來|往|時|忽猶言其甚速也 濇仝澁水流之猛也

下平● 簷屋漏之滴水曰| 檐所以承溜者曰|又避雨 蟾|蜍月裘之精光也玉|金| 尋八尺曰|

下上● 饍食不足也

下去● 暹西方有|羅之國名也

下入● 泄漏也緩也又多人之貌 紲繫也又縲｜囚罪人也 絏仝上 洩仝泄 涉行水也又交｜又無｜干｜｜ 踄跋｜道遠難行也

● ⿰釒步鈔｜也 ⿰王燮｜石似玉也 ⿲木步木仝涉

英上平● 淹水｜物曰｜｜ 殗殁也 厭飽也足也又不休也 渰仝淹 鶕｜鶉鳥也善聞也 偣淨也 閹守宮之官曰｜官太監也 腌｜肉｜魚

● 醃仝上又｜菜 崦山名

上上● 掩藏也蔽也遮也 奄覆也蓋也 偃｜息｜臥｜蹇 黶黑子也 ⿰魚奄魚名 ⿰耳炎視人曰｜ 俺火也又⿰女奄女婢 广因广為屋

● 蝘｜蜓守宮也 揜仝掩 堰壅水也 鶠鳥名 埯以土覆物也

上去● 饜食飽曰｜｜飫也 厭服也順從也 擫｜擪手執之狀也 ⿰酉念小飲也 靨醜愧曰｜面 ⿰骨艮小飲也

上入● 壓｜力有以力｜有以勢｜有以重加重而｜ ⿰扌壓欺｜又｜物 擪仝上

下平● 鹽海水曬之而為｜｜埕也 盐仝上北方有樹｜又有｜井也 ⿰木鹽木名又膠可作香也

下上● 熖火氣上升之形曰｜ 燄仝上又火光之貌 焱火盛也 剡銳利也 懕悅人眼曰｜ ⿰臽炎仝燄

下去●炎火光之貌又熱也炏上仝艶物色嬌麗曰丨丨妖丨也豔上仝琰玉色之美者曰丨扊丨扅門門也灎瀲丨小滿也艷艶仝

下入●葉姓也蛺丨蝶飛蟲也偞丨侍也⿺風華風聲也曄聞也

文上平●黵暗也又人名

上上●頋丨領也

上去●鼸老鼠也

上入〇

下平●烈又闕也

下上〇

下去〇

下入●諜密言也

語上平● 壛｜然｜若 灡水道不通也

上上● 讝｜然也又病人自言曰｜語 儼莊嚴之貌也｜然｜若 玁｜狁匈奴之別號也

上去● 鈴人名

上入● 擛｜筴也捕鳥具也 礏｜石也

下平● 嚴威重曰｜｜父｜君 厳仝上又｜師 巖仝上 孍莊也端也靜也 㘙 閻 閻｜王｜君

下上○

下去● 驗應｜試｜證｜效｜ 騐仝上 鹼鹽和水也又滊衣物也 騐效｜應｜也

下入● 業事｜物｜產｜基｜ 鄴地名又姓又書架曰｜架 驜駿馬也 澲水名 㸁白｜也 䊮引也 蘖草名

出上平● 簽｜以之為號也 僉皆也成也｜名｜事 籤｜仝以占事抽｜也 殲｜滅又微也盡也 𥻨豆｜粉｜

上上● 鐱｜花也 鑯仝上又鐵器也

上去●僭越分曰丨又自大其名曰丨偺仝上又丨倪狡猾也

上入●妾小妻曰丨婦人自稱曰丨身霎丨時一瞬之間也極言其甚速淁水名踥丨足也窃竊盜丨丨思

下平●潛丨匿深丨丨龍鱗丨潛仝上潜仝上

下上●嫳媚女也

下去●蹭馬急行也

下入●怗心丨也又不和也

喜上平●辣味辛曰丨又如薑桂之味馦香氣也美味也

上上●險危也丨阻絕丨也礆仝上獫丨犹獸名獫仝上

上去●嫳女不慧也

上入●熁暑天炎熱人多欲丨省暑嫳好也

下平●嫌有不是之事則曰｜相｜｜隙

下上●[illegible]怒也

下去○

下入●叶和｜調｜音韻也　夾左右持也｜轉又兼　愜｜刀｜功又協仝　脇　脅兩｜腋也又脇仝　狹　俠｜客劍｜豪｜

●勰　協仝協　拾　挾｜負｜大山｜　劦　[illegible]米帶也　脅　陜不廣也隘也

22交部

柳上平●拌俗以物｜之使其均勻曰｜用其義　嘐誇語也志大言大也又雞鳴聲　撈仝拌　膠｜手也又錢也　咾聲也　佬大之貌

上上●老｜輩長｜｜者吾｜也　瑙玉石之類瑪｜也　荖｜葉草名以敬客　腦根而至｜乃頭之主也　[illegible]柳器也又竹器也

●碯石類｜砂也　潦無源之水曰｜水不潔也　[illegible]姓也　[illegible]寂靜也　惱怒也憂也

上去●[illegible]如水自上流下曰｜水｜｜孔油｜酒｜　憦小心也

上入●⿰口函不堅曰｜又狗食物也　逯走｜行謹也又姓也

下平●劉姓也殺也又敷陳也　醪濁酒也　⿰酉勞美酒也　樓｜閣室有三層曰｜　撓阻也亂也　遛逗｜不進　留徐也止也久也　僗伴｜又仝勞

●嫪｜毒人名又戀惜也　鐃小證也　流水之自行曰｜｜通｜也　呶讙聲又喧｜也　勞｜力｜苦｜心｜逸　怓昏亂也　澇大波也｜灘也

●樓仝樓　癆｜痢又痛也　劳仝上又｜則善也

下上●老年高者曰｜年｜｜大也

下去●漏水涉也曰｜｜又更｜滴｜　鬧熱｜人物之盛也　閙仝上｜市　吏仝上　淖泥｜和也　橈狂也推折也　屚雨穿屋曰｜屋｜　⿸户雨雨｜屋｜

下入●⿰木乚木名也

邊上平●包如布裹物俗曰｜物　胞一腹所生曰同｜　⿹勹彐衣也　勹｜物也仝包

上上●保｜障｜平｜家｜安　葆草叢木叢生曰｜　褓繈｜小兒之衣也　鴇鳥名而毛有弱文又管妓女之老媪曰｜母｜婆　呆古文保字

上去●报原報字正音曰｜　⿰耳包聞｜也

上入● 皺俗謂年壯者曰丨丨 𤛘皮丨起也 糍火爆米曰丨赤丨

下平● 㶰水響聲也

下上● 暴性情緊烈曰丨 鮑魚名又姓人名管丨 謈丨謔也 鉋刀名 鑤挖掘 𩚩

下去○

下入● 窖俗以木料不堅有聲似將鑿曰丨丨哷又窖也

求上平● 高上則曰丨登丨品丨 楽丨陶又九丨 篝熏籠也 交丨道接禮丨友 嘷咆丨熊虎之聲 皋仝皋 郊荒丨野之外曰丨東丨

● 鉤鐵曲成丨鐵丨 鈎仝鉤 溝港丨水丨也為通水道也 轇丨轕事丁也 吼喚也 勾丨者面也丨股鐵丨 鮫沙魚也子可入母腹也

● 斈教也 跤相兼之地曰丨丨趾 槹桔丨水車也 蛟丨龍能致雲雨丨騰 槔木名 皋絨也澤也 茭乾芻也

上上● 九數目也大數也 𡛒古文姣字 玖仝上又瓊丨次玉也 杲明也高也 狗畜也飼以守門 皓大也白也 狡丨猾不直之貌 枸丨杞藥名

● 皎清白也丨月又暠貌 犬原遺字與狗字適用 滈久雨也 恔憭也慧也黠也巧也 佼好也美也又姣仝 姣美貌也 夰放也 珓仝玖

上去● 告丨知丨稟丨訴丨達 到丨此俗曰丨丨止也 誥丨對丨軸丨命丨贈 窖地藏也又穴也 郜國名又姓也

上入● 撇丨物也 䫏蔭翳幾物多首丨 䬊小飲也又餅又飲餄也 确油也又丨磽丨石也

下平● 猴獸也似人而小遍身有毛善解人意又善升木

下上● 厚丨藩敦丨福丨地之丨也 𩷨丨魚也 垕仝厚

下去○

下入● 䡐車丨也飛石也 𢙾不納意也

去上平● 鬮凡物無私則曰投丨 䦌仝上又丨受也 搔糆也抓丨也 蚤蟲名又手爬也

上上● 考丨試祖丨又攷仝 口丨舌所以出言而受食 拷訊責也又栲仝 尻脊骨之盡處也 丂氣欲舒也 釦金飾器口也 攷仝考

● 栳木名器也以粪為之 𩓣項也

上去● 叩丨首丨頭問也發也 筘竹器也 哭哀聲曰丨

上入●⿰口鼓 口丨也口苘也

下平●愗 愗也 ⿱⿰矛殳心 仝上又敕也

下上●硋 白石也又城名

下去○

下入●⿰口鑿 小聲

地上平●挑 止也住也 ⿰扌兜 丨攬丨搭也 逗 丨遛行不進也

上上●斗 升斗十升為一斗 壔 堡也又高土 蚪 蝌丨蟲類也 擣 ⿰扌耆也搗仝 找 丨押丨換丨錢 燽 著也一音儔 戽 門丨滬丨

●燾 仝上音覆照也 檮 丨祝丨求祀神曰丨 丩 仝斗 嶹 與島仝海中之山 島 丨嶼仝上 找 丨押丨錢又找字 抖 仝上

上去●到 丨齊丨僭丨家止也正音

上入●沰 水名也又落也

下平●投|排|書|宿|生 骰牙|骨|賭具也 俦

下上●道|德|路|衕 纛軍中大旂也 衜仝上又聖之| 翿仝上大|軍前旂也 導引|開| 耈七十曰|老之稱也 盜|賊|竊

●髭髮長也 蹈足之|踐也 衜仝衜 稻禾也 ⿰首寸古文道字 蹈動也遠行也

下去●荳俗曰|谷類也 痘|即痘也俗有種|之事 豆仝荳 ⿰身豆|種發也 脰頭也 ⿰口賣誦書作也 ⿰土賣土成個也

下入●⿰口還口|就食也

頰上平●抛|擲|棄|磚引玉也 褒獎譽曰||貶也 裦揚美曰|譽也

上上●跑馬急走也|馬也|路也 蹘仝上 ⿹勹羽飛|也

上去●炮大|火|銃|快| 泡|茶用開水沖曰|茶 苞竹|茂盛 礮大|與炮仝 砲仝上|名無煙| 庖煮食之所曰|廚

●窌卯|也醉起也 礟仝上巨| 炰沖茶曰|茶

上入〇

下平●袍長裘也長丨組丨咆丨哮似熊虎之聲𠘹相壓交也

下上●袌兩手合曰丨懷丨也抱抛丨也持也懷丨也

下去〇

下入〇

他上平●叨受也貪也慆喜也慢也疑也絛系丨也偷盜也竊也䈱飼牛之器縚仝上熫煨也炙也鏊丨兵丨戰也坳丨凹也

●幍巾帽士人之服也忉憂心也舠小舟也滔水流之聲又丨丨大水也韜六丨兵書也㥞仝慆瑫玉飾劍也謟疑也弢曲天也

上上●䛌索也要也討原音討正音曰

上去●套內小外大曰丨如褉上加丨透丨風丨通丨徹過也𧜉褉丨裡服也䛌以言報誘曰相丨套仝套奃仝上

上入●竽竹器也又竹箭可射鳥

下平●頭身之首曰丨顱幬禪帳也陶丨瓦丨屋丨器又姓啕丨氣多言也濤波丨水湧起也醄醉也檮丨杌惡禾也綯絞索也宵爾也

下平● 鼗小鼓有柄搖｜ 鋾｜鑄冶工也 淘｜洗米也｜｜水流也 詾多言也又小皃不成言也 飀大風也 头仝頭 亠仝上

下上〇

下去〇

下入● 蘳鞋聲也又廣華也

貞上平● 糟｜糠｜粕酒滓也 遭｜逢奇遇也 醩酒｜也 酕仝上又酒名 笊｜籬也又竹器

上上● 走疾行也行之速急也 蚤跳蟲也俗曰膠｜ 蝨仝上又風｜也 螬仝上蟲類

上去● 奏上｜入｜｜章｜樂 腠｜理皮膚之間也 灶火｜爐｜泥 湊攢｜又水會也 竈仝上又造也造創食物又鼀類 竃仝竈 竈仝上

● 竈古字 輳輻｜集也四方輻｜

上入● 跿跳躍也跌也 鮥魚名 胄瘡腫也 抯取也浥也

下平● 匀原音云俗謂齊整曰｜｜

下上●造｜作｜次｜攪豎｜棹舟｜也即船也皁｜隸｜帛櫂仝上皂仝上又｜色悼心傷曰｜｜亡憐也罩羅｜｜蓋幃也

●罺小網也又覆鳥也慥｜｜篤實之貌

下去○

下入●⿰口巢口眾也

入上平●⿰月扇人名

上上●鱳魚名

上去●⿱穴可人名又靜也深遠也

上入●⿰豆殳人名又頭搖也擊也

下平●⿱杼厶人名

下上●陗人名陸也險也急也

下去〇

下入●杲谷黃也

時上平●梢見也草|竹|　臊腥臭也　騷|人|客|壇　搜|查也　搔|癢|攑　䘯衣|也衣袵也　慅動也　弰|弓曲矢也又弓末也

●筲斗|器之小者　𥙆|禮祐也　蒐春獵曰|又隱也　颾風||然也又風聲　掁|癢也仝|　颵上仝　艄船尾|行船具也

上上●嫂兄之妻俗曰亞|　㛮上仝　嫪上仝

上去●掃洗||地|徑|雪　嘯虎叫曰|又吹聲　埽仝掃又花徑不曾緣客|　嗽咳|疾也氣不舒也　哨|官巡|吹箇也　瘷疾|也仝嗽

上入●嗍俗聲音不堅曰||叫有也又谷有也

下平●蕱草名藕細枝也

下上〇

下去〇

下入●⿱艹⿰禾長草名⿱艹⿰長肖仝上又草長之貌

英上平●歐丨洲地名又姓丨陽甌蓋丨碗也陶器也鷗沙丨鳥也謳浸歌曰丨歌枵玄丨纏舍也天星也⿰石區石丨也

上上●拗物之兩頭曰擔單頭丨又執性不和也嘔丨吐氣逆也毆丨打擊也俗曰相打⿰亻幼執丨也⿰金歐打金之具

上去●擙磨也托丨托也又地近水涯也⿰言奧告也隱語也燠煖氣也墺地近水涯也扷量也詏言逆也懊丨悔因愛生惱丨恨也

●⿰女奧婦嬤人也仝姑

上入●噓開口也又蛤聲丨丨叫

下平●喉食從丨下氣從口出喉仝上

下上●後先丨前丨裕丨善丨后仝上又丨后土也⿺辶後走也

下去○

下入●鳴蟲聲也

文上平●⿸广卯人名鴾鳥名又鳥輕毛也

上上●夘地支名又衙從之丨名也昴星宿也茆蕘葵一名蓴菜

上去●漊水名鍪戰具也首鎧也茂斧也

上入●⿰口貌開口之貌

下平●茅草丨丨舍丨屋丨蘆蝥賊丨網又蟲名矛戈也戟也又丨戰具也芼草覆蔓也毛丨革毛病拔丨不毛軞公車也

●旄幢也旗類也蝫仝下眊視不明也眸子丨馬蟊丨賊蟲也耄九十歲曰丨老丨也瞀目昏也鍪兠丨頭魁也髦丨髮也

下上●貌相丨面丨美丨儀容也冒丨認丨寐冃小兒頭衣也瑁玳丨似玉也媢妒嫉也⿰女卯好也善也戼兩門曰丨

下去〇

下入〇

語上平●嚻丨丨多言也嗷仝上又嗸仝嗸仝上嘵仝上又懼也憢丨懼也猇猛丨虎也又虎豁物哠多言也⿰口岢仝嘵仝上

上上●嗷畜聲也

上去〇

上入●咆丨哮熊虎之聲也

下平●敖丨遊逍遙也　殽錯雜也　遨仝上遊也　獒大犬也仝獓　廒倉丨儲積之所　鰲魚名占丨頭中狀元也　爻卦六爻

●鼇仝上又介蟲之大也　嗷丨丨哀鴻也　熬俗烹煮也　翱丨翔飛天也　肴酒丨丨核又仝殽　潡水名　螯蟹丨車丨

●崤山名東西二丨　嶅山名又小石也　謷仝訤　訤言不恭敬也　淆混丨濁也雜也　餚饌也

下上●傲寄丨遊丨騎丨　慠仝上性情驕丨也　奡人名丨盪舟　謸謔丨笑丨也　鏊燒器又山名

下去〇

下入〇

出上平●抄丨寫丨數丨錄丨書　操丨練體丨　繅丨絲以網丨為絲也　鈔取也又姓　募使也求也招也

上上●艸地之所生不在百谷曰｜草仝上又山｜水｜藻蘋｜采｜僺｜｜長貌

上去●燥干｜｜氣｜急也懆恐不仰也操力作也又節｜也吵｜鬧人聲煩什也臭俗以味之惡曰｜𡐤｜土躁疾也急也動也

●臰仝臭噪鳥聲多眾也殠仝上譟提｜煩也聒也

上入●剾｜割又曲刀也

下平●曹等也姓也勦輕捷又勞也漕｜運糧之艇又｜督𨆼｜足巢鵲｜鳥｜｜穴也𣊭｜林繅｜絲即紡絲也𦌸捕魚之網也

●嘈喧｜聲也又仝譖𥗾古人有居｜𣊩懶｜作事不精細也螬食餡也

下上●遭｜冗也又造仝

下去○

下入●湏水名

喜上平●浩大也浩然之氣皓光明也又白也精瑩也昊｜天元氣慱大也𡓤土釜也嗃｜｜叫聲也鴞俗鴟曰｜貓惡頭鳥鳥也鎬｜京地名

上平● 皞太丨東方之神也 鄗仝上晉之邑名也 薅拔去田草曰丨 傐仝上 虓虎怒目曰丨 蒿蓬丨草之盛也 枵木名

● 饕丨腹肌也 烋水名又美也慶喜也

上上● 哮咆丨凶惡之聲也 吼仝上又聲之雜曰丨水丨風丨獅子丨 唬丨虎之聲又河東西丨 好原好字正音曰丨美也善也妙也 髐骨丨也骨白也又箭也 椃木名

上去● 孝行丨子道丨丨順 侾丨佬大之貌

上入● 髇骨長滿也

下平● 豪丨傑丨雄富丨英丨也 毫厘丨狼丨葦丨秋丨 豪仝豪 毫銀丨幣丨 濠河丨域丨池丨 隊城下之道曰丨 壕仝濠 儫丨侅也

下上● 灝水遠也又白也大也又人名梁丨八十二中狀元 効丨力如象也功驗也 傚丨法又倣仝法也放也 校學丨又學堂也 恔快也 斆教也

● 效丨驗有丨功丨神丨也正音 傚

下去● 候問丨即問安也 睺五日一丨四時七十二丨 效功丨神丨丨驗 鱟有殼之魚似蟹而大尾長也

下入● 骺骨垢也 吼草名

23 家部

柳 上平 ● ⿰口靡 扣破物之聲也

上上 ● 嘌 吼也

上去 ● 攠 以物丟之曰｜

上入 ● ⿱雨靡 霹｜迅雷也俗曰｜ ⿵風靡 大風之聲也

下平 ● ⿰土离 土｜塗泥也 ⿰月罷 不美也 ⿰亻罷 不佳也

下上 ○

下去 ○

下入 ● 歷 自古及今曰｜又曆仝 秝 稀疏適也 嚦 ｜｜聲也 ⿺走樂 走也 壢 坑也 ⿺走歷 仝上 瀝 以酒灌地曰｜ 鬲 去滓也 曆 仝曆

● ⿰魚歷 魚名 歷 仝歷

邊上平●⿰扌爬丨飯又丨物

上上●把束薪成丨草丨大丨又丨持也挹仝上又持也

上去〇

上入●百一而十而丨而千而萬伯父之兄曰丨佰仝丨數之滿也柏松丨木名丨舟

下平●杷糞丨犂丨丨枇丨栭丨頭勾丨琶琵丨樂器也爬搔也耙犁丨田具也鈀金丨鐵丨笆竹丨丨仔⿺走复走丨也妑仝上

下上●父生身之本曰丨母生生丨岳丨

下去〇

下入●白素色也潔丨也帛布丨金丨玉丨⿱艹帛草名⿰白白仝白⿱艹百仝上又姓也

求上平●家男子娶妻曰有丨又丨業丨計丨事加丨減丨者有餘也袈丨裟胡衣也

上上●假偽也失實曰丨真丨也⿱竹丩竹器也

上去●價以物求錢則曰｜嫁以女適人則曰｜女稼｜穡禾｜架書｜物｜駕聖｜臺｜又｜馬[illegible]仝架[illegible]嚷也又罵聲也

上入●格物可為法者曰｜物｜成｜隔有間所斷曰｜阻｜鬲鼎曲腳也又量度也膈胸｜心脾之間也翮翼也荳也革除也｜舊也骼骨｜也[illegible]口氣也

下平●枷木｜刑具也[illegible]枷字之譌

下上●下高｜高曰上低曰｜正音也低仝上高｜也坻地之高｜[illegible]長曰高卑曰｜又短人立貌[illegible]不平也

下去○

下入●[illegible]不順人意也又逆意也

去上平●恪俗伢多夥計也

上上●[illegible]苦酒也

上去●[illegible]人之瘦曰｜體弱也[illegible]仝上又膝骨也骼仝上又腰骨也傁仝上

上入●客主｜在家為主出外為｜｜地｜舍

下平○

下上○

下去○

下入○

地 上平● 爹 正音曰｜娘猶父母也土音呼父曰阿｜ 挓 ｜托也｜吒挱開也 㚉 麥｜糞｜也

上上○

上去● 濾 凡物去滓留質或取精去粕亦曰｜ 廬 屋欲壞也

上入● 壓 俗以重物加重曰｜俗有｜地｜底

下平● 茶 香草也泡水供客焙｜烹｜又名茗也 宗 [illegible]｜嬌態也 楂 木名又姓水浮木也

下上○

下去○

下入○

頗 上平○

上上● 桴 邏人編竹為排可作浮宅曰｜

上去● 帕 布｜羅｜手｜巾也

上入○

下平○

下上● 舥 ｜船也

下去○

下入● 汴 水名 汃 仝上又波激之聲

他上平●坳人名

上上●奼美貌也又河上丨女也

上去●咤驚懼之貌也　咤仝上

上入●託原托字正音曰丨務誇也　吒叱怒也　奼少女也　裼赤身浴曰丨　嫭西施之流美好也

下平○

下上○

下去●鮀水母也水丨也　蛇仝上酒菜也醃丨

下入●宅家丨住丨厝丨相丨　厇仝上　⿱宀圫仝上宅土

貞上平●齋丨戒又晝室也又恭也敬也又煮菜曰丨　斋仝上又丨堂食丨　亝古文齋字　斎仝上　斋仝上也

上上●這丨者此也　⿰女只女兄曰丨妹　姐正音仝上又仝从

上去●債欠人之財物曰|又避|摭|手不及也蹠|足行不進也

上入●毛草名又草葉也漬猶漸也責治之以罪曰|罰也勣功也功|又人名職官||又任||份穴狹也績紡||又功||也戢仝職

●仄平|限韻也簀竹器昃盈|盈滿|虧也謮怒也嘖言語錯雜曰|昍眾口之貌汄水浹流也⿴囗皇硬之貌幘髮有巾曰|頭巾也

下平○

下上○

下去●寨環屋為||營||樓|山||賊||

下入●湕水名又水也泧水流不干也

入上平●浞水名又濡也清也

上上●梓木名仝梓

上去○

上入〇

下平●⿰扌脩俗謂手足不逮而緩曰丨　⿰口脩俗謂不能言曰丨

下上〇

下去〇

下入〇

時上平●紗棉丨羅丨洋丨　裟袈丨佛衣也　些少許也　尖小也　⿰夕少少也

上上●捨正音曰丨勿也

上去●⿰少刂丨割宰丨也　⿰扌⿰少刂之以物去手曰丨

上入●⿱雨叟小雨也　⿰月肉俗謂肉餅曰丨條

下平●儕等也吾丨輩也

下上〇

下去● 嚌 言徐徐也

下入● ⿱雨亞 雨丨丨也

英上平● ⿰氵亞 水名

上上● 冶 爐丨冶五金之器也 啞 不能言諸者曰丨又小兒學語也 瘂 不能言之病曰丨 瘷 仝上

上去● ⿰矢亞 矮子也

上入● 厄 險丨危丨要丨 阨 限也塞也 扼 束也拘也 搤 仝厄又握也捉也 伌 仝厄 阸 仝阨

下平〇

下上● 下 上下高低也 厦 丨門地名也原厦字 ⿱丶⿰丶丶 仝下 二 古文下字

下去● 耶 語詞也疑詞也 下 俗一下曰一丨匀匀之意 揶 丨揄侮弄之意 挪 仝上以手相弄也 檄 木名

下入●[扌畫]人名

文上平●槭木名　蜓蜻蜓俗曰山丨原廷字

上上●猛逃遠曰丨丨緩也　馬畜類有赤白烏之別

上去●[女夜]暹人呼其母曰丨

上入●[口脈]羊聲也

下平●夜日入則為丨日丨晝丨

下上●[大各]自大也

下去●罵以言責任曰丨丨惡語加人亦曰丨相丨詈丨　駡仝上　[言馬]仝上

下入●脉氣血往來動者曰丨　衇仝脉　脈仝上血丨　麥穀類　眽交相視曰丨丨

語上平●[言而]糊口也又譊丨挐也

上上〇

上去〇

上入●㧎持攜也又丨不正也

下平●牙齒丨象丨正音　芽萌丨草丨正音　衙官署曰丨門　蜈丨蚣俗曰丨子百足蟲也　疨牙疾　㸦仝牙

下上●迓走也迎也

下去●釾鏌丨劍也

下入●犽謂童子靜而慧俗曰丨　訝仝上又疑怪也

出上平●差特命之行曰丨又後也　乂一縱一橫曰丨爻也　杈挾取也樹枝也極丨也　乂橫丨也洋人一丨準者

上上●撦強令之推曰丨捉　扯仝上拖丨也

上去●厠丨池積糞也

上入●策計|良|筴仝上又|問也冊書||頁

下平●查稽|巡||收

下上●鈸原发字俗曰|樂器也

下去○

下入●偦動聲也僁細聲也

喜上平●唧喘息急曰|嗄仝上又餲氣逆也

上上●吐大叱曰|

上去●吓大諾曰|寊隙也

上入●哧以勢欺人曰|𧹞仝上又以强欺弱曰|蒜草名赦歎|又笑也赤也

下平●鰕魚|有節長鬚蝦仝上侶魚|蘇子也瘕痕|女人之病也

下上●夏姓也正音曰丨廈大屋也大丨巨屋也正音

下去●夏四季之一曰炎丨九丨廈大丨巨屋也⿱亼甹票丨也身輕便也⿱亼是行不前也

下入●榽木名

24 瓜部

柳上平●⿰酉委小飲也又飯也柧引擊也又三稜為丨

上上●鯘魚名丨魚又敗也⿰歹委不正也又腿弱也

上去〇

上入●毳大佽也又獸之細毛也

下平●蠃體又骨赤也枯也贏仝上臝仝上

下上〇

下去〇

下入〇

邊

上平● 飛 鳥舉起｜｜騰｜升 猆 仝上 杯 酒｜茶｜銀｜金｜ 盃 仝上茶酒之具也 坏 山名又陶器未燒也

上上● 捊 ｜開｜物也

上去● 輩 老｜平｜子侄｜昭穆也序也 背 ｜｜前後人中部胸腹按｜也之 痱 ｜疾也 [illegible] ｜母藥名

上入● 吷 口氣也又飲為｜也 琲 珠中串為一｜

下平● 賠 償也｜地｜物如欠物也 陪 併也伴也｜客｜酒 醅 未瀝酒也又醉飽也 培 栽｜｜植如｜蘭也

下上● 倍 加一合曰｜利市三｜ 佩 大帶也｜服又感或不忠之意也 珮 玉｜環｜玉｜聲也 悖 ｜逆｜德｜｜禮也 貝 ｜母藥名 狽 狼｜相倚以行

● 棓 五｜子煎汁可染布 [illegible] [illegible] 裴 姓也

下去● 焙 以火炙物曰｜如｜茶｜炉｜餅

下入●抜挽丨也又持也

求上平●⿸厂氏藤本產自土內為蓀為苟產自藤上為丨為匏⿱艹魁草名

上上●果丨木丨子丨實丨粒菓仝上碻墜也俗以粿丨品以米為之者曰米丨⿰麥果仝粿

上去●過往者曰已丨又不是之處曰丨⿱髟吾螺丨金丨火丨首飾也过仝過

上入●郭姓也又城丨廓仝上又大也廣也開也刮以刀凋削曰丨丨削也又摩也刔仝刮又剔也

下平●⿰多灰人名

下上●很原音胡事多不從人之意曰丨用其義也⿰𧾷开服丨裾也

下去〇

下入●尘物之一半曰丨半丨短丨身身短也

去上平●科丨名丨第登丨丨場恢丨复也蝌丨蚪即鼃子也又⿱殹黽蟇子也萪海葱草名悝嘲笑诙谐魁丨首丨星經丨盔頂上鐵冠曰頭丨又首鎧也

上平●詼丨諧謂謔弄也

上上●踝丨足不前也又踊也

上去●卦八丨易丨丨丨是處有丨 課歷家曰日丨取丨塾中曰出丨堂丨 快速也急也

上入●缺官之有任曰丨物之不足又曰丨 闕天子宮門双丨曰宮丨 𣤶欠丨不足也 捷持也達也

下平●攌手不足曰丨 𤸬仝上手病也

下上〇

下去〇

下入●爑以大熱物也又火丨

地上平●𤉨火之聲也又𤉨燖毛也

上上●攋持也轉簞也

上去●綴緝而合之曰丨續接也
上入●⿰豸毛獸名
下平○
下上●兑卦名又寶物曰丨丨貨 兌仝上 兊仝上
下去○
下入○
頗上平●肧凡物之未成曰丨丨胎也 胚仝上俗寫丨胎 坏未燒之陶瓦也 坯仝上 ⿰土瓦陶瓦未燒也
上上●⿰口否相爭之聲也 啡仝上 ⿰忄否不可也 琲珠五百枚曰丨
上去●配比也匹也耦也合也
上入○

下平●	皮 革也面也如肉之丨地之表也 裴 長衣之貌又姓也
下上●	被 丨褥大丨丨棉丨
下去○	
下入●	塭 塗丨又壁土之塊 芏 草丨生於海邊如蘭 沫 水名又泡沫
他上平●	頹 腐敗也壞也又順也 僓 順也 弟 丨靡困窮也
上上○	
上去○	
上入●	⿰米兑 屑也
下平●	痥 皮膚之病也生丨 魋 人名王丨又獸類似熊而小
下上●	⿰月爛 破也濕也熟也

下去○	
下入○	
貞上平●	癠 疾之貌
上上●	⿰氵最 水名又水動也
上去●	最 殊絕曰丨丨善丨惡丨烈丨好 嘬 小語也又一舉盡臠也
上入●	⿰扌罪 掃丨也
下平○	
下上●	罪 大過曰丨犯丨有丨犯法曰有丨
下去●	襊 衣也又一丨幾丨
下入○	

入上平〇

上上●汭水名水入也又曲流也

上去●空音

上入●芮草名又草生之貌

下平●搻凡物用手撡俗丨撡上仝

下上●鋭鋒利也是器丨氣丨意叡深明也又睿仝又曹丨睿人名又俊也郲古地名又姓菡鈉金屬名

下去●芮姓也又國名又丨城丨丨草初生短小也

下入〇

時上平●衰盛丨之勢頹敗曰丨丨又丨弱也蓑丨衣雨具也㐮衰仝

上上●娞女子也儡石多也

上去● 歲一年曰一丨天子萬丨俗云壽至百丨可立亭 蛻蛇蟬之衣也 稅取諸商家者曰丨過丨納丨 帥軍中之主也元丨主丨掛丨 帥仝上 帨女子之佩巾也

上入● 說丨客丨話丨文丨書 刷油丨棕丨紙丨皆用物也 㕞仝上又拭也 坑陷穽也又地名

下平○

下上● 涶水名又仝唾口液也

下去○

下入○

英上平● 鍋用以煮食物缶丨銅丨鐵丨 鍋仝上廚中用物也 隈水鄙曲也又 揋持也

上上● 矮多也不高也又燕人謂多曰丨

上去● 尉從上按下也安丨又官名太丨 慰撫丨安丨丨勞小雅以丨我心 濊水多也 穢不潔之物曰丨污又荒草也 蔚丨草木茂盛也

● 劌割丨又人名又傷也 薈野也菜也 翽羽歲也 翽鳥飛之聲 薉荒蕪也 懀安丨以其心恆丨情丨

上入● 噦氣逆上升曰嘔丨 搲丨物丨醬丨膏又取也 摝以竹丨物也

下平● 稏稻倒地曰丨軟也又禾四把曰丨

下上● 衛輔身曰丨輔丨侍丨丨生努力自丨丨國 衞仝上

下去● 話言語曰丨丨好丨說丨丨 畫繪丨圖丨字丨名丨又丨工丨 画仝上 譶言語也 屓息臥也 畵仝画

下入● 畫字丨界丨事之一體而行者曰丨一界限也 劃丨水丨船丨艇 鱥丨魚有紅白之別

文上平● 酶酒母也

上上● 每不一直稱也如丨人丨事丨件 尾物之末者曰丨首丨虎丨狼丨

上去○

上入○

下平● 粥稀飯曰丨廣呼曰族為男女饍 霉雨中之暑氣也 媒婚者曰丨又曰永人 槑古字仝梅 [illegible]仝上 梅紅果之名別有青 煤丨礦丨炭皆山所產

下平●枚如果實粒曰||粒也梅酒母也粖糜粥也禖天子求嗣到祭曰|鶛鳥名又透取禽也脢背肉曰|肉䤂醋之別名

●莓|苔即火而階上生之苔痕也囮譯也謂傳四夷之鳥獸之語也脥脊側之肉也

下上●昧晴|幽冥也又未明又暗|眛目不明曰|寐目閉神藏也夢|睡|魅山怪也能感人又鬽仝

下去●妹女弟曰|兄|炽|未事前曰||到|有

下入●物萬|百|人|又|理

語上平〇

上上〇

上去〇

上入●玥神珠也

下平〇

下上○

下去●⿰舟外|甥今作外也

下入●月太陰曰|日|又每年十二個月 袜原音物俗曰|足之衣也 襪仝袜

出上平●炊三餐食務也|煮也 吹|嘘|氣|簫|散 龡仝上又以氣推發其聲也 崔姓也

上上●髓骨中之脂膏曰|骨|也 膸仝上 ⿰骨夌仝上

上去●毴獸毛也

上入●啜以口吸而吞之曰|又茹也嘗也

下平●箠竹竿小者曰|

下上○

下去●覔如物之失落不見則||物也 尋原音侵俗典上仝 覓仝覔 冖覆也

下入● 粿 粗米也

喜

上平● 花 草木吐華曰丨丨丨木山丨高丨 粤 仝上 灰 火之餘曰丨丨有石丨蜡丨 芲 仝花 澕 水名

上上● 火 古燧人氏鑽木取火按木生丨五形二曰丨又南方屬丨 伙 傢丨即家用之物 夥 丨記丨友合二人仝本曰合丨

上去● 化 造丨教丨鮮丨變丨羽丨 吪 仝上 悔 心丨自丨胎丨后丨返丨 誨 以先覺覺后覺曰教丨 貨 以物作買賣者曰丨丨物 晦 每月三十曰丨昏丨丨明暗也

● 歲 人生世上一年曰一丨 [illegible] 面肥也

上入● 血 肉之脂膏曰丨丨丨氣丨脈丨肉也 [illegible] 草木英也

下平● 回 去而復返曰丨丨家歸丨 茴 草名丨香大丨小丨 廻 縈丨環繞之貌 佪 俳丨戀戀不忍去之意 徊 徘丨仝上俳丨瞻眺也 囬 仝回

● 囘 仝回 痐 腹中長蟲也 茴 仝茴 洄 旋水也

下上● 會 相丨丨聚丨知丨丨合 滙 百川丨海言海為水之總 会 仝會

下去● 仵 原音伴字俗人之有丨與也用其義

下入●风火盛也又火發色也

25膠部

柳上平●嘮以無言有以小言多俗曰好丨

上上○

上去●晒俗謂物熱待涼曰丨

上入●搻以手丨物持也　拉仝上　踏跋也又丨碓也

下平●朥肥則有朥多者豬丨　哪人名　曡小語也

下上●撈如江中之丨月曰丨又心意足也　拼仝上　夠又足多曰也丨

下去●捞持物曬日也曰丨丨物　荖草名也又行草之聲也

下入●腊十二月曰丨月　蠟蜂丨白丨黃丨丨燭　獵打丨遊丨　臘仝腊又祭百神也　爉丨燭也　躐踐也踰也　蜡蟲名又仝蠟　蚋仝上

邊上平● 巴|蜀|戲也 芭|蕉也 葩花之白者曰|又仝皅 豝牝豕也 弝通作也又|即陽物 爸俗又呼父曰阿|

● 鈀兵車也器氣也又鉏屬 吧口氣也又吨吨不了也

上上● 把|持|捉又官名|總 飽|食|學|德 [⿰酉巴]仝上又酒之色也

上去● 霸五|強||業|道 豹虎之別種四|生三|一 壩沙|溪三河|也 弝弓手執處曰| 覇仝霸 垻仝壩 欛|柵也又把也 [⿰月霸]|肉也

上入〇

下平〇

下上● 罷已也止也息也皆|之意 罢仝上

下去● 呷口氣也吸而飲之曰| [⿰木罷]木名

下入〇

求上平● 膠牛|鹿|亞||漆 筊|歷竹器也 醪美酒也 鉸|述也 樛木名又枝垂 胶爻足跗也 鮫魚|

上上●絞蔗交丨丨棉丨撟丨仝索上也又較並相也比也疫也丨肚

上去●教儒道釋曰三丨又有耶穌丨天主丨指丨也酵酒母曰起丨窖地藏也敎仝教滘水名⿰孝言叫吽也⿴口告獄也

上入●甲科丨又丨子又鉄丨又手足有丨鉀鉄衣也即戰丨⿺辶甲人名玾玉名胛肩丨又背也

下平〇

下上●咬鼠丨蛇丨如各物之口傷人曰丨齩仝上

下去〇

下入〇

去上平●脚足俗曰丨凡物之足亦曰丨腳仝上肟仝上

上上●巧乞丨乘丨丨言湊丨豈反說以見意也如丨非丨敢丨其然也⿱艹豈水中菜也

上去●扣丨舷丨板丨更丨除

上入●笚竹器也可盛魚之具也 籗上仝

下平〇

下上〇

下去〇

下入●癢糊｜也

地上平●礁水裏石也 乾原音干俗曰｜用其義也

上上●打原音打｜架俗曰｜如相｜｜鬆｜緊又洋貨物十二為一｜｜

上去●笡捕魚之具也 罩上仝

上入●搭置｜寄｜｜寮｜欄 鎝鐵｜發土具也

下平●禾俗謂稻之稿曰｜原禾字

下上〇

下去〇

下入● 沓 貪也又重疊 偺 偈|不著事也 蹋 足著地曰|如|青|勝 踏 仝上又與碏仝 遝 雜沓也 踏 仝踏 龖 飛龍也

頗上平● 脬 膀胱也尿|也 抛 原音褒俗曰||魚用其義也

上上● ⿺辶巴 |立短之貌

上去● 帊 暹人呼布曰|

上入● 打 |索|稻|麥相|

下平〇

下上● 泡 水|也又抛水上浮漚也 皱 生|皮|也又皮皺也

下去〇

下入〇

他上平●他 俗謂別人曰丨如丨家他人丨國

上上〇

上去●扻 攔丨推開曰丨 奓 仝上又吒張也

上入●塔 庵寺之浮圖曰丨寶丨如暹地居多 墖 仝上 壏 仝上

下平〇

下上〇

下去〇

下入●疊 重丨層丨多重曰丨

貞上平●渣 丨滓丨粕 罝 丨罩也 柞 仝上 昨 丨日即去日又先也 槎 乘丨仙丨 摣 挽也 揸 如商家丨貨丨錢丨事 娜 美也又舒也

上平●咱北人自稱自己曰丨

上上●早丨起丨眠昔丨人丨日丨者前也蚤仝早又鷄鳴而起曰丨

上去●乍初也忽也詐偽丨奸丨丨敗丨退徃往來遠行也怍慚也又慙舴小舟曰丨艋窄寬也⿰車乍小車也又車裂蚱魚名

上入●摣擊也又取也抸仝上

下平〇

下上〇

下去〇

下入●柵木垣曰丨木丨関丨⿵門屬仝上又門丨卡関險之地設兵守丨⿵門卓仝上閘仝⿵門屬

時上平●砂俗曰珠丨神丨長丨又堪輿家謂近山為丨

上上〇

上去●㬥俗謂牙朋曰丨丨牙也

上入●喀食丨粗曰嗝上仝

下平○

下上○

下去○

下入●煠以湯丨物也又淪也膋丨肉也仝上

英上平●亞俗問何人曰丨誰丨丨某又州名丨細丨阿仝上椏樹之分枝曰分丨鴉鳥名烏丨枒仝椏

上上●掗以手折物曰丨抅仝上又仝拘

上去●亞原音阿俗以兩物相上下曰丨相丨又丨父俹倚也婭姻丨兩婿相謂曰丨䛩相丨兩人相辯也又呼鴨聲

上入●鴨鷘丨鷄丨又名家鳧䳑仝上[illegible]仝上

下平○

下上○

下去○

下入○

文上平● 嘛 小兒以手指打口曰｜｜ 膜 肉｜也 疤 痕跡也

上上○

上去○

上入● 月 ｜即肉也

下平● 媌 娥｜閩人呼妓曰｜ 淋 小便難也 ⿰土麻 土泥

下上○

下去● ⿸尸馬 馬拖物曰｜又遲人以｜準尺每｜二尺四寸也

下入○

語上平● 酘 小飲也又沽也

上上○

上去● 愚 俗謂人不敏之甚曰｜ ⿰忄愚 上仝

上入○

下平○

下上● 揶 持也

下去● 鬖 亂也又髮亂也

下入○

出上平●嗟〔丨呀丨嘆〕剉〔丨割小予也〕槎〔乘丨仙丨〕嗏〔丨飲〕嵯〔丨峨山之高且險也〕蹉〔丨跎行不進也〕差〔丨錯丨悞〕

上上●炒〔廚房調菜有煎有丨〕煼〔仝上〕

上去●茶〔正音以茶曰丨俗曰茶可解渴也〕

上入●挿〔丨花丨田〕插〔仝上〕臿刂〔切物也〕歃〔盟者以塗口也〕

下平●柴〔樹木皆曰丨〕

下上〇

下去〇

下入〇

喜上平●颬〔俗以口氣呵小兒曰丨〕吙〔仝上又靴仝〕

上上●⿰口閜〔大笑也〕

上去● 孝 俗曰丨服如祖典父母死為子孫者宜被丨又曰帶丨

上入● 瓣 花丨落丨 喊 大笑也

下平● 縛 原縛字俗以索縛物曰丨用其義也

下上○

下去○

下入● 合 集也會也和也三丨六丨 凾 會也

26● 龜部

柳上平● 奈 丨者不鋭之謂也

上上● 魯 國名東西丨又鈍愚也又姓丨也 艪 船丨也 屢 事之常也丨次丨常 澛 鹹滷也 嚕 語之貌 滷 仝上 鹵 西方鹽丨 櫓 木柱

● 褸 襤丨衣服之敗也 寠 貧陋也無禮也 擄 丨掠也丨禁也又北狄曰丨 嘍 丨丨多言也

上去●●嘔口氣也

上入●●呴水曰水氣溫食俗｜又以也　肆行不進也

下平●蘆｜荻｜花又胡｜｜　僂傴｜也危身向前曰｜　簍竹器也　芦仝上小寫也　縷絲｜甚細之物也　臚皮也又傳｜又｜列

●廬居｜墓｜草｜三聘茅｜　纑仝上　艫舳｜船也　壚剛土也　獹犬｜也　艛槽船也　摟｜掠｜扱｜人又擄仝

●鏤｜金｜刻也　婁人名又星名　濾水名也　嶁山名　轆善轉員木也　螻｜蟻也　髏骷｜枯骨也

下上●輅｜車又大也迎也　賂以財私人曰｜賄｜也　潞冀州之浸也｜河卅｜　鷺鳥名白｜水中鳥也

下去○

下入○

邊上平●扁臂也　哺｜啜又嬰孩待｜兒待受食也　蜅｜螺可吹其聲響甚　蝙蟲名

上上●捕巡｜｜盜｜獲｜亡｜掠也

上去● 富 裕於財曰｜｜貴｜豪 佈 遍也｜施｜政｜德 怖 恐也畏也 沛 ｜滿也

上入● 抪 以錐刺之俗曰｜又散也擊也

下平● 匏 ｜瓢｜瓜葫蘆｜ 瓠 仝上 烳 以水燃物曰｜｜水｜茶 麭 仝瓠

下上● 捕 原音捕俗謂巡｜武營官曰捕政司

下去● [卵+毛] 鷗鷄伏卵曰｜｜卵也 [毛+句] 仝上鷗鳥伏卵亦曰｜

下入○

求上平● 龜 介蟲之長也｜鶴｜壽｜冥 䀹 斜視也 龜 ｜龍仝上其形似鱉 龜 仝亀 姑 原音姑俗曰苟且也｜息｜寬｜免 伩 女字 蛄 蟲名螻｜善能鳴也

● 劬 ｜勞也又疲也 駒 白｜馬之善走也又老馬曰戀｜也 姁 ｜｜和好之貌 痀 曲脊也俗曰腰｜脊曲也 辜 罪也無｜也 觚 ｜盛米之器也｜盛

上上● 久 ｜遠｜長｜年多年也 韭 韭菜也又冒雨剪｜ 蠱 ｜母巫｜又卦名 蝦 大也固也長也 盬 監視也又池也 嘏 ｜固也大也遠也

上去● 故 有所因曰｜｜是｜舊緣｜ 句 詩｜｜讀成｜又文詞止處曰｜ 顧 回首視物曰｜看書廻｜內｜心謹曰｜ 固 ｜結｜心堅｜鞏｜也

上去●炙灼也以之療病也針｜ 錮鉄塞也又禁｜重繫也 佝短醜之貌 涸寒疑也閉也又水竭也 眀左右驚視也

上入●叻以口｜之則氣入腹内也俗曰｜酒｜水也 咕仝上又嘏｜咽也 欱仝上又飲｜也

下平○

下上●具物偹曰｜謹｜文｜器｜ 俱皆也偕也具也 颶狂風四方皆作曰｜ 舅母之兄弟曰母｜妻之兄弟曰妻｜ 懼恐｜驚之貌也 惧仝上

●愳心驚也仝上 眗古字仝舅

下去●舊新｜物老曰｜｜家｜鄉 旧仝上 故與舊者通｜國｜｜友｜園原音故

下入●啯鳥聲也又頷下垂也 鮈魚名

去上平●拘擒也獲也捕也｜緊｜束 袪襍也逐也遣也 區地界曰｜別也每縣分幾｜ 胠脅也又發也開也 嫗婦老曰老｜ 軀身｜又仝軀

●坵田格界也如田每格曰一｜ 嶇崎｜不平也 樞戶｜又｜密｜機天｜ 摳｜衣也 驅策馬曰｜馳｜｜逐也 軀身｜也

●祛袖口也又舉之貌 佉仝祛 敺逐｜｜魚 傴僂老人也｜不伸之貌

上上● 罟網|魚網也 罟仝上 苦黃連之味曰|正音曰|俗曰苦 筶竹器也又竹名

上去● 褲正音|俗曰庫

上入● 吱池|又路中小凹曰路|

下平● 蹲雙足小立曰| 蹥仝上 ⿰𧾷寽仝上又曲徑也又跣踉指貌

下上● 皿舂米之器曰|有石|灰|柴| ⿰石白仝上 ⿰石皿仝上

下去○

下入○

地

上平● 蛛蜘|吐絲而結網 株木之本也根|也 誅明正其罪曰||討 姝美好曰| ⿰虫闍仝蛛 鼄|繩也 闍|闍也又闉|城也

上上● 楮紙也又寸| 覩視無所陣曰| 睹仝上 堵墻|也又五版為| 賭|博也

上去● 著|述|作|名 偖仝上 斁敗也又亦厭也終也

上入●椊丨杌木名 鞋一堆俗曰一丨 拄以杖丨地也

下平●橱衣丨食丨櫃丨 蹰踟丨行不進也 厨丨房烹煮調味也

下上●⿰口杜俗呼鷄之聲曰丨

下去●⿺飛壽鳥飛之聲也

下入●⿰口鞋氣口之語也

頗上平●呼吷聲丨也又吹聲也

上上●甫正音稱人之號曰臺丨俗曰丨 圃正音丨園也 脯男女交合俗曰相丨

上去○

上入●嗷氣急而發如叫曰丨丨 唀詆也

下平●浮丨沉輕丨上丨為天 芙芙蓉花名 蒲草丨也可作席又丨田地名 苿丨草也 篕盛黍稷之環器曰丨籃篕 粰丨梳發粿曰丨

下平● 葡丨萄果名也 蒲樗丨戲也 莆丨田縣名 菩丨提佛樹也 蜉丨蝣蟲名朝生而晚亡也 桴眉棟也

下上● 𡾟安南稱官長曰翁丨即潮之稱府官也

下去〇

下入〇

他上平● 剸播刀也又置也

上上● 土正音以地曰丨

上去● 兎正音曰丨俗曰兔

上入● 呼鷄鳴也

下平● 徒門丨生丨丨然丨此 圖丨謀宏丨希丨有所希翼曰丨 途路丨半丨長丨問丨 躇躊丨欲行不進 荼苦菜也又海底鬼門關神丨 儲丨貳丨君丨積

● 酴丨醾酒母也 涂地名又十二月為丨月又姓

下上● 嶀 安南船初入港口月入頭丨

下去● 鵚 鳥飛也

下入● 辻 巡丨也又徒也 ⿰口知 烹物滾曰丨

貞上平● 朱 赤色深者曰丨丨顏丨衣丨唇 趄 趨丨欲進不前也 陬 阪隅也又聚居也 硃 石色深青者丹丨銀丨丨砂 伹 拙也 沮 水名

● 珠 老蚌生丨真丨寶丨夜光丨 徂 往也存也 洙 丨泗水也 侏 丨儒人身之短矮者也 咀 含其味也㕮丨修藥也 掫 擊也 銖 百黍之重者曰丨五丨曰錙丨物之錙丨

● 緅 紺丨色也 袾 丨襦衣短也 諸 語助之詞也丨事丨幾 苴 麻也 潴 水停也 組 丨織丨綬解丨 茱 丨萸藥名 郰 地名也又國名

● 齟 丨齬齒不相值也 諏 謀也聞政也 蛆 蠅字也物臭則生之 怚 驕也不精也 葅 苴仝

上上● 主 君為民之主父為子之主 麈 群鹿之長者曰鹿丨又丨談拂其尾辟麈古之談者揮馬丨 宔 宗廟祏也鐙中火也

上去● 註 著明其義曰丨丨釋丨解字丨 蛀 蟲嚙物曰丨蟻丨丨爛丨壞 鑄 五金鎔物曰化丨丨釜丨錢丨銀 蠹 蟲在木中曰丨蟲又蛀仝

● 注 水流射也又意所嚮曰丨 鑄 鑄仝 ⿰月主 身直也 庄 下也

上入● 嚼｜氣而入腹如｜水｜粥也又咀｜求其味也 [口凹]上仝

下平● 鶿鸕鳥也 鷀上仝 [齒庶]上仝

下上● 住止處曰｜居｜宅｜｜趾 駐停驂出也｜馬｜驛 炷拜神上香曰一｜ 聚眾物齊集曰｜貨｜財｜ 埾積土曰｜土 跓止步也又停足也

● 酢酬答也又酸也 祚福祿也 阼｜階也 胙祭肉也又曰復｜ 聚聚仝

下去○

下入○

入上平● 曘日光也日色也

上上● 乳柔也湩也胎｜人｜牛｜ 愈較勝曰｜ 瘉病痊曰｜ 腴五臟穴也又腹下肥 窳｜穴葉

上去● [囗無]困囚也

上入○

下平● 儒士人之稱丨士丨業 茹菫菜也又竹皮也 襦短衣也 如相象之詞丨此相丨 瑜玉之美又珪丨又人名 睮日陰也 伽鈎也

● 愉悅也薄也 腧五臟丨穴 孺丨子婦丨 窬穿丨小賊也 覦覰丨希望也 庾裕也 榆木名朴丨桑丨 諛諂丨也

● 俞以中空之木為舟曰丨又姓 媮政合也 毹氈丨也 臾須丨 獳犬惡之貌 揄揶丨侮也 逾超也又過期曰丨期 箊竹皮名竹丨

● 懦丨弱畏事 嬬丨婿也 萸茱丨也

下上● 裕有餘曰丨殷丨富丨丨民 諭曉之曰丨丨下丨示示丨 喻明白事理曰丨 踰越也丨垣丨矩 龥疾首呼號也

下去〇

下入〇

時上平● 需用也財物為人所必丨 嬃女子之字也 胥吏之賤者曰吏丨又姓也 頊待也 須語詞如丨臾無丨 䇓立而待也 濡丨滯不順也

● 嚅囁丨言難吐也 輸負也不勝也 舒暢也開懷也展也 偦有財智者之稱 諝仝上又詐也

上上● 暑仲夏之月有節氣曰小丨大丨丨氣丨熱 曙天將明時曰丨 濐溝也 黍谷類也禾丨丨穄 褚裝衣也又三國人名許丨 渚小州曰丨江丨也

上上●廜舍也 墅田廬也 緒頭｜心｜端｜又帝名光｜ 杵擣衣用｜砧｜｜臼 翥鳥飛也翔鳳｜鳳 署縣｜府｜衙｜

上去●庶森然齊到曰｜｜民士｜又近也 庻仝上 訴厝言其事曰｜｜告｜冤｜情 絮柳｜棉｜紛｜ 素繪事後｜｜白色｜ ⿰飠素吃也

●塑｜像以泥為人之形也 溯而流上曰｜ 遡｜洄從之順其水之性又泝仝 泝仝上又逆流洄順流也 ⿱斥心仝愬 ⿰氵⿱亠𢆉典訴同又仝泝

●瘐疾｜病自死也 恕推己及｜也忠｜相｜ 訴歡喜也

上入●呴｜涎食汁俗曰｜又飲酒之貌

下平●蜍蟾｜三足之蛙也又月魄也 殊絕異曰｜逐雞聲不｜｜之異 殳兵器也又姓也 唋以口逐雞也

下上●序四季曰｜時｜次｜輩｜座｜ 敘仝上又有條不紊曰｜｜述 敍仝上 監直立曰｜｜棋｜立｜碑 澍溢植也 樹｜幟｜聲｜德又植也

●⿱耂儿老人行之貌 豎童僕之未冠者小臣也｜更也 ⿰予予魚子也 竪仝上立也

下去●⿱⿰臣缶立直立也

下入○

英上平●于仝於又姓也　樗丨櫟無用之散材也　圩埣以扞水也　盂飯器又缽丨也又丨蘭勝會俗曰譜度　恶何也煩也　呼仝吁相招曰相丨

●吁丨喚又歎詞發聲也　盱張目望也　竽竹器也與笙同和也　迂丨濶遠也　嘑大聲丨也　虍虎文也　嗚歎之詞也　謣委也言也

●尪股丨也盤旋也　污水不行也又丨穢濁丨　雩求雨之祭也　⿰鹿亐獸名　杇塗丨一作圬　汙仝污濁水不行也

上上●羽丨毛丨翼丨衣丨扇　禹夏王之號也丨王又舒也　宇宇宙屋丨也　偊丨丨獨行又曲躬也　齲齒蛀曰丨　詡丨詳也　⿱禹虫蟲名　⿱禹土土丨也

上去●惡好丨眾丨必察又恥也　塢山阿也又壘壁也水丨船丨泥丨　噁怒之貌又喑丨也　隝鳥名又壁壘也

上入●潭水名　噔篋中鳴聲也　⿰口⿱癶食仝上

下平●娛賞心曰丨丨親歡丨　⿰口禹聲之相應曰丨　唔咿丨讀書之聲也又咀丨　鼯丨鼠能飛其技止此　圄圇丨獄名　娪美女也　祦福祉也

●吾我只自稱正音曰丨　齬齟丨齒相值也

下上●有物之己著曰丨丨餘丨使　預偹也

下去○

下入〇

文上平● 娬 昔吳地俗呼母曰｜

上上● 武 安邦用文治國用｜鎮守｜署｜備 碔 仝上 撫 安｜｜臺｜弊 胟 大指也又曰將｜ 憮 愛也 拇 仝上又｜戰俗曰打酒媒

● 侮 輕妄於人曰｜君子不受｜ 膴 肥之貌 舞 歌｜飛｜｜媚 拊 擊也同撫｜鼓｜心｜臀 鵡 鸚｜鳥而能言也 娬 媚｜也

● 䳇 仝上 幾 仝武 嘸 ｜然應聲也 嫵 仝娬 珷 ｜玞馬能亂玉又石似玉也

上去● 䟲 ｜足行不進也又跡也

上入● 𨘌 跡｜也

● 𢍰 古文巫字

下平● 巫 以舞降神也｜婆｜女老｜ 蕪 草也薪｜荒｜ 廡 環堂之屋也兩｜廊｜ 誣 荒｜事非其實也 𦋺 怒詞也又詈屬 騖 馬之亂馳也又直騁也

下上● 婺 女星也中天｜煥 務 公｜事｜要｜商｜義｜ 鶩 鳥名

	下去●霧	雲丨煙丨發丨陰陽不分曰丨也
	下入〇	
語	上平●咮	多言又能言也
	上上●⿰口圄	咽丨獄屋也
	上去〇	
	上入〇	
	下平●牛	牧丨牽丨騎丨又風馬丨
	下上〇	
	下去〇	
	下入〇	

出上平● 趋疾行也少丨步丨亀丨 趨仝上丨進小走也 芻草也丨蕘丨靈束丨也 蒭仝上 菆草叢生也丨箭丨麻 雛鷄丨鷄仔也又丨鳳丨

● 嗞呵叱人之聲也 麤鹿眾也又不精也

上上● 取以物授人曰丨又丨笑丨財求丨丨利 娶嫁丨男女授室俗曰丨親 㑡丨促也 處正音曰丨分丨酌丨調丨 麤趋丨也又小鹿也

上去● 厝民居瓦屋曰丨瓦丨草丨又所居之地曰丨 處仝上又何丨的丨遍丨 䖏仝上 趣心之所好也又志丨妙丨有丨興也 措丨置丨作丨手造作曰丨 覷伺視也

上入● 淬燒劍刀入水之聲也

下平● 滁丨州九江之郡名也 疵丨疾也

下上● 竁丨穴也又穿地也

下去〇

下入〇

喜上平● 夫丨君丨婦丨子丨壻農丨工丨樵丨 趺跏丨大坐也 敷丨用丨陳丨丨衍不丨 鄜丨粥地名也 膚皮丨肌丨丨髮 砆碔丨馬能亂玉又石似玉也

上平

● 孚 中丨相丨又信也 秩 黑稻也 蚨 青丨錢之別名也 鈇 丨鉞即釜也 俘 取也獲也獻也 麩 麥皮也 莩 葭丨之親如麻有子也

● 妋 美色也 玞 珷丨石似玉也 麌 虎類 妋 美色也

上上

● 府 藏也聚也州府丨庫知丨 俛 丨仰與俯頫仝 俯 丨仰丨伏丨首俛也曲也 俌 輔也 㕮 咀嚼也上古無刀以口咬物使其細者曰丨

● 父 正音曰丨尚丨仲丨亞丨尼丨 頫 丨首與俯仝也 腑 臟丨肺丨六丨 黼 丨黼白黑相間為文也 釜 烹煮之具俗曰鼎也 鬴 六斗似升曰丨

上去

● 附 丨船丨車丨驥尾也 訃 告兇曰丨丨音丨聞 賦 詩丨詞丨稅丨責取也 傅 師丨太丨敷陳其言而用之 赴 丨試丨會丨科有期不悞曰丨

● 賻 以財物助喪曰丨 祔 衣丨底衣也 袝 仝上 咐 以上諭下曰丨吩丨 付 交也收也畀也 副 正音凡物有正則有丨

上入

● [口鳳] 風之盛也

下平

● 胡 牛之領下肉也又含丨丨塗丨為又姓也 互 交丨支丨丨市相丨 衚 丨衕街巷也 蝴 丨蝶飛蟲也 餬 丨口寄食也

● 醐 醍丨性滑味甘 葫 丨蘆丨瓜草丨 狐 丨貍丨疑丨惑 符 丨咒兵丨丨合丨法丨契 苻 雀丨又姓丨秦氏 猢 丨猻猴也

● 弧 弓之別名丨矢也懸丨男生辰也 瑚 珊丨丨璉 壺 方丨即蓬萊島仙子所居也又瓶類也 鳧 丨鳥又家丨即鴨之別名又丨趨 鳶 紙丨剪紙為丨

下上● 輔相丨丨助夾丨也 嶇小山也 祔有所依丨 冱寒凝也 扶若顛仆者曰丨丨杖丨力丨持 祜受天之福曰丨 坿益也

● 𠂤大陸曰丨 負丨背勝丨丨托丨人 護保丨丨助 蠖屈伸之蟲也丨屈 阝右畔仝阜 阜高地曰丨丘陵又丘丨 穫刈谷也

● 煦丨丨恩也又蒸也熱也 怙丨恃即父母也無父失丨 鳸鶡雀曰丨 祔附塟丨祭也 婦丨人丨女丨道丨德丨工丨容 扈後從也

● 誧助也諫也 娟仝上 偩依丨也 駙丨馬帝之女婿也又近也疾也 鮒丨魚困於涸澈也 滬水名即申江又上海之別名

● 岵瞻望也望父曰陟丨望母曰丨比

下去● 腐丨乃淮南所為有豆丨丨香丨醬丨之別 ⿰車腐挨轉之聲也

下入● ⿰口腐風聲也

卷三終

潮語十五音卷四

扛枝鳩官居

柑庚京蕉

天肩干關姜

27 扛部

柳上平● 軁 身|出體祖也

上上● 女 男||子又星宿名織| 愞 柔弱也 媆 柔|皮柔曰| [目需] 徐視也 [耎皮] 仝上 軟 仝上 輭 柔|耍| [衤耎] 衣縫也

上去● [亻穿] 側侍也 垪 |穴也 趡 |走也

上入〇

下平● 郎 |君又稱子壻曰阿|又奴夫亦曰阿|又稱人子曰令| 䯖 回|式|皮頁 㝗 虛空也 [竹陵] 篾|

下上● 夘 原曰夘字俗曰| 夘 原恋字俗曰| 旦 原旦字俗曰| 疍 原胥字俗曰|

下去〇

下入〇

邊上平● 楓 正音木名也

上上●呠口氣也

上去○

上入○

下平○

下上○

下去●噉小飲也

下入○

求上平●扛兩人共負一物曰丨筋丨骨肉之力也釭水丨盛水之器巾布丨頭丨面丨缸仝上⿰衤巾仝上帛也丨光正音天丨明旦也窗光明

●跟足踵也丨從也鈞三十斤重曰丨又大也助仝筋均等也丨分平分⿰岡瓦仝缸觔十六兩曰一丨⿰缶瓦仝上斤仝上又權也

●根丨本丨基木丨

上上●謹丨慎慎以持己曰丨 婘權收也 瑾懷丨握瑜美玉也 睠反顧也 僅畧也少也丨此丨有 絭佩丨也 槿木丨花名朝開暮落

●𡉀土壁也 廑小也又小屋也 卷畫丨又收也丨頁 捲丨舒丨則束之舒則放之 巻丨帙也投丨開丨閉丨

上去●艮正音物有所限曰丨又卦名 饉飢丨無谷曰飢無菜曰丨 巹合丨交杯也婚禮也 卺上仝 貫錢吊曰丨錢丨索 鏆鉄之加堅者曰丨

●覲諸侯朝君曰丨丨君入朝朝丨

上入○

下平○

下上●近咫尺曰丨不遠也 囚的動也 儌獻呈也

下去○

下入○

去上平●糠米之殼也粗丨糟丨 粇上仝 穅上仝 康正音姓也

上上●墾開｜新開之荒地曰｜懇切求也｜求｜情

上去●勸宛轉規人曰｜｜相｜導

上入●乞有所求也｜食｜丐

下平●勤｜儉辛｜｜勞｜苦懃慇｜委曲之貌芹水菜名採｜香也瘽｜勞病也廑牛屋也又仝勤古字

下上〇

下去〇

下入〇

地

上平●當自任曰｜自｜敢｜当仝上膅目下垂也

上上●返原音反俗曰｜即轉回也

上去●當正音曰｜以物為質曰｜｜田｜物

上入○

下平●唐姓也 瑒肝|大|小| 塘池|波|小| 脹仝上 溏仝上 堂祠|廳|大|公| 長|短也 坣仝上古文|字

下上●文十尺為一| 斷不接曰|如割|

下去○

下入○

頗上平●鏳銅聲也 鐇仝上

上上○

上去○

上入○

下平○

下上〇

下去〇

下入〇

他上平●湯（滾水曰｜有清｜甜｜）

上上●䯊（以手骨｜人曰｜）

上去●脫（原脫字如｜物｜衣曰｜用其義也）燙（如火｜滾水也）燂（仝上）毤（毛｜也）

上入〇

下平●糖（蔗｜飴｜蜜｜）餹（仝上）糃（仝上又精米也）糛（仝上）

下上〇

下去●閪（門｜闑門也）

下入○

貞上平●庄村｜原嫁｜　庄上仝　莊姓也又商家之字號自稱曰本｜　磚陶器也紅｜青｜｜仔　塼上仝　贓非禮得物曰受｜有｜追｜

●甎上仝　賍上仝　粧粉飾也又｜神｜物　樟正音曰｜木名　妝婦｜女｜修｜　裝｜貨｜物｜箱

上上○

上去●塟棺木入土曰｜安｜埋｜　㙲上仝　葬上仝　鑽｜穴隙用鉄尖曰｜仔　攢以手｜穴也

上入○

下平○

下上●呼小童多以指入口曰｜之　㖗上仝　舍以物啥之曰｜｜物

下去●狀｜詞告｜又寫｜認｜

下入○

時上平●桑 丨葉丨樹椹日出干負丨 猣 丨猊也 霜 露結為丨 喪 父母死則居丨 孀 丨婦丨守婦人失壻也 孫 原孫字姓也 礵 砒丨也	●驦 良馬也 酸 醋味曰丨又丨枳也 皴 畏丨望梅則齒丨 痠 丨痛遠行則足丨也	上上●耍 戲弄曰丨挑戲也又好丨 要 仝上	上去●算 丨數丨法打丨 筭 仝上 蒜 菜名丨頭輭丨 荪 仝上 繏 丨緊丨縛也又蜀錦也	上入●⿱粥酉 猛夫也	下平●甑 飯具也俗曰能丨	下上〇	下去〇	下入〇	英上平●恩 丨惠丨德受丨丨愛原丨施丨 倇 完也 ⿰扌胃 掌擊也又擲也

上上●隱不顯者曰｜蒑草名隐仝上｜匿｜士｜居乚匿也嶾｜｜山高峻也尹令｜官名伊｜人名又治也㥯惻｜心慈也又依人也

上去●䝰贈也

上入○

下平●嚝口氣也

下上○

下去○

下入○

文上平○

上上●𦯀苟｜斷腸草也

上去○

上入○

下平○

下上○

下去○

下入○

語上平○

上上● 㞬山名 峎仝上

上去● 靳丨伐也又固也吝也

上入● 仡壯勇也又划舟之貌 卼水涸也 仉牒丨不安也 矶碑丨石崖不穩 矻仝上又勞也 訖完丨清楚也兩丨 迄至也丨今又覺也

● 杌木無葉也 吃不利於言曰丨口丨丨食也 紇絲下也又人名孔子之父也

下平●銀金|白|錢|又白金曰|圁水名艮仝上鄞姓也又縣名垠界也際也岸也誾和敬也||如也狺犬爭也

●齗||辨靜之貌嚚不忠信也齦齒|齒根肉也

下上〇

下去〇

下入〇

出

上平●倉儲積米糧之所曰|谷|米船|艙船|舟中每格曰每|村鄉||莊有王家||杏花|邨仝上嘮|口也噴仝上仺瘡

上上●唪|刺也

上去●刺|繡|客|史又穿也佽便利也助也比也⿱竹⿰歹卆以竹尖|物也⿺辶倉|走也

上入〇

下平●床睡|炕|臥|琴|牀仝上跧小蹲曰|又企也

下上○

下去○

下入○

喜上平● 欣丨幸丨喜歡丨 醺丨丨酒醉之貌 塤樂器也 俽仝上 纁淺絳也 壎仝上 掀以手高舉曰丨丨天揭地也 燻映物也又以火炎物曰丨

● 慇丨懃委曲也 忻仝欣 爋仝上氣蒸也 祆官名也又丨正以天為丨 炘熱也光盛也 熏映物也 昕日丨也 勳功丨有功於王室曰丨

● 勛仝勳功丨也 曛夕丨日入之餘光也 殷丨裕富厚也又丨戶 獯匈奴之別號也 軒車也又自得也 薰香草也又丨風南風也 佡輕舉之貌

上上● 佷地名丨山縣 很戾也不聽從也 呟不悅之聲也

上去○

上入● 齀鼻塞也

下平○

下上● 恨 怨|深|抱|

下去● 圂 |笙也 ⿰扌圂 仝上又推也

下入○

28 枝部

柳上平● ⿰風离 風||小風也 哩 口氣也又出陀羅呢語餘聲也 㸚 布明也

上上● 里 鄰|鄉|梓|也 蠡 蠡蠹木中又蚌類以|測海又人名范|也 理 事|物|道| 醴 |酒即白酒也 李 姓也桃|行|又如也

● 履 |歷冠|納|進|足飾也又卦名 裡 表|色||足 裏 仝上 娌 妯|兄弟之妻也俗大小姆 鯉 魚名 禰 文廟也又姓

上去● 裂 正音手持布而|之曰|用其義也 刕 割|也 ⿱列刀 仝上

上入● 蒂 果實之根也柿|瓜| 蔕 仝上瓜當也

下平● 离 違而去之曰|五| ⿰口离 言不止也 狸 狐|善點而多疑 驪 黑駿之馬曰|送別|歌 鸝 黃|鳥名 螭 龍無角也蟲名 樆 山|也

下平●靇陰｜晦也蒙霧也 離仝上又相｜分｜別｜ 厘十毫曰｜毫｜微也 麗高｜國名又高｜參藥名又目分視也 藜｜杕｜藿 魑山中之神也

●罹遭也憂也 罹仝罹 籬竹｜圍｜東｜ 鑗｜金｜局抽｜ 貍狐｜皮可作衣也 嫠婦無夫也 摛舒也布也發也 漦沐也又順風也

●璃琉｜似石而能通明 黎｜民｜度｜明黑髮之民曰｜民天將曙時曰｜明 矖歷觀也 漓水名 嚟佛經也

下上●利公益也又鋒也 蠣海中蚌類也 糲粗｜米不精也 俐伶俐也 蜊蛤｜海蚌也 曬日光也 麗美好也又偶也 痢｜病癘也

●儷並也匹也偶也 孋仝上美｜也 㑦大怒也 禲無祀鬼也 莉茉｜花名 荔｜枝果子也 㾐疾也 厲妖也孽也

●莅｜任事又蒞仝 勵勤勞也 礪砥｜磨石也 詈旁及罵人也 勵勉｜勤勞也 癘疫｜也

下去●例凡｜別｜新｜有｜俗曰｜ 吏所以治人者曰｜官｜｜員 俚鄰俗曰｜ 哩語辭也 㑣相隔曰｜ 筣竹器也籌也

下入●裂破｜破敗也

邊上平●碑勒｜石｜｜記 萆蔽也又雨衣也 庳屋｜又有｜地名 鼙｜鼓小鼓也 稗莠｜草有實似穀 碑仝碑 椑木名 箄竹器也

上上●比｜較｜隣明也侶也 彼｜此稱對面之人也 仳離別之意曰｜離 佊｜邪也 妣考｜考者父也｜者母也 匕｜首短劍也

上上●秕不或之粟子也　毖心相知｜也　夶古文比字

上去●背以背負物曰｜｜物也原背字　臂手上曰｜手股曰｜　秘不受於人曰｜｜｜傳｜授　庇保｜廕｜也　轡控馬者曰｜　泌夾水也

●疕腳冷濕之病也　閟隱而不發曰｜　賁飾也又來也　媲婦病也

上入●鱉魚而有甲又有腳曰｜名團魚又名腳魚　鼈仝上

下平●脾｜胃身之經絡也　砒｜缶器也　磇毒藥也　琵｜琶也樂器也　枇｜杷果木也　毗明也厚也輔也又地名也　粃不成之粟也

●腗仝脾　鈚首飾也又箭也

下上●俻齊｜預｜又備仝　奰壯大也又怒也　辮編髮曰｜｜子打｜　備仝上無所不足曰｜　閉｜門｜塞｜閡　婢了眾曰｜女｜俗曰赤腳也

●弊惡也壞也敗也　敝破壞也自謙也　姅仝上　帔帬｜也　幣｜帛應酬物也　狴｜犴獸名　詖辯駁也　蔽遮｜蒙｜掩｜

●庳小屋也　嫳輕薄也　被咸也服也　坒配合也　俾補也與也附也　陛升高階也｜下天子也　斃仆而死也　睥｜睨斜視也

下去●避｜世｜地｜辟賢者｜勢｜　弊行不公正則曰｜例｜情｜私｜　獘仝上

下入●蹋福聚也又行也

求上平●枝|葉分||幹稽|古|查滑|又考也|首筓婦人飾也又仝筓也覘窺也視也基地|開||趾歧|趾|路朞|年會周年曰|也

●磯石|地名飢|餓|餒|饉畿|甸邦||也肌|膚|肉又飢仝萁豆|又草名[illegible]參差也譏|戒也|頭也嘰|啼小食也

●秕|考也乩|以決疑也笄簪也又冠|栬山|藥名也ネ告也號令也示上仝璣玉衡禹王察天文之器也又璇|

●箕|星也又竹器也机|杼織布之具也僟精也詳也近也跂|指|足多指也[illegible]參差也機|會化|天||器岐|山地名也

●姬后妃以下有|又周文王姓|饑年|谷不熟也|餓骪|骨也幾|多|回|分[illegible]上仝禨福也

上上●己吾身自稱曰|改女字紀宗理曰||綱年|麂大麋也几牀屬也骪上仝杞|柳构又|國屺瞻望母曰陟|望父曰陟岵

●稽|首|顙再拜也屨履也草履織|也莒草名又邑名|父筥竹器也

上去●記卒不遺亡曰||事|念|性痣身上黑紅之點曰|既事經以往曰|塈取也廐馬舍曰|又廄仝繼步其後塵曰||事|志

●罽漁網也[illegible]俟也[illegible]蟲聲也

上入● 砌 堆|階也又 嘆 鳴也

下平● 棋 |枰升|之枰也又弈| 棊 象|圖|象開也 旗 旌|戰|會|令| 旂 仝上又模也

下上● 忌 凡有所畏曰| 驥 千里馬曰|又稱邁眾也 忮 |心冗也 羈 |旅|絆又勒也 㫷 仝上妬|最| 跽 長跪也 薊 割刺也

● 洎 水名又肉汁也 冀 |北|州|丘|望也 ⿰衤冀 衣|也 技 |藝|巧 妓 |女婦人之賤者娼|也 伎 |倆藝之狀也

下去● 口 蟲聲也

下入● ⿺鬼豈 小鬼也

去上平● 欺 行詐於人曰|騙也 僛 酣舞之貌又側也 攲 不正曰|斜也又|器 ⿰⻊義 器名 崎 |嶇不平也 諆 欺也謾言也 蹊 山|間|曰|逕道也

● 欹 仝欹 ⿰色攵 好色也 踦 ⿰⻊區|路不平也

上上● 啟 通|基|導開曰|蒙|智 玘 |視也 ⿺走巳 從茲而始者曰||初與升也 起 仝上 齒 牙|唇|也 遆 走也 杳 明星也 ⿰亻衺 開衣領也

● 綮 戟衣也 棨 門||關 启 開也

上去● 氣 陰陽呼吸曰丨又丨運 气 負丨也 器 凡所用之物曰丨丨用 ⿰亻氣 怒丨也 棄 廢丨抛丨丨置勿也 弃 仝上凡心所勿者曰丨

● 愾 歎息之聲也 気 仝氣 噐 仝器 憩 息止也 亟 急切

上入● 缺 器皿不完全曰丨又丨

下平● 其 指物之辭也 萁 草名黃丨 鄿 草也求也 丌 仝上又丨然豈丨然乎 耆 年老曰丨矜丨丨老紳 鬐 龍鬐也 期 丨限約限也

● 麒 丨麟瑞獸也 蜞 蟹類也 淇 水名水也 圻 地界也 琪 丨玉也 奇 異也別也出最也 頎 丨然也頎人丨丨

● 倛 方相也其首蒙茸也 祁 盛也火也 沂 丨州之浸浴乎丨 祺 吉祥也 祇 禱也丨福也丨壽丨 錡 釜有足也 祈 求也丨福丨天丨甘雨

● 騏 丨驥良馬也

下上● 柿 木名

下去● 忌 原音忌字俗曰丨辰日丨祭也

下入● 臞 瘦也 癯 仝上

地上平●知|府|縣官名 蜘|蛛能吐絲而結網 倁行也 低高|高土|下也 坻水中高地也

上上●氐星名也|止到| 抵按押也|除|敵 砥|磨石也曰|礪也 舐老牛|犢 邸客|旅| 坻水中高地也 牴觸也又略也大也

●柢根也深固也 坻壠|也

上去●帝君之大者曰|皇|也 [illegible]仝智 智深謀遠慮曰|而|欲圖 螮蟲名 致推拯也|知格|也 [illegible]會物也 寘措|同置|創也

●置仝上又舍而棄之曰| 緻補也縫也 寘仝寘

上入●滴水點上而下曰||水漏屋簷流水而下曰|

下平●池|塘畜水以養魚也城| 乿理也 遞相|接續之貌 踟|躇行不進也

下上●弟手足仝胞曰兄|又仝輩曰兄| 悌愷|善為兄|也 隸徒|屬也閱也附也 雉野|即野雞也 隸篆文變|書仝隸也 棣棠|之華比兄弟也

●娣女弟也又弟之妻也 薙除草曰|又|頭 彘狗|也 侍候也 睇|眄視也傾 傂不齊也 隶義仝

下去●地天|載華嶽而不動若|之厚也 埊仝上古寫字 治攻理也|政|國|民|天下四海太平曰大|| 踟|躕行不進也

下入●碟小盤曰丨鍱仝上又缶丨小丨也

頗上平●披開也丨衣丨星丨地丨物潑水白丨丨言其浩也鈹戰衣也

上上●丕大也奉也菩草木茂盛也伾有力也眾也瘔仝痞坯山再成也炋俖不可也炁火也嚭大也又丕仝

●鄙陋丨又郊外曰丨啚嗇也或作啚非桮木飲器痞肉所結病也

上去●譬以彼方此曰丨丨喻丨事丨如嬖心所鍾愛者曰丨丨人丨妾

上入●𠓗俗謂人覆地曰丨又好淫也肏仝上

下平●疲神倦也又衰丨丨倦罷帶犀曰丨羆熊丨獸也夢熊丨生男之兆貔丨貅野獸也𤱱地名詖小語也

下上〇

下去〇

下入〇

他

上平● 摧 俗謂物之黏曰｜如膠漆然又以黏餌取鳥曰｜鳥

上上● 體 正音身｜四｜物｜ 体 俗字仝上 豐 仝上古字 軆 仝上 ⿰骨骨 仝上古字 骵 仝上 ⿺是大 ｜開也

上去● 禘 王者大祭曰｜又夏祭也 ⿸疒帶 痢疾也 締 固結之好之好曰｜｜明｜交 諦 審也 替 相伐曰｜又廢也 嚏 噴鼻也又嚏同

● 僣 ｜侻狡猾也 睇 小視也 剃 薙髮曰｜頭 鬀 剃頭也 涕 ｜泣｜淩｜淚鼻｜垂｜ ⿰角帝 角｜ 滯 凡通而不流曰｜｜澁阻｜

● 挮 以手｜物 僀 困劣也 薙 草名 綈 厚繒也 ⿰口弟 噴鼻也

上入● 鉄 五金之次者曰白｜生｜ 鐵 仝上又刀劍可作戰具曰｜｜器

下平● 啼 ｜鳴也鳥｜鷄｜ 騠 駃｜良馬也 持 ｜攜｜扶維｜｜倡 鞮 草履也 媞 ｜｜安也 嗁 聲近號泣也｜飢 提 ｜起｜倡｜拔｜持

● 稊 禾更生也枯楊生｜ 偍 難進也 諟 審也理也 醍 ｜醐性滑味甘 緹 帛丹黃色也 禔 福安安也

下上● 痔 肛門有瘡曰｜暗疾也 跱 ｜足步前也

下去○

下入●佚忽忘也

貞上平●脂膏丨胭丨丨粉　敊婦人面飾也　胑女子陰戶也　芰丨荷蓮也　肢四丨人之四體也　屄女子之陰戶也　屍仝上又以形取也

●膐仝上　朒仝上

上上●止停止起止行丨　軹車輪小空又只仝　指手丨丨點丨教　祉福丨祥瑞也　帀猶止也　詣進見曰丨造丨也　址墓丨界丨住丨

●紫丨氣又青丨紅丨色也丨橄　秭數也垓壞溝澗也　趾足丨舉丨丨止　砋擣繒石也　黹針丨刺繡也　芷白丨藥名　薺丨菜即馬蹄菜也

●虀丨濟也味相濟也　只所餘不多曰丨也又起語辭也　柹丨餅丨霜也　旨仝旨又甘丨以養親也　咫丨尺言其近也　隮空氣上升也

●禔仝祉　伿惰也　穧刈禾把數也　扯丨住挽也　枳丨棘又荊蓁也　旨皇帝下命曰降丨

上去●志心之所欲曰丨丨氣　鷙陸鳥善捕異類　觶酒器也　彐彙頭也　祭凡祀鬼神曰丨　濟經丨丨世丨息　誌銘丨碑丨　傺止也住也

●劑質丨分丨　躓礙也　漈水涯也　懠續年為丨　鋕銘也　際屆也限也此丨言此時也　躋登也升也　嚌正言呀小語也

●至界也抵也回丨所丨　隮仝上　齎丨書又賫仝　制成法曰丨作法丨度　掣央丨丨肘牽丨　濟仝濟　製丨造丨作法丨

上去● 幟 旗也幡也撐|豎| 剤 仝劑 贊 |見|敬|禮 熾 火盛也|昌 霽 暗|天朗也

上入● 摺 奏章曰|又如扇之|寸褚之|也 接 迎|承|相|交|以手承物曰| 折 準||實|成或三四|或八九| [片+占] 版也 尐 少也又蟲名

下平● 糍 軟稞也麻|米| 糍 仝上

下上● 已 十二地支之名辰|也 舐 以舌|物也又老牛|犢

下去〇

下入● 舌 三寸|戰|劍|解也

入上平● 䮑 劣馬也 䯊 美也麗也

上上〇

上去〇

上入● 摺 如衣服仍要裝於箱大小當|之

下平●兒孩丨小丨嬰丨兒童鯢魚名鯨丨小魚也鯢仝上

下上〇

下去●字倉頡制丨以代繩文丨丨寺丨觀庵院也咡口勞也珥耳飾也餌肉丨以釣魚也二一之次也貳仝上又式仝

●弍仝上穵古字

下入●廿二十曰丨念俗以二十曰丨原念擫以手丨物也

時上平●司主丨有丨省丨城有三丨𤬮瓜名丨瓜施富丨梁丨丨行又姓撕持丨孩提也詩唐丨善丨丨賦丨詞㐌古文施字尸人死其身曰丨

●[口尸]呻吟也屍仝上死人身也絲蟲丨蠶丨蜘蛛丨箷丨龜以決疑也丨草蓍草名卜家所用也[口施]驅鷄之聲

上上●始起初之事理曰丨經丨終丨起丨乨仝上弛放也鮮也豕豬之總名死生丨人之終曰丨凡物之無生氣亦曰丨兕亞洲犀曰丨

●葸畏懼也蓰物數也倍丨𣦵古文死

上去●世丨情丨事在丨去丨貰代也賒也赦也四數也丨時丨方丨季卋仝世勢丨力恃丨倚丨亖古文四也視目之所丨觀丨看也

上去● 眡 仝上視猶觀也 嗜 味有也丨口所宜也 肆 仝四 駟 仝四 噬 啖也食也

上入● 薛 姓也 薛 仝上 ⿺走立 走也

下平● 時 丨辰丨刻一日十二丨 辭 丨行拜丨不受曰丨 偫 供具也 塒 鷄栖也 鰣 魚名似魴而肥也 匙 調味用湯丨銅丨

下上● 是 事認得真曰丨 氏 姓婦人自稱曰某丨 時 止也 侍 伺候之役曰丨 恃 心有把持曰丨自丨 蒔 立也更也 峙 山屹立也

下去● 示 官吏諭民曰告丨丨眾 逝 去而不返曰長丨丨行也 誓 言辭要信曰丨山盟海丨 豉 豆丨丨油 眎 語辭也 不 古文示字

下入● 蝕 物缺曰丨俗曰食丨日丨月丨又生理虧本曰丨本也

英上平● 衣 以衣蔽體曰丨丨服 扵 仝於 依 相丨丨人 于 仝上 於 語於人也又丨于仝 月 歸也 漪 丨丨流水也 伊 發聲之辭也

猗 歎聲也 唹 笑之貌也 咿 丨丨蟲聲也

上上〇

上去● 意 心之所主者曰丨誠也 薏 穀類 憶 仝意 壹 陰塵也 瘞 埋香丨玉也 ⿰壹乚 貪也 殪 死也絕也 噫 咽病也

上入● ⿰米壹如荳欲取其牙曰丨 檍木名可為弓材

下平● 夷丨酋鑾丨戒丨 卮漏丨酒器也又卮仝 侇儕也等也 怡丨丨悅也和也 匜盥水淨也 姨母之姊妹曰母丨妻之姊妹曰妻丨 枱耒端之不也

● 椸花架也 恞悅也 貽丨情丨害贈也遺也 彝武丨地名又酒器也 荑丨稗莛刈又柔丨 詒欺也遺也 ⿰火多火不也 移徙易遂仝丨丨又

● 飴丨糖俗謂麥也 圯橋也東楚謂橋曰丨 傷輕也慢也 眙視不移也 貤爵賞也 易正音人名曰白居丨 訑丨丨自得也 彛仝羿

● 宧養也又食所也 ⿰田也田五十畝曰丨 畦上仝 饐丨糖也

下上● 異非常曰丨奇丨丨端 裔後代之子孫曰丨世丨 懿純美曰丨丨德丨範又人名 ⿰礻世祭也 肄讀書曰丨業 异人名又共舉也

下去● 縊經也紱也 謚立號易名曰丨

下入● ⿰月臣住丨亦作丨

文上平〇

上上● 米谷去殼曰丨丨谷有尖米糯丨之別 ⿱氺米古米字

上去● 跦 不行也又踐也

上入● 吔 丨者不知之謂也俗曰丨事丨物

下平○

下上● ⿰亻媚 取悅於人曰丨諂也

下去● 味 口之於丨五丨 氽 俗以人入水不見曰丨正字音匿也

下入● 篾 削竹為丨丨 蔑 仝上 ⿳艹目火 火不明也

語

上平● ⿰口吴 口氣也又語欲笑也

上上● ⿰口擬 揣度曰丨 香 盛也

上去○

上入○

下平● 疑丨惑猜丨狐丨多丨 㘈小兒有知也

下上〇

下去〇

下入● 呎多語也

出上平● 妻夫丨男子調匹者曰丨齊也 淒丨楚丨涼丨風 萋草丨丨謂萋茂盛也 蚩妍丨妍美也丨蠅也 悽丨慘又悲也 霋霽也又雲行之貌

● 嗤丨笑也 笞刑具捶擊也 媸醜之媸也 羝丨羊也 棲丨址丨身又枝丨也 眵目汁凝也 栖仝上又止息也 凄仝淒

● 痴不慧曰丨嬌丨又癡仝 鴟鵄俗貓頭鳥也

上上〇

上去● 試赴丨考丨丨用丨驗 弒丨君下殺上曰丨 妻以女與人曰丨之正音 莿棘人有丨 弑仝弒 嚌丨臍無及後悔也 䤈丨味也

上入● 頣匿密人不如之曰丨又頭也

下平● 齊 丨整丨東丨圖又等 俿 丨佌丨武丨輪 遲 丨速丨延徐也緩也 馳 丨騁丨驅 篪 樂器也 墀 階砌也又丹丨 斊 等也

下上● 市 商賈所萃之地也城丨埠丨也

下去● 飼 俗謂養曰丨如牛丨丨豬丨羊丨小兒也

下入● 蝤 蟹類 蠘 仝鱵 嘁 語不慧曰丨

喜上平● 禧 祺也福也 頤 仝頤又養期丨也 瓻 酒器瓶類也 希 翼望也又罕也求也 熹 熟也蒸也 醯 丨鷄丨醋也 稀 不多見之事少也古也

● 醯 丨醬肉醬也 僖 樂名 頣 面頷也朶丨也 羲 丨望伙丨氏也 郗 姓也 欷 戲也歎辭也 犧 丨牲祭宗廟者也俗曰三牲

● 熙 光明盛大曰丨又熙仝 嘻 丨丨和樂之聲也 俙 依丨又仿佛也 嚱 嗚丨歎辭也 嬉 丨戲笑而無常也 絺 細葛布也

上上● 喜 不言而悅曰丨報丨歡丨殷丨 嚞 仝上 囍 仝上

上去● 戲 玩弄曰丨嬉丨遊丨看丨 憙 丨興也 呬 靜也

上入● 欯 大笑也

下平●奚何也又人名百里丨 傒東比夷名 徯待其也 睮環眼也 助壯也

下上●系世丨謂連繫也 褉除惡也修丨事丨 係時是曰丨干丨的丨 袣長被也 擊拘丨丨維丨丨累 ⿵門介門扇也 曳攜也持也持丨

●⿰衤曳衣袖也 携帶物曰丨丨持丨帶丨 洩丨丨樂也舒散也 呭丨丨多言也 ⿱世⿱曰曰笑聲也 攜仝携也 枻楫也

下去●盻眼視也 兮口氣也助語也

下入●炁火盛也又火之聲

29 鳩部

柳上平●鰍魚名泥丨又俗謂蛇曰丨哥

上上●柳楊丨綠丨折丨絮丨絲丨眉 狃犬性狎也習也驕也 桺仝上 杻手械也 栁仝上又蒲丨又茆仝 ⿰王丑玉丨也又仝狃 扭丨交丨結

●紐結也會也 鈕姓也 鈕聯物之環曰丨衣丨 ⿰衤丑仝上衣結也

上去●溜物之善走者曰丨猛丨猾丨丨也 ⿺走留仝上 罶丨落穴陷穽也

上入●雜 雜也

下平●流 川丨不息江丨河丨 繆 詩綢丨猶牖戶也 硫 丨黃藥名 瑠 丨璃又玻璃也 琉 丨璃又國名丨球 遛 逗丨不進也 旒 王者之冠冕曰丨又丨旗也

●媹 美也又女字 瘤 身外餘肉曰丨有血丨肉丨 㨨 走丨也又挽丨 留 存也餘也 [illegible] 江丨川丨 榴 果名有石丨 [illegible] 仝上 騮 紫丨良馬也

下上●鑢 鼎丨也 謬 誤也荒丨丨妄

下去●鍍 原音度俗以金銀之器度金曰丨金 鎏 以銅銀首飾度金曰丨金也仝上

下入○

邊上平●彪 獸名虎紋小者曰丨 飆 大風也 驫 馬走之貌 鞭 馬丨執丨投丨丨答也 [illegible] 仝彪 滮 水名 攴 策馬也

上上○

上去●憑 心不足也

上入●衄 凡又凸出者曰丨如種之初出芽俗曰丨芽

下平●裒衣服不週也

下上〇

下去〇

下入〇

求上平●勼俗謂物長縮短曰丨又物之大縮小亦曰丨 鳩鳥名也 丩相糾繚也 閅丨門也 疒不和也 赳丨走也

上上●糾丨纏也 玖瓊丨玉名也 久長丨遠丨 赳勇丨之貌也 宊貧病曰丨 疚久病也 羑丨里獄名 殧姓也諸書皆不再

上去●救悙急而拯拔之曰丨急診丨答丨也 究訊問曰丨丨審丨詳丨 宊貪病也

上入●嚿以口丨水又盛物之破者曰丨空

下平●毬網丨皮丨丨毛打丨 球環丨員丨

下上●咎愆也惡也過丨也休丨元丨 倃毀也 柩有尸之棺曰丨靈丨 桕樹生子也

下去○

下入○

去上平●鳩鳥名也性喜聚又作工曰丨工 蚯蚯蚓蟲而善鳴一名寒蚓 丘丨阜大也四井為邑四邑為丨 虯丨龍無角也 坵仝上又聚也大也

●芁遠荒也 虬仝蚪龍無角又人名張丨髯 邱陵之小者曰丨丨陵丨山也 樛木名 尻脊樑盡處

上上●搝以手爪爬之曰丨丨皮也

上去●跓行之貌也 䶊丨鼻也又仰也

上入●䤈顏容惡醜也

下平●求乞丨懇丨 逑斂也合也 俅恭順也又戴也 颵旋風也 觩長之貌角上齒也 㞗山名也 㛗匹也偶也 脙非理而求之也

下上●餗丨食不飽也 肍丨熟肉醬也 膶仝上

下去○

下入〇

地上平●抾去而不返曰丨又匿也

上上●冑甲丨世丨嗣也後也　杼機丨機之器也　佇立丨丨望丨候也　眝張目也　賨丨存丨貨大丨　肔肉醬也

上去●螔虎嘯也

上入●箹竹器也

下平●紬緜丨丨川丨邏丨丨緞　綢仝上又紗羅丨緞　籌海屋添丨持丨

下上●苧麻丨績絲可為葛布　晝丨夜白丨　紂商君名丨桀丨商丨　稻有芒之穀曰丨　宙宇丨古往今來

下去●侍修字之偽

下入〇

頗上平●呼吹丨也

上上● 肶肥滑之貌

上去● ⿰口彪言錯曰丨嘴如物不接曰丨

上入● 櫰木名

下平● 坯以土封隙也 桴把也聚也斂也 裒聚也多也 抔引取也又下土也手掛物也

下上〇

下去〇

下入〇

他

上平● 抽丨收丨線丨匣丨兵 揫丨換之俗曰丨 婤好貌 錫工人治木器也 裯丨袖也 ⿰火周火光也

上上● 丑曰十二地支之次丨屬牛也

上去● ⿰火揫以假盜換真者曰丨 揫仝上 簉竹器也 ⿱竹丂仝上

上入	〇
下平	●籌持｜添｜　疇田｜西｜凡拼治之田曰｜　畤上仝　惆失意也｜悵也　幬猶帳也　譸訓也　儔伴也朋也友也　懤慧也報也
	●嚋誰也　裯被也　躊｜躇不決也　[月壽]腿後也　衣仝頭
下上	〇
下去	〇
下入	〇
貞上平	●周｜朝｜全｜急｜到｜密　侜與濤仝塲也　椆上仝　週環也｜年｜圍｜｜遍　稠多也密也　倜｜倜行也　州｜縣｜府　輈車房也
	●洲水中浮住曰｜天下有五大｜　輖重載也　舟船也又｜楫　[木舟]木名
上上	●酒請｜敬｜飲｜｜樓　帚除穢具也
上去	●咒法語曰｜符｜唸｜經｜又罵人曰｜　呪上仝　詈上仝

上入● 閴寂然無聲曰丨靜也 闃仝上又同九畫 啁小口也又小鳥聲也

下平● 啾口氣也又丨唧小聲也

下上● 就成丨將丨丨而正之 僦丨居丨屋 ⿱山就丨嶺佛國山名也 蹴丨踘今之打毬也 鷲馬名0羌又靈丨又山名

下去○

下入○

入上平● 猱正音曰丨猿丨猴類性善升木 獿獸名什種子不知父母

上上● 揉丨挽又阻也 ⿱彐山山平也

上去● ⿰亻芻任身丨傭作曰丨

上入● 綇丨絆前兩足也

下平● 柔丨弱丨軟 腬喜膳也 煣以火屈伸竹木曰丨 猱從猴善升木 鰇丨魚也 葇草名 蹂丨躪以足丨地也 瑈玉名也 内足蹂地也

	下上	〇
	下去	〇
	下入	〇
時	上平	● 修飾也葺也理也 脩丨身束丨 羞丨恥珍丨丨饈 饈進獻也膳也 梳柴丨角丨牙丨 疏不密曰丨 收丨拾丨教丨物 収仝上
	上上	● 首首者冠也魁丨人丨 守丨餘丨節丨操 𡬝古文守字 佇與佇同 𦣻仝首 㖟丨口也 箒掃丨掃地穢也
	上去	● 秀禾之吐華曰丨又麗也丨才 綉錦丨彩色也 繡刺丨彩丨丨花丨鞋 袖長丨無丨拂丨衫之口曰丨 狩帝王冬月出獵曰出丨
		● 獸禽丨飛丨走丨 岫山之穴也 琇美也玉名 宿星丨也
	上入	● 𤕰雜也
	下平	● 氽人浮水面不沉而進曰丨 氽仝上 泅仝上
	下上	● 受取其所與曰丨永丨 授以物與人曰丨丨受丨教 綬擊印之組丨印也 涭水名也 謏口丨也 受仝受 𠰔仝上記丨 𣗳

下去● 壽人生五十歲曰上丨丨考丨算 壽仝上 寿仝上 𠷎仝上古文寿字

下入○

英上平● 懮丨思丨悶隱丨 優品學兼丨丨生排丨 𥢑十善曰丨 耰播種而丨之覆種也 嚘語未定之貌 𢕟丨游暇也 𢝊仝憂

● 𢙓仝上 櫌大槌也 𤬪

上上● 友丨愛丨善朋丨親丨 誘丨敵引丨猶言也 酉支辰也丨屬鷄郊丨也 卣仝牖 丣仝上十二支長之一 牖窗丨也丨戶也

● 莠害苗之草也丨丨 帚糞丨箕丨持而掃地也 庮敗也 丣閫門為丨 有正音

上去● 㓜物細曰丨又稺也 黝青黑色也 𠣎覆也

上入● 幼小也人生十年曰丨 粙白米也

下平● 由緣由因丨丨是丨此 酋醜也 遒迫也忽也 油火丨豆丨茶丨魚丨 蝤蟲名蜉丨朝生死于暮 槱積也 遊優丨丨勝丨覽

● 蝣蜉丨朝生暮死 犹丨狩 遊仝上 尤加甚曰丨加丨 妯丨娌兄弟之妻也俗曰大小姆 游丨歷週丨閑丨 完仝上 游仝上

下平 ● 郵 丨局信局也 猶 比況之詞 輶 輕車也 偤 待也 猷 以道謀也 蕕 臭草也 繇 隨從也又茂腳也

下上 ● 佑 庇丨保丨神丨 姷 耦也 右 左丨右左輔弼 褎 耳飾也又衣袖也 祐 仝祐神助也 祐 仝祐 宥 赦也寬丨原丨

● 閐 丨門又仝祐 囿 花苑又垣丨也 盍 抒水之器 侑 配也勸食丨酒 賄 丨路以財寅緣曰行丨 㤑 心動也 酭 報也醻也酒也

下去 ● 柚 果實皮粗而厚與相然火家數倍曰丨 又 另也再也

下入 ○

文上平 ● 𢆶 人名又隱也小也

上上 ● 垸 耕田曰丨上去氽入水戲也

上去 ● 貁 鼠類也善旋行也又仝貁

上入 ○

下平 ● 侔 平等曰丨

下上〇

下去〇

下入〇

語上平●⿰口立｜｜送舟也

上上●⿰口田含口之聲也

上去●⿱高飛飛升也

上入●吽牛鳴也

下平●牛正音曰｜汼水名⿱艹牛草名

下上●吇鳥聲也

下去〇

下入○

出上平●秋孟仲季之｜｜月風之妙也 秌仝上 鞦｜韆春戲也 揪擒物也 鶖水鳥名 鰍魚名也 啾｜｜小聲也 烋仝秋

●初月頭曰出｜ 穐仝上古字 湫｜水名也

上上●醜｜陋貌｜｜婦出｜ 手手足也 ⿱人⿻从十仝上古字

上去●擦｜牙｜物旧｜之則新物

上入●⿱竹就竹器也

下平●仇匹也同讐 酋熟酒也又｜長也 囚｜禁也 讎仝讐 售賣也發也 酬｜恩｜謝｜勞｜神 酧仝上｜答 犨白牛也

●讐仇｜報｜冤｜也 圳田畔溝也 醻｜謝又厚也

下上○

下去●樹木之總名曰｜

下入〇

喜上平● 休善也美也廢也息也 貅獸丨猛貔也 庥庇也廕也 麀父子仝牝也 咻丨呴痛念聲喧也 呦丨丨鹿鳴之貌也 攸安行得所曰丨丨往

● ⿰火幼仝呦 ⿸疒休漆瘡也 ⿺尢休廢也 悠丨思深久丨丨 幽曲隱之處丨深丨明 呦半乾也

上上● 朽凡物之敗壞者曰丨 鵂鳥名

上去● 臭味惡也穢丨火能知丨 覆上丨下曰丨天之所丨也 嗅以鼻取其氣也 糗熬米麥也 殠物之腐敗也 臰仝臭也

上入● ⿰火臭火滅也

下平● 裘袷丨棉丨長丨 裘仝上

下上〇

下去● 復再也重也如去而返也正音

下入〇

30官部 入訣語訣空音不錄

柳上平●⿰虫寧|語又蟲名

上上●塷土泥也　雫|物也

上去●⿱倒土跌地也

上入○

下平●礀井|閑|牛|　攔阻隔曰||阻也　欄豬|羊|養畜之所也

下上●涎口中之津液也唾|流|　漦小童多欲流|　⿱欣水仝上

下去●爛凡物敗朽者曰|破|　癩人之瘋|惡疾也破|正音　鑭兵器也　⿰米柬米跡曰|

下入○

邊上平●搬|移也徙也如舟之旋運也|物遷也　般仝上　瘢病癥有白|

上上●魜 魚名

上去●半 對折曰丨一物兩人對分曰每人得丨又上弦曰上半月下弦曰下丨月月之丨弓也又十五日曰月丨

上入●盤 如高以下曰丨石丨地丨又陶器也 𥁞 上仝

下平●蹼 行不進也

下上●扶 行之貌

下去●桯 丨工以工相代曰丨丨相丨也

下入○

求上平●官 所以治民者曰丨丨吏丨府 肝 五臟之一也心丨丨膽 杆 旗丨所以升旗也 棺 丨木所以貯屍也 干 凡物曬乾曰丨丨柿丨龍眼丨棗丨

●倌 丨辭相應也 冠 與冠仝有法制也見釋也

上上●果 正音曰丨必丨決也丨致勝然驗也 寡 婦人失夫曰丨又帝自稱曰丨人 寡 上仝 冎 剔人肉而置也 趕 追丨丨猛丨出 倮 陜隘也又音裸

上上●赶 仝上又如獸之尾舉起曰|

上去●⿰犭齊 獸名

上入○

下平●寒 正音曰|冷甚曰||又節候有大|小|

下上●摜 挈懸持也又持物俗曰|物 衦 展衣也 衦 仝上

下去●汗 身之血液發出皮膚曰出|

下入○

去

上平●寬 正音曰|不緊也徐也 髖 大骨也

上上○

上去●看 正音久視曰||視|顧也

上入○

下平○

下上○

下去○

下入○

地

上平●單 孤身曰|無雙亦曰|又商用|紙 单 仝上

●丹 牡|花名又塗| 勯 力孤曰|

上上●訑 ||猶迢迢也

上去●旦 原旦字俗謂戲之女劇曰阿|

上入○

下平●壇 杏|騷|神開|祭|

下上●惰 好閑便是｜懶｜困｜ 隋 仝上又懈也

下去●撣 以指｜物｜鳥

下入○

頗上平●潘 姓也 ⿸疒番 疾｜病也

上上○

上去●⿺走直 路曲行而從直曰｜｜田｜園捷足也

上入○

下平○

下上●伴 相倍曰｜侶魚蝦而友麋鹿皆曰｜也相｜隨｜

下去○

下入○

他上平●灘 凡水由高而瀉下曰｜自潮州以上有十八｜ 攤 數日不能收全完者用｜則｜或總｜ 埮 地平而長也

上上●擹 ｜拂｜由｜固｜草必用鋤｜也

上去●炭 其色黑以木焚火息之餘存者曰｜有木｜火｜杉｜煤｜塗｜之別

上入○

下平●檀 ｜香番柴之有香味也 朽 原朽字俗以木朽曰｜即敗壞也

下上○

下去○

下入○

貞上平●⿰火廌 以煎之俗曰｜水｜茶

	上上	●盞 燈｜油｜玉｜缶｜茶｜酒｜
	上去	〇
	上入	〇
	下平	●泉 水田地中自出者曰｜｜有山｜井｜玩｜ 全 具也保也完全也
	下上	〇
	下去	●賤 不貴之物曰｜｜貨｜價夫罵婦曰｜又婦自謙曰｜妾
	下入	〇
時	上平	●山 始於崑崙為眾｜之本起祖始發幹而分五岳以及億萬峰巒皆先天之｜如草木之發根也又平地突起成龍者曰土｜
	上上	●產 生｜業｜出｜土｜ 散 原散字俗謂藥末曰藥｜ 驏 良馬也 滻 水名 㪔 仝上 鏾 鉄｜ 糤 米末曰｜
	上去	●散 收之不能曰｜｜開分｜四｜ 汕 ｜頭地名又薄魚也 綫 針｜絲｜紗｜苧｜ 線 仝上又鉄｜支｜ 傘 雨｜涼｜ 繖 仝上昔有紬字雨｜ 𠌪 仝上古字

上入○

下平○

下上○

下去○

下入○

英上平●安丨穩平丨　垵丨澳　[illegible]苦行不得之貌　鞍馬丨擊馬之具

上上●碗甌丨盤丨食具也　盌上仝　椀上仝　埦丨之未燃火生丨也　㼝上仝

上去●晏正音日上以三竿乃云時丨日丨　案書丨香丨丨件專丨　[illegible]門門也　閔上仝

上入○

下平○

下上〇

下入〇

文上平● 幔 邋人不用褲而用丨又俗曰番丨 [衤曼] 上仝

上上● 滿 盈則曰丨丨則必溢又月圓曰丨圓丨 懣 心丨志丨 鏋 足金曰丨

上去〇

上入〇

下平● 麻 丨苧績而織之曰布 痲 大丨曰丨瘋丨丨也 蔴 丨荳穀類也 瞞 丨騙詐偽也 鰻 無鱗長魚

下上〇

下去〇

下入〇

出上平●筅竹尖曰丨
上上●栦枸丨木名
上去●拴丨門丨拳相丨 閂門丨 潻水名
上入○
下平○
下上●鱔原音善俗曰丨長魚也 蟮仝上 [魚旋]魚兒初生曰丨
下去○
下入○
喜上平●歡有喜容曰丨俗賀喜曰丨喜 欢仝上
上上●撊丨洗阻也 䶵不識曰丨

上去○ 上入○
下平●鼾睡中而有聲出曰丨 顴卷明也 桁横木也
下上●𩚵食不飽也 垾地乾也
下去●脞田園分別界限有小堤曰丨 膰仝上 埢仝上
下入○
31居部
柳上平●[足慮]道路滑也行則丨
上上●尔對人而稱之詞曰丨我 汝仝上 伱仝上又丨們吾們
●伲仝上 旅軍丨五百人曰丨 膂脊骨也又心丨
●你仝伱 袮祭山川也 膂仝膂

上去●攄物｜癢｜　上入〇

下平●驢似馬而小者曰｜　顱頭｜又骨髑也　濾水名

下上●閭門｜又慈母望子曰倚｜　呂律｜陽｜　侶友也位也蘇子｜魚蝦而友麋鹿　慮心有所思曰｜遠｜憂｜掛｜　勴以力相助曰｜　鑢錯也

下去〇

下入〇

求上平●居安身之處曰｜｜家｜位｜住　㞐仝上古字　車｜馬｜兵　琚瓊｜玉｜　裾衣前曰衿衣後曰｜衫｜也　婮美女也端正也　椐木名

上上●舉｜止｜動｜薦　㩀手對曰｜｜手｜頭　矩規｜度也　筥或曰果器也　舁用力也又兩人仝作曰｜　⿱舁力仝上　弆藏也

上去●鋸觧木之鐵器曰｜｜杉｜柴刀｜也

上入〇

下平〇

下上●躆憑｜守｜又招待曰｜｜抾 拒手與手禦曰｜｜敵｜捕 據仝上憑有｜ 距彼也相離之處曰｜ 巨物之大者曰｜｜萬｜資｜富 秬和｜也

●鉅仝上又鋼鉄也 倨不遜之意也 踞盤｜也又｜蹲又坐也 炬火燒物之貌 据拮｜手足並作也 醵合錢仝飲酒曰｜

●遽迅疾曰｜又急也 攄仝㨿 詎反說之貌曰｜｜說｜知｜能｜0｜說

下去〇

下入●㙈界限也

去上平〇

上上〇

上去●去棄也丟也又却也 厺仝上

上入〇

下平●蕖芙蓉花之名 癯瘠｜病也 籧粗竹之席也 衢街｜街道也 澽水名又溝｜ 瞿驚視也又姓也 蘧｜麥又姓也地名

下平●璩環|玉也渠溝|有水之道也璖仝上次玉也
●[亻渠]呼彼之稱曰|氍|毹織毛為褐覷窺|窺視也
下上○ 下去○
下入○
地上平●猪豕之子曰|又山|河|野|豬仝上
上上○
上去○
上入○
下平●除扣|又自加而減曰|除仝上篨竹席也
下上●泞聲澄也

下去●筯飯具也有竹|牙|柴|箸又淚曰玉|
下入○
他上平●跦立足不定曰|路滑也
上上●抒身癢則以手|之凡物可|其幼
上去●抹以荳|皮而|幼可為粿肉
上入○
下平●鋤原鋤字俗曰||頭農具也|草|田釩仝上又拂也
下上○
下去○
下入○

貞上平● 茲 草木多也又此也止也 孳 生恩也 咨 事相語曰丨謀事也 玆 仝上 錙 丨銖言其甚小 粢 丨稷也 兹 仝上 孜 猶汲汲也

● 諮 肉也謀也 之 語助之辭也又往也去丨何丨 淄 水名也其味甚甘 輜 重車也 芝 瑞草也又露丨丨蘭 資 天所賦曰丨丨質丨本財也

● 髭 豐丨美色也 書 又丨詩丨經丨田丨讀 貲 仝上 餈 麻丨稻餘也又餻也 禌 衫袂也 趦 丨趄躊躇不進也 緇 丨繞也又丨絲

● 姿 丰丨丨色嬌丨容丨 耔 耘丨耕田也 兹 草木多也此也止也 恣 事相語也

上上● 子 天丨甲丨父丨君丨 梓 木名似子之道也丨星又橋丨 煮 烹丨丨飯丨菜調羹也 岼 山名 煑 仝煮 孶 古文子字 炗 仝煑 呰 短也苟且也

上去● 滋 浸潤也漸也又水名 滋 仝上 滋 仝上 澌 仝上 傳 東方揷物於地曰丨 剚 仝上又揷刀也又置也 漬 漸之而丨也

上入○

下平● 薯 丨丨員丨粉白番丨丨 蒢 仝上

下上● 自 而丨丨高強己曰立丨丨指言丨當

下去○

下入○

入上平○

上上●耳|目又|孫 爾仝尔 璽玉|即帝印也又印戳也 壐符印曰| 邇近也又追| 駬馬之喜興則搖耳也

上去●胹散也亂也

上入○

下平●而擊也又發端之詞 侕眾多也 [辶而]走| 輀出柩曰駕|也 䎟耘|耕田也 髵髮亂也 [口而]眾聲也 栭木名又梁上柱

下上●貳正音守一不二志之堅也 二仝上 膩副藍也肥|肢| [亻貳]仝上 樲酸棗也 字正音曰|俗曰字

下去○

下入○

時上平●思|想追|君子有九| 葹果實可食曰| 斯於|如|時|又此也 偲肯也疆也又多才也 [亻斯]仝上 撕揖|又擇也 廝役也使也又小也

上平●扡仝上 私不公曰ㄧ脇ㄧ情ㄧ 螄蟲名 ⿰女師女巫也 厶自營為ㄧ背公為ㄧ 緦ㄧ麻披孝服也 所古文斯字 偲相切責也切ㄧ思ㄧ

●師先ㄧ範凡學之人必從ㄧ

上上●史官ㄧ記事之官也又與ㄧ書ㄧ經ㄧ也 叓仝上古字 ⿺辶史仝上古字 駛疾也馬疾行曰ㄧ

上去●泗淮ㄧ水名首州之川也 泄於ㄧ恣ㄧ又水名 駟四馬共一乘曰ㄧ有馬十ㄧ也 賜天ㄧ星ㄧ皇恩所ㄧ又惠ㄧ 肆於ㄧ恣ㄧ又逐也又市ㄧ 三仝上

上入○

下平●祠廟ㄧ文ㄧ祖ㄧ公ㄧㄧ字 詞言ㄧ文ㄧ語ㄧ詩ㄧ凡言語曰ㄧㄧ 嗣繼也後裔也又ㄧ過ㄧ 辭凡言語者曰ㄧ言ㄧ皆 辞仝上 孠古嗣字

●⿹勹司仝上古文字又大火之聲也

下上●士文ㄧ四人之道賢志也 笥竹箱也 仕為官曰ㄧㄧ官ㄧ宦ㄧ途也 麀鹿二年也 似相若相ㄧ又然也 ⿰火巳火盛也 姒娣ㄧ兄弟之妻相謂

●汜水名 耜耒ㄧ田具也 ⿱山與山ㄧ也又島ㄧ海中之山 俟待停也 祀祭ㄧ祭神也 伺服也又ㄧ候 涘水墩也

下去○

下入〇

英上平●秧丨種初發曰丨長曰稻有早丨晚丨

上上●與速類而及之曰丨恨丨無丨　与全上　與全上　袂手丨衫丨

上去●翳蔽也障芝目丨雲丨　瘀丨肉丨血　淤濁水中之泥也　淤塗丨沙丨丨水溪丨　藹草盛之貌　飫飽丨食之不宵曰丨　苺草名

上入●淤塗丨也濁水中之丨也

下平●余自稱之詞也　予全上又舒也　畭沼田三歲曰丨　餘學足三丨年有歲之丨兩者暗之丨月者日之丨　輿車丨鑿丨又車箱也

●黃中央屬土其色丨又姓　璵璠丨美玉也　磺硫丨藥名　嶼鼓浪丨　鱮呼也　癀家畜炭疽病

下上●歟語助之詞也　豫悅丨遊丨又安也樂也　譽丨美名丨　預防丨丨知備丨又逆料其將來曰丨　鐭丨玉也又鈿也

下去〇

下入〇

文上平〇

上上● 姆 伯之妻俗曰阿丨 姥 仝上又山名

上去〇

上入〇

下平〇

下上〇

下去〇

下入〇

語上平〇

上上● 語 以詞答應曰丨丨言丨論丨

上去〇

上入〇

下平● 哯 口氣也小兒之言也又曲從也多言也

下上● 禦 抵丨相丨丨敵 𨰲 鼎屬也 馭 丨馬駕丨馬丨曰馳

下去● 御 天子所用之事皆曰丨丨殿丨車丨駕丨林軍

下入〇

出上平● 蛆 水中之蟲也化而為蚊

上上● 此 指定之詞曰丨如丨彼丨 佌 小也 泚 水清也鮮明也

● 鼠 丨雀丨竊老丨田丨能化鴽也

上去● 次 丨等層丨序造丨也 塢 鳥名

上入〇

下平●疵凡有所玷曰丨小丨求瑕丨雌鳥之母曰丨丨雄又陰陽也玼玉色鮮明也礠丨石能吸鐵丨仝也磁丨器丨瓶瓦陶之類也

●髭口上之鬚也慈丨母婆心丨愛又丨悲也鴜仝雌鳩鳥之匹也徐姓也呰小腸也滋潤也瓷仝磁也

下上〇

下去●墍土積也

下入〇

喜上平●虛不實曰丨丨空丨心丨丨墟大荒之地曰丨又市牛埸曰丨嘘吹丨之聲也歔欷丨歎詞也

上上●許應納於人曰丨心丨滸水曲涯也

上去〇

上入〇

下平●魚鱗屬曰丨由如所生漁捕魚之人曰丨翁丨舟丨人鱻二魚相鬥也

下上〇

下去〇 下入〇

32柑部

柳上平〇

上上●那|里|件又鄉通知具義也 揽上仝 欖橄|果名也

●拿以手執物曰|人擒人曰| 攬上仝 撑上仝

上去●攕|物持也

上入●䭃以畜食物俗曰|

下平●籃竹|市|吊| 藍姓也 林原林字俗謂樹林曰樹|

下上●⿰火欿|火以火|物

下去●蹜立足曰|止也

下入〇

求上平●柑果名有青|朱|

上上●敢凡物不畏曰|又勇也又能也

上去●酵酒母也釀酒之料曰||母發粿亦用| ⿰米孝上仝

上入〇

下平●呷凡鳥口中唅物曰|又吸|眾聲也

下上●珨美玉也又蜃甲之飾器也

下去〇

下入〇

地上平●擔 肩上挑物曰丨丨擔丨物

上上●胆 肝丨丨略料事能中胸者曰有丨 膽 仝上

上去●呾 丨話凡口發言則曰丨 担 擔丨百斤成丨兩頭亦曰丨

上入〇

下平●燀 以火燒物曰丨又火光也

下上●淡 清丨色丨味丨浮丨又丨雲丨月 澹 仝上又臺複也 擲 抛丨丨下丨捉

下去●[illegible] 凡事作不着曰丨又物之換丨

下入〇

頗上平〇

上上〇

上去●怕 畏也懼也駭也有所丨 冇 不實曰丨空丨又如谷之丨

上入〇

下平〇

下上〇

下去〇

下入〇

他上平〇

上上●揭 原揭字俗以手禦手曰丨相打之貌也

上去〇

上入〇

下平〇
下上〇
下去〇
下入〇
貞 上平〇
上上● ⿰扌㦰（｜衣｜網｜物）
上去〇
上入〇
下平● ⿰扌貝（遇人相打解和者曰｜）
下上〇

下去〇
下入〇
時 上平● 三（數也） 彡（毛飾畫文也） 弎（仝上） 衫（長｜短｜男女有分別）
● 髟（屋翼也） 叁（仝上）
上上〇 上去〇
上入〇
下平〇
下上〇
下去〇
下入〇

英	上平●	掩 原音掩蔽面目俗曰｜
	上上○	
	上去●	⿰舟要 舟中之索母也
	上入○	
	下平○	
	下上●	噯 小兒出世則哭｜而｜｜叫
	下去●	⿵冂⿱肉肉 粿之肉曰｜
	下入●	⿰口憋 小童哭之聲 喀 上仝 唆 上仝
文	上平●	姥 老婦也
	上上●	媽 父母之母俗呼曰阿｜ 瑪 ｜瑙石美似玉

	上去○	
	上入○	
	下平○	
	下上○	
	下去○	
	下入○	
語	上平○	
	上上○	
	上去	憁 人之不慧曰｜凡事不曉也愚人也 憒 上仝
	上入○	

下平●狺不雅觀也又狗相爭之聲也

下上●喙鳥聲也又笑貌

下去○

下入○

出上平○

上上●嫫好戲笑也原嫫俗好嬉戲曰丨用其義 咀仝上亦用其義

上去○

上入○

下平○

下上○

下去○

下入○

喜上平○

上上●嗷以強欺弱曰丨

上去○

上入○

下平○

下上○

下去○

下入○

33 庚部

柳上平●⿰女卯姑｜俗有者呼阿母曰阿｜ ⿰女乳仝上 薴草名
上上●冷天氣嚴寒曰｜｜淡｜涼｜
上去●擰阻持也
上入●拎持物也又手懸也 鞔｜鞮也
下平●⿰扌雩｜布｜物手懸也
下上○
下去●坽田｜又峻岸也 儜夷語相呼之聲也
下入○
邊上平●拼｜開也
上上●抦俗謂阻隔曰｜｜棚卡阻也
上去●柄釜之柯曰｜釜｜也
上入○
下平●棚戲｜涼｜ 平原平字俗曰｜｜高
下上○
下去●病人之違和曰｜疾｜也
下入○
求上平●庚天干有｜辛屬金 羹調｜菜｜鹽｜ 賡續也又｜歌也
●秔穀有芝曰｜ 耕｜田明｜｜耘 更巡｜守｜ 畊仝上
上上●梗枝｜強｜吉｜ 綆級水之繩索也 鯁魚骨也刺有曰｜
●勁力堅也 哽咽寒也 埂小坑也又堤｜ 痙彊急也
●⿰米加粗米也

上去●徑大路小｜花｜掃｜ 頸頭｜ 逕仝上 桱木枝也
●俓仝俓又直也 脛滿｜也 莖樹木之｜幹也
上入〇
下平〇 下上〇
下去〇 下入〇
去上平●坑山｜深｜又秦始皇｜儒生 阬仝上又陷也
上上〇
上去〇
上入●喀歎聲也
下平〇

下上〇
下去〇
下入〇
地上平●啶人之好強辯曰極｜ 骬腳之後｜也
上上〇
上去●侹｜試假偽也
上入〇
下平●挰｜落去也又物｜桶｜物 桯木名也又汀床前之几也
下上●㩒以手握之物曰｜｜
下去●鄭姓也

下入〇

頗上平●摒|除也相|分|　評相|相碰也

上上〇

上去〇

上入〇

下平●彭鼓聲也又排車器也又旁也又姓也　膨腹也如鼓之狀曰|

●蟚|蜞小蟹也　抨田園高低必用鋤|之

下上〇　下去〇

下入●猚|翅也

他上平●撐|船|排

上上〇

上去〇

上入〇

下平●擇|手相|

下上〇

下去〇

下入〇

貞上平●爭|奪相|競|又|城|池　争仝上　⿰車爭車之輻也

上上●井鑿地取泉穿|又古|枯|　穽地穴陷|也　阱陷|陷阬也

上去〇

上入〇

下平●晴雨後｜天平和日出曰｜天｜ 姓古字仝上

下上●靜隱逸曰｜居寂｜

下去〇

下入〇

時上平●生｜｜｜之｜｜也胎卵濕謂三又產 牲口有｜｜｜俗三五

●胜蛙｜蟲｜ 鉎五金也其性剛熔之則化 狌上仝

上上●省中國昔十八｜增加東三｜共二十一｜｜城｜親又曾子曰有三｜其親又｜儉自｜

上去●性質｜惰｜心｜ 姓｜氏｜名

上入〇　下平〇

下上〇

下去〇

下入〇

英上平●嚶蟲聲也

上上〇

上去〇

上入〇

下平●楹樓｜｜楝屋上之樑曰｜

下上〇

下去〇

下入○

文上平● 摵 手｜｜物｜錢｜

上上● 猛 急疾也速也緊也如頃刻走千里曰｜

上去● ⿰女夜 暹人呼其母曰阿｜

上入● 咩 羊之聲也 蛘 蛇｜蟲名又草名

下平● 夜 日｜晝｜則眠日則作百工 眘 仝上 盲 失明之人格曰青｜瞎眼也

下上○

下去● 罵 惡言加人曰｜詈｜相｜積｜人也 駡 仝上 嗎 古駡字

下入● 脉 人有四筋百｜凡醫生必診｜而知病情也

語上平● 諕 言不揚也

上上○

上去○

上入○

下平○

下上● 硬 直而不屈而剛曰｜骨｜物｜ 骾 仝上

下去○ 下入○

出上平● 青 ｜蒼｜草｜衣｜菓 ⿱厶生 仝上 星 七政十一曜二十八宿皆先天之｜

● 猩 ｜｜獸惡也而能言 皨 仝上古字天｜ 腥 ｜｜魚肉

● 菁 ｜芽蔓｜ 蜻 ｜蜓蟲也六足四翅身有節 曐 仝星古字

上上● 醒 凡事省悟曰｜｜如睡初｜如醉｜

上去〇
上入〇
下平〇
下上●錚 小鑼兩個相合曰|又名鈲鈸
下去〇
下入〇
喜上平〇
上上〇
上去●啈 利害之聲也
上入〇

下平●桁 木名屋之橫木也
下上〇
下去〇
下入●嗄 心驚也又氣逆也

34京部

柳上平●矃 |目也又視也
上上●領 首||袖|會|略 嶺 山|山之高者曰|
●聆 |音|會|悉 衿 衣首有|皮|絨|
上去●向 原向字俗謂向面曰||東|西 ⿰目⿱宀亡 俗謂對面曰相|
上入〇 下平●⿰魚頁 魚名

下上●鯩 俗謂魚之脊上直列之刺曰魚｜又新加坡呼其妹曰阿｜

下去●寧 正音｜猶願也 寧 仝上 甯 仝上

下入○

邊上平●兵 早｜行｜｜卒軍｜ 氷 ｜凍成｜｜霜｜片 僲 古文兵字

●冰 仝上十一月水始｜

上上●丙 天干｜丁屬火之光明也 餅 羔｜麵糖作成｜又湯｜

●囨 一曰竹上皮 䴵 仝上畫｜不能充飢

上去●併 俗言事之盡力而為之曰｜ 上入○

下平●[illegible] 凡物之搬移於他處俗曰｜｜字｜物

下上○ 下去○

下入○

求上平●京 帝王所居之地曰｜｜都｜城 驚 ｜恐｜懼又心｜｜

●京 仝上 經 正音書｜試｜｜史 椋 木｜｜又金｜｜

上上●子 父｜俗謂子曰｜母｜ 仔 凡物之小曰｜俗曰點｜｜塊｜滴｜撮｜拏｜戲｜

上去●鏡 凡以之照視物形者曰｜有銅｜明｜琉璃｜

上入○

下平●行 惟凡鶻物與之蝦自跳能而運而動不曰｜｜

下上●件 物之數曰｜物｜幾｜事｜｜

下去●[illegible] 俗謂少年莊者曰｜力大也 下入○

地上平●[illegible] ｜種俗如物之不可動者曰勿｜有小礙曰｜

上上●鼎周有九｜每萬斤而三足｜鼎周有九｜每萬斤而三足｜

●鼑仝上又卦名又｜新釜原府字俗曰烹煮之用也｜

上去●飣掟｜又小飲也又貯食也上入○

下平●呈狀詞曰｜｜底交｜吾仝上埕灰｜塗｜

下上●錠俗謂銀錢紙也｜

下去●定凡物不移者曰｜着已｜｜國｜定仝上

下入○

頗上平●骿俗謂腸下為｜离

上上●肼井也又半體也

上去●聘女子與配於人曰受｜送｜｜儀

上入○

下平●坪山｜又地高而斜下亦曰｜路｜坙仝上版｜沙｜

●堋仝葬

下上○下去○下入○

他上平●廳客樓之所曰｜客｜官｜｜堂厛仝上

●聽｜思聽又聞而審之曰｜耳有所聞也听仝上

上上●奵嫱｜也又好之貌艼糊｜草名

上去●痛人之通身有傷則曰｜瘀｜病｜

上入○

下平●程姓也又路｜章｜呈雙手捧送上曰｜示也平也

下上〇

下去〇 下入〇

貞上平● 正 每歲之首月曰丨月新丨正音 晶 石有通明者曰水丨

● 精 能以術迷人者曰妖丨妖魔 腥 肉之赤者曰丨丨肉也

上上● 整 齊丨修丨凡物壞而另修拾曰修丨 飷 淡味也鹹丨也

● 瀞 丨水又水名

上去● 正 不偏不斜者曰丨中丨公丨雅丨 疋 上仝

上入〇

下平● 成 原成字俗凡事成者曰丨如親丨丨就

下上〇 下去〇

下入〇

時上平● 聲 響則有聲耳聞之聞丨凡出口成丨又風起萬籟曰眾丨 声 上仝 ⿰⿱丷耳攵 上仝

上上〇

上去● 聖 丨人丨賢至丨明丨又明達事理化之曰丨

上入〇

下平● 城 丨池省丨府丨都丨丨池 成 原成字凡物收不足俗曰收丨攤丨幾丨

下上〇

下去● ⿰木盛 乘物曰丨又儲谷曰粟丨 墭 盛盐之器也 ⿱竹盛 竹器俗曰春丨乘物也

下入〇

英上平〇

上上●影凡光明所照皆有丨又曰丨月丨燈丨丨戲也䚆上仝

上去○

上入○

下平●營凡軍旅所住之處曰丨軍丨安丨創丨营上仝嬴輸丨即賭場也

下上●颺以箕丨物曰丨又以扇丨風丨涼丨火也颺上仝

下去○

下入○

文上平○

上上○

上去○

上入○

下平●名功丨丨盛丨丨出丨有丨丨式丨丨聲著丨

下上○

下去●命一生所受之榮枯皆由此丨惟丨安丨姓丨

下入○

語上平○

上上●雅物之佳美者曰丨丨意愛也丨人丨照丨

上去○

上入○

下平○

下上〇
下去〇
下入〇
出上平● ⿰石盧 石也
上上● 且 反用起筆之詞也又丨又丨止 請 以言求人曰丨又丨客丨酒丨人
上去● 倩 己不能為用以人代之曰丨又代丨也
上入〇
下平● 攎 凡物作成而不美另以善物者曰丨丨物也
下上〇
下去〇

下入〇
喜上平● 兄 同胞手足大者曰丨小者曰弟又仝輩之人曰丨弟 ⿸疒香 鼻孔之病也
上上● 悻 心恐也又很也怨也
上去● 坄 俗以地坎田坎崩之曰丨
上入〇
下平● 刑 正音六部中有丨部 ⿰女刑 俗以灶孔燃火曰丨丨火也
● 邢 姓也 ⿰忄行 心興也又悅也
下上● 瓦 陶丨蓋屋之用也 蟻 蟲丨螻丨也又姓也 ⿸厂蟲 仝上蟲名
下去● 艾 丨草可采病也薪丨棉丨其丨
下入〇

35 蕉部

語訣空音不錄

柳上平〇

上上〇

上去〇

上入● 眽 相看曰相|目暑視也

下平● 鋓 |衫|物|布| 蜊 小蛙也正音

下上〇

下去〇

下入● 悄 愁也

語上平● 摽 凡物落闔者曰||地|田 標 旗幟也奪|搶|賞| 篻 竹尖也

上上● 表 姑姨之子曰|兄弟姑|姨|

上去● 褾 領巾也又袖竭又|畫 [氵表] 以水白物曰||||布

上入〇

下平〇

下上〇

下去〇

下入〇

求上平〇 上上〇

上去● 呌 呼人曰||又高鳴曰|| 噭 仝上 嘄 仝上

● 嘂 古呌字

上入●卩俗謂腳大之人曰丨有水丨路丨

下平●橋石丨小丨板丨大丨木丨　茄水丨有青白黃之別　茷仝上又葵花也

下上●蕎蕗丨俗曰六丨　藠仝上又草名

下去●轎坐丨乘丨又肩輿曰丨丨　簥樂器也

下入○

去上平○

上上○

上去●徼原繳字俗曰丨作丨

上入●挠俗曰丨錢丨拾丨會　挈仝上又持也

下平○

下上○

下去○

下入●揹以手持物俗曰丨丨物也

地上平○

上上○

上去○

上入●拕丨出丨持引也又曳也

下平●潮水丨汎丨海丨又地名丨丨州又本郡丨城

下上●趙姓也又丨國

下去○

下入●省凡作事不錯曰丨着上仝

頗上平○

上上●泙水名又物如雅俗曰丨

上去●票紙可作准銀而用也銀丨丨會火速漂丨白丨布丨紗

上入○

下平●萍浮丨青丨綠丨又丨蹤靡定

下上●膘魚丨即魚包也又可作膠鰾上仝胼牛羊之脂也

下去○

下入○

他上平●挑丨燈丨剃丨火丨選

上上○

上去●糶發賣米曰丨丨米又丨粟丨荳粜上仝

上入○下平○下上○

下去○　下入○

貞上平●蕉芭丨弓丨也招丨客丨人丨親又商家字號曰丨牌

●椒楜丨其味辛也茉仝蕉又草名[illegible]丨子丨夫也

●樵丨子丨夫俗謂斬柴之人也

上上●少凡物不多者曰丨太丨甚丨

上去●照日丨月丨神光普丨也曌武丨武后名丨瞾仝上照字

●曌上仝炤仝上又明也醮設壇祈禱曰建丨打丨也

上入●質品｜文｜身｜性｜｜書｜地 借傚｜揭｜先｜｜錢｜銀｜物 𦤺室也

●

下平○ 下上○

下去

下入●石｜乃山之骨也玉｜寶｜ 祏宗廟藏玉之室也 䄷谷十斗為石租｜也

入上平○

上上○

上去○

上入○

下平●橈行舟之具也大者用撐小者用｜龍舟用｜

下上○

下去●尿小便曰｜放｜ 屎上仝

下入○

時上平●燒燃火曰｜如｜豬｜鷄｜鴨｜肉 烎見亳老郡也

上上●小凡物之細曰｜又月｜

上去●鞘刀｜刀室也

上入●惜愛｜可｜甚｜皆｜｜物

下平●暫暫也又不久也

下上○

下去○

下入●[illegible]腳|手| 腄咽喉也 臬草木不對時而結實者曰| 凍寒冷也

英上平●腰|骨柳|細|蠻| 署仝上身之中也

上上●昬|水|燭|物 扷|物也又量也

上去○

上入●約相|有|爽|忘|失|負| 旳仝上

下平●窰瓦|灰|缶| 窯仝上 窰仝上 姚姓也

下上●[illegible]|籃竹器也 搖以手招曰||旗也

下去●鷂鳥善疾飛者曰|

下入●藥|名|味|物|材 葯仝上

文上平○

上上〇

上去〇

上入〇

下平●描原音苗俗以小兒寫字曰|用以紙隔照也

下上〇

上去●廟|宇|堂神|宗|庿仝上

下入〇

出上平●嶋俗謂雄鷄曰|鷄壯也⿰肖鳥仝上又鳥名

上上〇

上去●笑嬉|見|好|大|恥|咲仝上⿱亼天仝上

上入●尺十分曰寸十寸曰尺十尺曰丈哧鵝鴨食物也⿰虫赤赨⿰虫赤黃石也今之雄黃也

●蚝草上之蟲也

下平●蟯土|也又蟲|名

下上〇

下去〇

下入●蓆廣多也又大也席草|竹|籐|皮|漆|

喜上平〇 上上〇

上去●呺鳴鳥聲也

上入〇

下平〇

下上〇　下去〇

下入●葉凡草木皆有｜枝｜　葉仝上

36 天部 入訣空音不錄

柳 上平●浰乳汁也

上上●彌弓｜矢袋也　㳽水名　鱱魚名　染染布俗曰｜布

上去●⿰口弥口氣也　渠米醬也

上入●䐑目也又肉動也

下平●泥塗｜土濕而潤曰｜　坭塗｜｜沙　苨草名　呢口氣也

●苨草名　泥水名　⿱艹呢草名　妮呼婢曰｜｜子　年

●十二個月曰一｜　怩慚色也　尼女僧曰｜　哖｜咍紙也又小語也

下上●乳原乳字俗曰｜小童所吸也　伱汝也

●莿木名　⿰口乳呼貓聲也

下去〇

下入●⿰扌乳持｜也

邊 上平●邊原邊字俗曰｜圍毴曰圍｜又眉｜　辮原便字俗謂髮曰｜

上上●扁不圓曰｜如骰之有長者曰｜骰

上去●⿰亻變有法力者能｜｜形也

上入〇　下平〇

下上●办｜物｜辮｜竹｜篾

下去〇

下入〇

求上平●鰜用以為粧也丨粽又洗衣必用丨能去穢也 掂洗丨去穢也

上上〇

上去●見有所視者曰丨相丨見面

上入〇

下平●墘池丨溪丨溝丨海丨田丨園丨

下上〇

下去〇

下入〇

去上平〇

上上〇

上去〇

上入〇

下平●拎把丨相丨握手也 鉗鉄丨丨仔

下上〇

下去〇

下入〇

地上平〇

上上〇

上去〇

上入○

下平●纏 |身|繞|縛又女子|足

下上●淀 盈滿曰|水|物| 澱 仝上 寘 填土足者曰|

下去○

下入○

頗上平●僄 凡物價廉者俗曰||物貨|物買|

上上○

上去●闁 門扇一片俗曰一|又四方俗曰四|

上入○

下平○

下上○

下去●鼻 人之呼吸皆由|出入|為咽喉之要道又始祖曰|祖 欪 仝上又氣出也

下入○

他上平●天 混沌初開氣之輕清者為|又青|蒼|九| 靝 仝上古字

●添 原添字凡各物不足者曰另|俗語也

上上○ 上去○

上入○

下平○ 下上○

下去●紩 |衣|褲裁衣服必用針線|之 縫 仝上又補|

●摓 仝缝缝补 綷 仝上

下入○

貞上平●支|取|持毡毛|可織布也旂|旗類也

上上●稚幼兒曰|子又嫩柔之貌穉仝上呰童語也茈|薑又凡物初生曰|

上去●箭弓|而忘歸又退也猛也遠也矢仝上又直如|

上入○

下平●錢十分曰一|又銀|又名孔方兄青蚨鵲眼俱為|名俴仝上

●籛|堅即彭祖也八百高年揁|引也

下上○　下去○

下入●摜斷|又折也

時上平○

上上○

上去●扇羽|葵|白|鳥|皆可楓風梋木名

上入○　下平○

下上○　下去○

下入○

英上平●寠呼小兒睡之聲也

上上●以言詞也又用也與也裿|褥也已事之終也止也

●圉|人馬夫也矣仝上㒁大也

●㠯仝以迆斜行也苢|米實而可食

●苡仝上俁容貌大也綺|羅也

上去●燕鳥名有紫|白|鷰仝上鱌魚名

上入〇

下平●員不扁曰|月|圓||滿圓仝上丸彈丸|粉薯|木|

下上〇

下去●硯墨|石|老坑|研古硯仝上院政|學|議|醫|

下入〇

文上平●會目合而|定曰|曇仝上

上上●靡委|||侍擣||鮇魚名

上去〇

上入●乜|物|事|個

下平●棉木|絮|迷昏||連|津糜粥也縻牛轡也又繫也麋|鹿也蘼花|茶|湄水邊也又州名

下上●媚取悅於人曰|諂也謎隱語曰|又猜|打|袂袖也把也媄美貌也

下去●麵麥|洋||條麪上仝糆上仝麪酉丏上仝

下入〇

語上平〇

上上●議集眾共論曰|會眾||事擬揣度曰|

上去●唲似笑之貌睨窺視曰|齯似笑者曰|

上入〇

下平●宜合理曰|便||室|家乂芟草儀禮|容|猊獅子也一行走五百里鯢魚名鯨|霓雲|也又|裳曲調也輗車之持衡也

●麑狻|似鹿也毅剛|果|決也怒也羿后|射師也誼集論也

下上●義（訓其理曰|仁|大|）唐（無考也）
下去○
下入○
出上平●鮮（凡有色之物曰新|魚|）鱻（仝上又魚名）
上上●恥（自愧曰|羞||辱無|）耻（仝上）侈（自大曰|又奢|）
●齒（年|）姼（美女也）誃（離別也）
上去○ 上入○
下平○
下上●杙（木|木匠畫長短也）
下去○

下入○
喜上平●誒（可惡之甚也）諄（似己誨人也）
上上○
上去○
上入○
下平●絃（琴|簫|）弦（弓|繩|）舷（船|扣|而歌也）
下上●嚊（喘息之聲也）耳（原爾字俗曰||而能聽也）
下去○
下入○

37肩部

柳上平〇

上上〇

上去〇

上入〇

下平●蓮｜花｜苑又名芙蓉又名菡萏又名荷花

下上●刪割也

下去●楝木名苦｜也木也 軬｜蹈也

下入〇

邊上平●斑人之面上有｜點花｜有壽｜有背｜

上上●版書冊用｜｜印｜｜石｜鉄｜木｜

上去〇

上入〇

下平●畔半也一物分二曰對｜半｜開｜

下上〇

下去〇 下入〇

求上平●肩｜背人有兩｜能負物擔｜ 間原間字俗謂屋一所曰一｜

上上●繭蟲吐絲可作衣曰蟲｜有綢｜ 揀｜選｜擇

●醶酢｜面也 璽仝繭

上去●間相阻之曰｜阻｜斷正音 㗻爭訟之詞也

上入〇

下平〇

下上〇

下去〇

下入〇

去

上平●嘘 歡樂也

上上〇

上去〇

上入〇

下平●撜 持｜也

下上〇

下去〇

下入〇

地

上平〇

上上〇 上去〇

上入〇 下平〇

下上●佃 耕人之田曰田｜又門之下曰門｜ 苐 次｜科｜宅｜

●⿰犭田 仝佃又王田也 第 科｜宅｜

下去●殿 王｜神｜宮｜官｜閶｜ 有 物之實曰｜不實曰有

●靛 染衣用｜有洋｜藍｜

下入〇	頗上平〇	上上〇	上去〇	上入〇	下平〇 下上〇	下去●蒡原友字即害苗之｜ 辦｜事｜貨開｜試｜	●棖木名兩楹間也 分仝辦	下入〇	他上平〇

上上●看視也俗曰｜｜又｜物視｜ 看上仝	上去〇	上入〇	貞上平〇	上上●指手足俱有｜原旨字	上去〇	上入〇	下平●前向前曰｜先｜面｜｜人	下上〇	下去〇

下入〇
時上平●先在前曰｜｜輩｜古｜人
上上〇
上去〇
上入〇
下平〇
下上〇
下去〇
下入〇
英上平●絥草｜可燃火熟煮也

上上〇
上去〇
上入〇
下平●閒無所事曰｜｜暇｜房仴仝上又樹皮也晩仝上閑仝上
下上〇
下去〇
下入〇
文上平●嘪俗號也又買羊聲
上上〇
上去〇

上入○

下平●⿰貝見 小視也

下上○

下去○

下入○

語上平○

上上●研 原音妍俗曰|如物之|未|幼|細

上去○

上入○

下平○

下上○

下去○

下入○

出上平●千 十百曰千十千曰萬十萬曰億十億曰兆

上上●筅 有竹|毛|掃塵用也

上去○

上入○

下平●蠶 |有三眠吐絲即成繭也 蚕 上仝 ⿱𠂊虫 上仝 ⿱扫虫 上仝

下上○

下去○

下入〇

喜上平〇

上上●蜆 蛤類也海中溪中所產也

上去〇

上入〇

下平●還 物去復返曰｜歸｜｜錢｜數｜債也 还 上仝

下上〇

下去●莧 菜名有多種之別

下入〇

干部與江同　關部與光同　姜部與堅同　俱不錄